gez. Kurt Heimbucher
Notizen aus meinem Leben

Kurt Heimbucher

gez. Kurt Heimbucher

Notizen aus meinem Leben

R. BROCKHAUS VERLAG WUPPERTAL UND ZÜRICH

Bücher, die dieses Zeichen tragen, wollen die Botschaft von Jesus Christus in unserer Zeit glaubhaft bezeugen.

ABCteam-Bücher erscheinen in folgenden Verlagen:

Aussaat- und Schriftenmissions-Verlag Neukirchen-Vluyn
R. Brockhaus Verlag Wuppertal und Zürich
Brunnen Verlag Gießen (und Brunnquell Verlag)
Christliche Verlagsanstalt Konstanz (und Friedrich Bahn Verlag/ Sonnenweg-Verlag)
Christliches Verlagshaus Stuttgart (und Evangelischer Missionsverlag)
Oncken Verlag Wuppertal und Kassel

Kurt Heimbucher
    gez. Kurt Heimbucher
    Notizen aus meinem Leben
    aufgezeichnet unter Mitwirkung von Klaus Günther

3. Auflage 1989

© 1988 R. Brockhaus Verlag Wuppertal und Zürich
Umschlaggestaltung: Carsten Buschke, Solingen
Gesamtherstellung: Breklumer Druckerei Manfred Siegel KG
ISBN 3-417-12556-1

Das christliche Leben ist nicht Frommsein,
sondern ein Frommwerden, nicht Gesundsein, sondern
ein Gesundwerden, nicht Sein, sondern ein Werden,
nicht Ruhe, sondern eine Übung. Wir sinds noch
nicht, wir werdens aber. Es ist noch nicht getan
und geschehen, es ist aber im Gang und Schwang.
Es ist nicht das Ende, es ist aber der Weg.
Es glüht und glänzt noch nicht alles, es bessert
sich aber alles.

Martin Luther

Was an uns gefunden wird,
die Gnade hat es getan,
was an uns vermißt wird,
die Gnade wird es erstatten.

Hermann Bezzel

Alles wirkliche Leben ist Begegnung.

Martin Buber

Ein Spießbürger ist der, der ein absolutes
Verhältnis zu relativen Dingen hat.

Sören Kierkegaard

In bleibender, dankbarer Erinnerung
an meine lieben Eltern

Gottlieb Heimbucher   Anna Heimbucher, geb. Stark
(1904–1952)   (1904–1981)

INHALT

VORWORT

Wie ein Lauffeuer verbreitete sich in den letzten Julitagen 1988 die Nachricht, daß Pfarrer Kurt Heimbucher, der Präses des Gnadauer Verbandes, überraschend einem Herzversagen erlegen sei, noch nicht 60 Jahre alt. Obwohl seine letzte Lebenszeit von den Schatten schwerer Krankheit gezeichnet war, stand er doch rastlos und unermüdlich an der Arbeit. Im Jahr 1988 wird das 100jährige Bestehen des Gnadauer Verbandes für Evangelisation und Gemeinschaftspflege gefeiert. Wer das Programmheft dieses Jubiläumsjahres durchblätterte, konnte feststellen, wie oft dort der Name Kurt Heimbuchers zu lesen war. Festpredigten, Konferenzvorträge, öffentliche Empfänge, die Leitung von Jubiläumsveranstaltungen – eine nicht endende Reihe von Pflichten und Aufgaben war es, die auf den Schultern dieses Mannes lag.

Nun hat ihn sein Herr am 24. Juli 1988 abgerufen, mitten aus einer weitgespannten Verantwortung heraus. Ein Leben ist vollendet, durch das Gott tiefe Furchen in die geistliche Landschaft der evangelischen Christenheit in Deutschland gezogen hat. Viele sind es, die durch den Tod Kurt Heimbuchers ärmer geworden sind: die Werke und Verbände der Gemeinschaftsbewegung in Deutschland, Österreich und der Schweiz, der gesamte deutschsprachige Pietismus, die Evangelische Allianz, die Evangelische Kirche in Deutschland.

Kurt Heimbucher war ein Original von Gottes Gnaden, ein Mensch mit einer gewinnenden und überzeugenden Ausstrahlung. Niemand konnte sich seiner ansteckenden Fröhlichkeit entziehen. Als Prediger und Evangelist hat er Ungezählten den Weg zum Glauben an Christus gewiesen: als Seelsorger begleitete er den Weg von Jungen und Alten; seine Bibelauslegungen erschlossen immer von neuem die Schätze des Evangeliums; als lutherischer Pfarrer war er durch seine Person ein Garant für das Zusammengehören von Kirche und Pietismus; in seinem Amt als Präses bewährte er sich als Inspirator und Koordinator der Gemeinschaftsbewegung; als Wächter über Lehre und Leben legte er den Finger auf wunde Stellen in Kirche und Gesellschaft. Sein Wort schloß Herzen auf, sein Rat konnte

Brücken bauen. Kurt Heimbucher war eine der prägenden geistlichen Gestalten unserer jüngsten Kirchengeschichte.

Was er auf den folgenden Seiten als »Notizen« über sein Leben aufgeschrieben hat, sind Erinnerungen aus fast 60 Jahren. Ernstes und Heiteres aus dem persönlichen Lebensgang, Begegnungen mit Menschen, die ihn beeinflußt und geprägt haben, wichtige theologische Stellungnahmen und Ortsbestimmungen zum Verhältnis von Kirche und Pietismus – eine bunte Fülle, geschrieben in der spannenden und mitreißenden Art, die Kurt Heimbucher in Wort und Schrift eigen war. Bereichert und dankerfüllt legt man dieses Buch aus der Hand, aber auch mit einem Anflug von Wehmut und Trauer, daß Kurt Heimbucher nicht mehr unter uns ist. Viele Menschen haben durch ihn Segen empfangen. Wir denken an den Heimgegangenen – und wir danken Gott, daß er uns dieses Original geschenkt hat.

Theo Sorg
Landesbischof

Ich bin ein Ur-Nürnberger Kind

Ich bin ein Ur-Nürnberger Kind. In meiner fränkischen Heimat und meiner Vaterstadt bin ich mit kurzen Unterbrechungen mein ganzes Leben gewesen. Dort bin ich geboren und zur Schule gegangen, dort war ich Gemeindepfarrer, dort lebe ich heute wieder. Für eine kurze Zeit (1983-1986) war ich am Ort unserer Gnadauer Zentrale in Dillenburg wohnhaft. Aber da habe ich es nur drei Jahre »ausgehalten«. Dann hat es mich wieder in die fränkische Metropole zurückgezogen. Nürnberg hieß im Mittelalter »des Reiches Schatzkästlein«, eine wunderschöne Stadt, die ihre Blütezeit um 1500 hatte. Kunst, Handel und Handwerk florierten. Albrecht Dürer, der Maler, Hans Sachs, der Schuhmacher und Poet, Adam Kraft, der Steinbildhauer, Veit Stoß, der Holzschnitzer, Peter Vischer, der Erzgießer, Veit Hirsvogel, der Glasmaler, Willibald Pirckheimer, der Humanist und Nürnberger Gesandte am Kaiserhof – ihre Namen sprechen durch ihre Werke bis heute.

Wie viele berühmte Namen könnten noch genannt werden: Martin Behaim und Hartmann Schedel, Peter Henlein und Michael Wolgemut, der Lehrer Dürers, dazu die Musiker Pachelbel, Kindermann und Hans Leo Haßler und viele andere!

Es lohnt sich, die mittelalterliche Geschichte Nürnbergs zu lesen. Welch ein Reichtum an Kunst und Kultur! Besonders stolz bin ich darauf, daß der Rat der Stadt im Jahre 1530 – neben Reutlingen als der einzigen weiteren deutschen Reichsstadt – die »Augsburger Konfession« unterschrieben hat. Nürnberg ist im Jahre 1525 zur Reformation übergetreten. Dankbar denke ich dabei an Männer wie den Ratsschreiber Lazarus Spengler und den Prediger an St. Lorenz: Andreas Osiander.

Martin Luther kam im Jahre 1518 auf seiner Reise nach Augsburg durch Nürnberg. Er hat im Augustinerkloster – heute steht an der Stelle des Klosters in der Augustinerstraße das Sozialgericht – gewohnt und in der Klosterkirche Gottesdienst gehalten. Der Hauptaltar der Augustinerkirche kam auf Umwegen schließlich in die Friedenskirche nach St. Johannis. Als Pfarrer an der dortigen Gemeinde habe ich oft an diesem Altar gestanden bei Gottesdiensten und Abendmahlsfeiern, bei Trauungen und Taufen.

Gerne bin ich als Kind durch die engen Gassen und durch die Geschäfts-straßen Nürnbergs geschlendert, hinauf zur Kaiserburg. Die alten Fach-werkhäuser haben mich fasziniert, auch die schönen Bürgerhäuser, erbaut im vergangenen Jahrhundert und nach der Jahrhundertwende, mit ihren typischen Nürnberger Erkern. An vielen Häuserecken waren Madonnen-figuren angebracht, man kann sie auch heute wieder bewundern. Überragt wird Nürnberg von der alten Kaiserburg. Kaiser Heinrich III. hatte auf ei-nem steil aufragenden Felsen um 1050 eine Burg errichten lassen. Die Kai-serburg wurde dann von Kaiser Konrad III. in den Jahren 1138-1140 erbaut. Kaiser Friedrich I. Barbarossa ließ sie um 1200 zur Kaiserpfalz ausbauen, 1219 ist Nürnberg Reichsstadt geworden.

Die Kaiserburg in Nürnberg ist nicht zu vergleichen mit den Schlössern, die König Ludwig II. im vergangenen Jahrhundert in München und im All-gäu errichten ließ. Ludwig liebte den Prunk, das Überfließende, das ins Auge Fallende. Denken wir nur an Neuschwanstein, Herrenchiemsee oder Schloß Linderhof. Die alten Kaiser waren einfach und sparsam. Besucher der Nürnberger Kaiserburg sind oft ein wenig enttäuscht über die Schlicht-heit der Einrichtung. Mich beeindruckt die Burg gerade durch ihre Schlichtheit. Das spricht zu mir. Es ist ein fränkisches Lebenselement: schlicht, aber schön. Und wo sieht man solch eine architektonische Einma-ligkeit aus jener Zeit wie die doppelstöckige Kapelle?

Es ist einfach großartig, an der Burgmauer zu stehen und den Blick über Nürnberg schweifen zu lassen. In der Ferne der grüne Gürtel – der Schmausenbuck und der Moritzberg, davor die Trabantenstädte der neuen Zeit, dann die Vororte, die in der Zeit der Industrialisierung sich ausbreite-ten, und dann zu Füßen der Burg das alte, unvergleichlich schöne Nürn-berg. Mitten durch die Stadt fließt träge die Pegnitz, die die Stadt in die Se-balder (nördlich des Flusses) und in die Lorenzer Stadtseite (südlich der Pegnitz) einteilt.

Die beiden gotischen Kirchen St. Sebald (Baubeginn 1230) und St. Lo-renz (Baubeginn 1270) beherrschen das Stadtbild. Wie viele Kunstwerke von Nürnberger Meistern aus dem Mittelalter bergen sie! Ich denke etwa an das Sakramentshaus von Adam Kraft in der Lorenzkirche, an den »Eng-

Blick aus einem Fenster des Albrecht-Dürer-Hauses auf Nürnbergs Burg

lischen Gruß« von Veit Stoß in der gleichen Kirche, oder an Peter Vischers Sebaldusgrab in St. Sebald. Vieles andere wäre noch zu nennen. Nürnberg ist einfach eine schöne, geschichtsträchtige Stadt.

Ich denke an den Hauptmarkt mit der Frauenkirche (1352). Dort kann man täglich um 12 Uhr das berühmte »Männleinlaufen« sehen. Die sieben deutschen Kurfürsten ziehen an Kaiser Karl IV. vorüber und erweisen ihm ihre Reverenz. Kaiser Karl IV. weilte vierzigmal in Nürnberg. Es war seine Lieblingsstadt. Der »Schöne Brunnen«, gotisch gestaltet, mit seinen Figuren aus der Geschichte, Aposteln und Propheten, Kaisern und Königen,

Philosophen und Denkern ziert den Hauptmarkt. Besonders schön ist es auf dem Hauptmarkt, wenn jährlich vom Freitag vor dem 1. Advent bis zum Heiligen Abend der Christkindlesmarkt abgehalten wird. Jedes Jahr nimmt dieser älteste Weihnachtsmarkt Deutschlands unzählige Besucher in seinen Zauber gefangen. Besonders stimmungsvoll ist es, wenn ein wenig Schnee gefallen ist, die abendliche Beleuchtung die Budenstadt verzaubert, und dann Posaunen- oder Kinderchöre von einem Podest vor der Frauenkirche aus Weihnachtslieder spielen oder singen. Und dann der Duft von Mandeln und Nüssen, von Bratwürsten und Glühwein und Lebkuchen! Die Zwetschgermännla-Stände und die Buden mit den Rauschgoldengeln sind besonders typisch für Nürnberg. Für mich ist es immer ein besonderes Erlebnis, wenn ich am Vormittag des Heiligen Abend, wenn keine Besuchergruppen von auswärts mehr den Markt übervölkern, über den Christkindlesmarkt gehe, um noch einmal die Buden anzuschauen und noch ein kleines Geschenk einzukaufen.

Freilich hat Nürnberg auch seine schlimme und schwere Geschichte. Ich habe sie in meiner Kindheit und Jugend miterlebt. Aus »des Reiches Schatzkästlein« wurde im Dritten Reich »die Stadt der Reichsparteitage«. Mir sind die Reichsparteitage noch in Erinnerung. Die Stadt war mit Hakenkreuzfahnen übersät. Viele, viele Menschen aus ganz Deutschland kamen zu dieser spektakulären Heerschau der damaligen Machthaber. Auch in unserem Elternhaus mußten wir während des Reichsparteitages Gäste aufnehmen. Obwohl in der Nähe des Reichsparteitagsgeländes am Valznerweiher die »Kraft-durch-Freude-Stadt« aufgebaut war, in der viele übernachten konnten, obwohl Zeltlager für junge Leute aufgeschlagen waren, obwohl alle Hotels und Gasthäuser ausgebucht waren, wurden noch viele, viele Privatquartiere gebraucht. Ich erinnere mich an zwei Frauen aus Hannover, die wiederholt bei uns einquartiert wurden.

Es waren die Tage der großen Aufmärsche, der gewaltigen Reden Adolf Hitlers. Im »Deutschen Hof«, neben dem Opernhaus, nahm der Führer Quartier. Ich sehe noch, wie die Massen von Menschen, auch ich bin als Junge darunter gewesen, vor dem »Deutschen Hof« standen, um Hitler zuzujubeln, der sich dann ab und zu auf dem Balkon im ersten Stock des Hotels zeigte. Nürnberg mußte den zweifelhaften Ruhm, »Stadt der

Reichsparteitage« zu sein, teuer bezahlen.

Die erste Autobahn, die Hitler bauen ließ, führte von München über Nürnberg nach Berlin. München war die Stadt der »Bewegung«, Berlin die Reichshauptstadt und Nürnberg, als eine der schönsten Städte des Mittelalters, war eben die »Stadt der Reichsparteitage«.

Als der unselige, wahnsinnige Zweite Weltkrieg ausbrach, hat Nürnberg viel zu erleiden gehabt. In den ersten Jahren wurde es von den Luftangriffen der Engländer und Amerikaner weitgehend verschont. Aber ab dem Jahr 1943 folgte ein Bombenangriff auf den anderen. Am 2. Januar 1945 sank die mittelalterliche Altstadt mit unersetzbaren Schätzen aus einer reichen Vergangenheit in Schutt und Asche. Daß viele Kunstschätze gerettet werden konnten, war nur dem Umstand zu verdanken, daß sie an sichere Orte außerhalb der Stadt gebracht oder, wie etwa der »Schöne Brunnen« auf dem Hauptmarkt, fest in Beton eingeschlossen waren.

Ich habe das nie verstanden, daß die Amerikaner und Engländer zu einer Zeit, als der Krieg für sie längst gewonnen war, diese kulturzerstörenden und menschenverachtenden Luftangriffe flogen. Es ging ja nicht nur Nürnberg unter, auch andere Städte voller Kunst und Kultur wie Dresden oder Würzburg. Und wie viele Menschen sind in Bombennächten in den Luftschutzkellern elend gestorben! Es ist keine Frage: Mein Volk hat im Krieg entsetzlich viel Schuld auf sich geladen. Aber mußte das zu einer Zeit noch so grausam heimgezahlt werden, da man den Sieg sicher in der Tasche hatte? Sicher, die Amerikaner haben nach dem Krieg viel Gutes an uns getan. Und doch beschleicht mich, wenn ich an die Geschehnisse kurz vor Kriegsende denke, ein merkwürdiges Gefühl – nicht des Hasses, aber ein Gefühl des Unverständnisses.

Die Stadt war so zerstört worden, daß an einen Wiederaufbau kaum zu denken war. Ich erinnere mich, daß die Stadtväter Nürnbergs sich überlegten, ob man nicht das Trümmerfeld der Altstadt liegen lassen sollte, um damit für kommende Generationen ein Zeichen zu setzen und vor dem Wahnsinn des Krieges zu warnen. Sollte man nicht Nürnberg neben dem schrecklichen Trümmerfeld der ehemals alten Stadt neu aufbauen? Glücklicherweise hat sich ein Stadtbaumeister, den ich dann später in einem Altenheim in Nürnberg-Lichtenhof öfter besuchte, durchgesetzt, und Nürnberg wurde in verhältnismäßig kurzer Zeit an seiner alten Stätte wieder aufgebaut. Heute ist die Altstadt von Nürnberg eine Synthese aus Alt und Neu. Weitgehend ist diese Synthese gelungen. Nürnberg hat ein Stück weit jedenfalls wieder den Zauber der alten Stadt. Die Burg ist wieder aufgebaut, auch die alten Kirchen und viele Fachwerk- und Bürgerhäuser. Schöne Fußgängerzonen laden zum Spaziergang und zum Schaufensterbummel ein. Es lohnt sich, »meine« Stadt zu besuchen.

Hier in Nürnberg also bin ich aufgewachsen, in St. Leonhard, einem Stadtteil im Südwesten. Dort lebten meine Eltern in einer Mietwohnung – drei Zimmer hatten wir. Das Leben spielte sich in der nicht allzu großen Küche ab. Die gute Stube wurde nur an Feiertagen benützt. Moderne Einrichtungen gab es nicht. Wenn Mutter große Wäsche hatte, waren wir Kinder mit eingespannt. Gewaschen wurde abends oder am Samstagnachmittag, wenn Mutter von der Arbeit daheim war. Dann mußte in der Waschküche der große Waschkessel geschürt werden. Die Wäsche wurde zweimal gekocht, dann gebürstet, »gefleit« (d.h. gespült), ausgewrungen und dann zum Trocknen aufgehängt. Natürlich mußten wir auch helfen, die großen Wäschestücke zusammenzulegen, wenn Mutter sie gebügelt hatte. Unsere Mutter hat oft zu uns gesagt: »An dem, was man kann, trägt man nicht schwer.« Wir haben es als Kinder nicht immer verstanden. Meine Eltern waren einfache Leute. Mein Vater war Werkzeugmacher, meine Mutter Kontoristin. Ich habe als Kind die Not der Arbeitslosigkeit miterlebt. Vor dem Dritten Reich ist mein Vater mehrere Jahre arbeitslos gewesen. Er hat darunter sehr gelitten. Mich wundert es nicht, daß viele enttäuschte und verbitterte Männer und Frauen anfangs der dreißiger Jahre Hitler gewählt haben. Keiner von den einfachen Leuten konnte damals ahnen, welch ein Verhängnis mit ihm über Deutschland heraufzog. Dieser Mann versprach den arbeitslosen Massen, es waren sechs Millionen, Arbeit und Brot. Die Weimarer Republik mit ihren vielen Parteien und in ihrer Zerstrittenheit schien keine Lösung der sozialen Probleme zu gewährleisten. Die Wahl Hitlers war für viele Deutsche damals eine Verzweiflungstat. Es ist beschämend für mich, daß heute Deutsche, die nie etwas anderes als den Wohlstand kennenlernten, aus Arroganz und Ignoranz über unsere Väter und Großväter Urteile fällen.

Meine Mutter hatte Arbeit als Kontoristin in einer Spielwarenfabrik. Sie hat weitgehend die Familie ernährt, denn die Arbeitslosenunterstützung ist damals sehr kärglich gewesen. Als mein Vater im Jahre 1933 wieder Arbeit bekam, wurde er bald schwer krank und mußte wieder für eine längere Zeit die Arbeit niederlegen. In dieser Zeit wurde mein Bruder geboren. Meine Mutter konnte wegen der Kinder zeitweise nicht arbeiten. So ging es durch mancherlei Armut. Zu essen gab es Brot, Kartoffeln und Gemüse. An den Reichtümern der Reichen hatten wir keinen Anteil, aber wir schielten auch nicht neidisch nach ihnen. Ich hätte es mir damals nie vorstellen können, einmal ein Auto zu besitzen. Das war doch nur etwas für die Reichen. Kühlschrank oder Klavier – davon konnte man nur träumen. Wein oder Sekt – das gehörte den »oberen Zehntausend«. Ich möchte diese Erfahrungen meiner Kindheit nie vergessen. Und ich werde meinen Eltern immer dankbar sein, daß sie uns unsere Kindheit und Jugend so schön wie möglich machten. Das ist auch mit bescheidenen Mitteln möglich. Um nur ein Beispiel zu erzählen: Unsere Eltern hatten acht Tage Urlaub. Zu großen Reisen hatten wir kein Geld. Ich kann mich entsinnen, daß wir zweimal für acht Tage in einem Gasthaus in der Fränkischen Schweiz Urlaub machten und dort die wunderschöne Gegend erwanderten. Das waren für uns Kinder paradiesische Tage.

Wir lernten unsere engere Heimat kennen, wenn wir am Sonntagnachmittag Ausflüge zur Alten Veste oder in den Bibertgrund, in die Hersbrukker- oder Fränkische Schweiz machten. Heute kennen viele Kinder sich besser in Italien oder auf Mallorca aus als in ihrer unmittelbaren Heimat.

Oft ist meine Mutter mit uns Kindern nach Eibach, einem Vorort von Nürnberg, gewandert. Dort hatten ihre Eltern ein kleines Haus mit einem großen Garten. Die Großmutter hat Marmelade von den Beeren des Gartens eingekocht. So konnten wir uns ein- oder zweimal in der Woche richtig sattessen an Brot und Marmelade und dazu einen guten Malzkaffee trinken.

In St. Leonhard begann auch meine Schulzeit. Unsere Volksschule stand in der Schweinauer Straße. Ich erinnere mich noch gut an meine Lehrer in den ersten vier Jahren und denke dankbar an sie. In den ersten beiden Klassen war das der Lehrer Maderer. In der 3. und 4. Klasse hatte ich den Oberlehrer Arnold und dann den Lehrer Schinnerer. Dem guten Oberlehrer Arnold verdanke ich es, daß ich die Oberrealschule besuchen durfte. Mein Vater war dagegen, daß ich auf eine höhere Schule gehen sollte. Man mußte damals ja Schulgeld zahlen; zwanzig Reichsmark waren viel Geld, das pro Monat von den Eltern aufzubringen war. Da ich einen Bruder hatte, wurden mir zwei Reichsmark erlassen. Alle Lehrmittel mußte man selber anschaffen, Bücher, Hefte etc. Dazu hatten meine Eltern kaum Geld. Darum sagte mein Vater: »Wir sind eine Arbeiterfamilie, du wirst Facharbeiter und verdienst dir redlich dein Geld.« Aber der Oberlehrer Arnold bestellte meine Mutter öfter in die Sprechstunde und redete mit ihr über meine weitere Ausbildung. Er meinte: »Es wäre schade, wenn Ihr Sohn nicht nach der vierten Klasse in die Oberrealschule oder in das Gymnasium überwechseln würde.«

Immer wieder versuchte meine Mutter, meinem Vater das nahezubringen, was der alte Oberlehrer ihr geraten hatte. Schließlich aber durfte ich nach der vierten Volksschulklasse in die Albrecht-Dürer-Oberrealschule in der Sielstraße in Nürnberg überwechseln. Ich wurde auf eine Oberrealschule geschickt, weil jedermann in der Familie dachte, ich würde nie einen geisteswissenschaftlichen, sondern einen technischen oder naturwissenschaftlichen Beruf ergreifen. An Theologie hat niemand gedacht. In unserer Verwandtschaft gab es keinen Theologen, sondern nur Bauern und Arbeiter. Auch ich selber dachte nie daran. Als Kind hatte ich den Wunsch, Bäcker zu werden. Es war doch so schön, Mutter beim Belegen der Obstkuchen zu helfen. Ein wenig hat sich dieser Wunsch erfüllt, als ich im CVJM Nürnberg Bäckerhilfssekretär wurde. Mein späterer Berufswunsch war, Chemiker zu werden. Und dann hat mein Musiklehrer Otto Döbereiner, eine im Kulturleben Nürnbergs bekannte Persönlichkeit, mir den Floh ins Ohr gesetzt, meine Stimme ausbilden zu lassen und Sänger zu werden. Ich kann beim besten Willen die Geschichte meiner »Sängerlaufbahn« hier nicht erzählen. Meinem Musikprofessor habe ich dann später, auf seinen Wunsch, vor einer großen Gemeinde von Musikern und Musikfreunden die Trauerrede gehalten.

Damals ahnte ich es nicht, aber heute sehe ich den roten Faden der Führung Gottes in meinem Leben, daß ich in der dritten Klasse als zweite

Fremdsprache nicht Französisch, sondern Latein wählte.

Es war damals für ein Arbeiterkind nicht leicht, in einer höheren Schule sich durchzusetzen. Die anderen Schüler waren meist Söhne aus vornehmen Familien, aus Akademikerkreisen. Aber ich habe doch von Anfang an in meiner Schulklasse eine gute Verbindung zu meinen Kameraden gefunden und bin von ihnen akzeptiert worden. Das ist bis zum Ende der Schulzeit so geblieben. Bis heute verbindet mich mit Schulkameraden noch eine herzliche Freundschaft. Als wir uns zum 25. Abitur-Jubiläum im Jahre 1973 trafen, baten mich meine Schulkameraden, einen Gottesdienst zu Beginn des festlich-fröhlichen Tages in der historischen St. Johanniskirche zu halten. Ich bin dem Wunsch gerne nachgekommen und habe mich gefreut, daß sie alle zu jenem Gottesdienst kamen.

Die Schulzeit im Dritten Reich ist nicht ganz leicht gewesen, denn wir sollten ja auch im Sinne des Nationalsozialismus erzogen werden. Aber es gab in der Oberrealschule neben einigen unangenehmen nationalsozialistischen Lehrern auch andere, die dem Geist jener Zeit abhold waren. So denke ich in großer Dankbarkeit, stellvertretend für viele andere, an unseren Schulleiter, Oberstudiendirektor Dr. Hans Spandl. Dieser Mann war ein Humanist vom alten Schlag. Er lebte in der Geschichte. Unvergeßlich ist mir sein Geschichtsunterricht. Da wurden nicht Zahlen abgespult und einfach nur Fakten genannt, sondern er versuchte, Geschichte in Personen, Ereignissen, in geistigen Prozessen uns Schülern lebendig zu machen. Da war Geschichte nicht nationalsozialistische Propaganda. Da stand nicht die Kriegsgeschichte im Vordergrund. Die Geschichte war politische Geschichte und vornehmlich Geistesgeschichte, auch Sozial- und Wirtschaftsgeschichte. Diesem Lehrer verdanke ich meine große Liebe zur Geschichte bis heute. Er ließ immer wieder durchblicken, welch eine Abneigung er gegen das damalige System hatte. Es war nicht ganz ungefährlich, wie er sich verhielt, aber er gehört zu den Männern, an die ich mich besonders gerne erinnere, weil an ihm etwas deutlich wurde von den kulturellen Werten, die wir Deutschen haben, die im Dritten Reich einerseits propagandistisch ausgeschlachtet, andererseits aber verleugnet und verraten worden sind.

Im Jahre 1939 begann der unselige Zweite Weltkrieg. Ich wurde im

Januar 1944 mit meinen Kameraden aus der fünften Klasse – heute ist das die neunte – herausgerissen. Wir kamen zur Luftwaffe als Flakhelfer. Zuerst waren wir in Nürnberg bei einer »8,8-Batterie«, dann in Bayreuth, dann in einem Vorort von Nürnberg, in Röthenbach an der Pegnitz bei den Scheinwerfern. Wir hatten dort noch ein wenig Schulunterricht. Unsere Lehrer kamen zu uns in die Stellungen, aber der Unterricht war natürlich entsprechend kümmerlich. Meist waren wir müde, wenn wir Nachtdienst gemacht hatten, und hatten keine Lust zum Lernen. Wer wußte damals überhaupt, wie alles weitergehen sollte? Ob man der Hölle des Krieges entrinnen würde? Fragen über Fragen, die sich damals stellten. Aber auch an dieser Stelle möchte ich dankbar der Lehrer gedenken, die mit großer Treue zu uns gekommen sind und versucht haben, uns noch ein wenig Wissen zu vermitteln.

Nach der Flakhelferzeit wurde ich im Januar 1945 als Arbeitsdienstler nach Grafenstein ins östliche Kärnten transportiert. Über diese Wochen will ich nicht viel berichten. Ich will nur so viel sagen: Die Arbeitsdienstzeit war die schlimmste Zeit meines bisherigen Lebens. So entwürdigend wurde ich nicht mehr behandelt, nicht einmal von den Siegermächten als Kriegsgefangener. Jene Zeit hat mir wohl den gesundheitlichen Knacks gegeben, an dem ich zeitlebens zu tragen habe. Sicher gab es auch dort beim Arbeitsdienst einige ordentliche Vorgesetzte, das will ich nicht verschweigen, aber was dort an fünfzehn-/sechzehnjährigen Jungen verbrochen wurde, ist kaum in Worte zu fassen. Die meisten der Dienstvorgesetzten waren wohl auch geistig so beschränkt und menschlich so abgestumpft, daß sie sich gar nicht in die Lage eines Jungen hineinzuversetzen vermochten.

Es ist ein Wunder, daß ich nicht zur Waffen-SS gekommen bin. In Grafenstein war nämlich in einem alten Schloß eine Truppe der Waffen-SS einquartiert. Diese erschien eines Tages – es war alles wohl vorbereitet – in unserem Lager. Alle Arbeitsdienstleute mußten sich in der Essensbaracke versammeln und dann mußten die Arbeitsdienstler unterschreiben, daß sie sich freiwillig zur Waffen-SS meldeten. Und wehe dem, der nicht unterschrieb! Warum entging ich jener Prozedur?

Kurz bevor die SS-Leute kamen, hatten wir Sportstunde. Es war Winter, der Boden war hart gefroren. Natürlich war die Turnstunde im Freien. Wir waren nur mit Sporthemd und Turnhose bekleidet. Bodenturnen war angesetzt: Hechtrollen, zuerst über zwei, dann über vier, sechs, vielleicht sogar über acht Kameraden. Eine dünne Matte lag auf dem Boden. Ich bin kein großer Turner. Deshalb versuchte ich mich immer zu denen zu gesellen, die vor der Matte lagen und über die gesprungen werden mußte. Aber der Haupttruppführer, ein ekelhafter Mann, beobachtete mich. Er konnte die Oberschüler nicht leiden. Oft hat er gefragt: »Was sind Sie von Beruf?« Antwort: »Oberschüler, Herr Haupttruppführer!« »Das kann ich mir denken, so dumm kann nur ein Oberschüler sein.«

Meine Kameraden wollten mir helfen und tauschten mit mir die Plätze, wenn ich an der Reihe war zu springen. Aber schließlich half alles nichts mehr. Ich war dran. Über sechs Kameraden sollte ich die Hechtrolle machen. Arme Kameraden! Die stießen auch einen Schrei aus, als sie mich anrennen sahen. Ich sprang auf den Rücken meiner Kameraden: sie lagen platt am Boden, und ich landete irgendwo im Gelände. Ein fürchterliches Donnerwetter des Vorgesetzten erfolgte. Ich hatte mir nicht sehr weh getan, aber schlagartig ging es mir durch den Sinn: »Du darfst dich jetzt nicht rühren, sondern mußt den Schwerverletzten spielen, sonst macht er dich restlos zur Schnecke.« So blieb ich regungslos liegen und tat, als wäre ich halbtot. Meine Kameraden, die ich plattgedrückt hatte, taten das gleiche. So mußte unser Haupttruppführer, ob er wollte oder nicht, die Sanitäter rufen, und wir wurden alle auf Tragen in die Sanitätsbaracke transportiert.

Ein alter Sanitäter hatte ein Herz für uns Jungen. Am Nachmittag, als die SS ins Lager kam, wurden wir in der Sanitätsbaracke vergessen. So entgingen wir der Waffen-SS. Meine Kameraden ertrugen die Rückenschmerzen gerne und waren mir dankbar für den mißglückten Sprung. Eine heitere und damals doch todernste Geschichte!

Was sollte nun aus uns werden, als wir aus dem Arbeitsdienst entlassen wurden? Wir wurden nach Villach zur Gebirgsartillerie abkommandiert.

Jene Nacht, in der wir zu siebt von Grafenstein die 15 oder 20 km nach Klagenfurt marschierten, ist mir unvergeßlich. Mitten in der Nacht wurden wir losgeschickt. Wir sollten am frühen Morgen einen Zug erreichen, der uns von Klagenfurt nach Villach brachte. Die Landschaft war tief verschneit, es war bitterkalt. Wir waren müde. Nächtelang hatten wir kaum geschlafen, denn wir waren ständig von Partisanen bedroht. Ich weiß noch, daß ich einigemale kräftemäßig so am Ende war, daß ich mich an den Straßenrand setzen und im Schnee einfach schlafen wollte – nur ein paar Minuten, nur eine halbe Stunde. Aber ich wäre aus diesem Schlaf nicht mehr erwacht. Anderen Kameraden erging es ähnlich. Wir haben uns auf dem Wege gegenseitig Mut gemacht, durchzuhalten. Als wir schließlich in Villach ankamen, war Fliegeralarm, und unser erster Weg in der Stadt führte in den Luftschutzbunker. Mit mehrstündiger Verspätung brachte uns ein teilweise zerschossener, eiskalter Zug nach Villach. Dort verbrachte ich die letzten Wochen und Monate des Krieges.

Unvergeßlich sind mir die schrecklichen Einsätze, die wir im Vorgebirge der Karawanken hatten, um Partisanennester auszuheben. Ich war damals noch keine 17 Jahre. Es waren schreckliche Angsterlebnisse, die wir jungen Menschen hatten. Uns wurde immer wieder von unseren Vorgesetzten gesagt, daß wir uns ja nicht gefangennehmen lassen dürften. Wenn wir von Partisanen überfallen würden, sollten wir uns mit der Pistole sofort das Leben nehmen, denn die Partisanen seien unbarmherzig. Sie würden uns in einer grausamen Weise hinmorden, da wäre es besser, selber Schluß zu machen . . .

Die Zeit in Villach ging im Mai 1945 zu Ende, als die englischen Truppen kamen und uns gefangennahmen. Auch jene Tage sind mir unvergeßlich. Ich hatte Wache vor dem Kasernentor zu schieben. Da kamen die englischen Panzer angefahren. Ein englischer Offizier sprang vom Panzer herunter, eilte mit seiner Pistole auf mich zu, hielt sie mir unter die Nase und rief mir zu: »Go on!« Ich wollte meinen Platz nicht verlassen, aber als er mich noch ein paar Mal energisch aufforderte, ging ich in die Wachstube zurück und meldete dem wachhabenden Offizier: »Jetzt sind die Engländer da, jetzt ist alles zu Ende.« Ich wurde dann mit meinen Kameraden von den Engländern gefangengenommen.

Gleich nach der Ankunft der Engländer mußten ein Freund und ich eine Baracke säubern, in die englische Offiziere einziehen wollten. Es fiel uns dabei eine Sonderausgabe einer englischen Zeitung in die Hand. Mit Riesenbuchstaben stand auf der Titelseite »Germany out!« Deutschland hatte sich auf Gnade und Ungnade den Siegermächten ausgeliefert. Es war eine totale Kapitulation. In dem Artikel stand u.a.: Nun sei das Nazi-Deutschland vernichtet und besiegt, und zwar für immer. Nun werde eine Zeit des Friedens anbrechen und eine Welt des Friedens geschaffen werden. Die Friedensstörer seien nun ausgeschaltet. Welch eine Euphorie! Und wie hatte man sich getäuscht! Die »bösen« Deutschen haben seit 1945 keinen Krieg mehr geführt. Und wir wollen das auch nicht mehr. Wer den Krieg kennengelernt hat, muß ihn hassen. Aber wie steht es eigentlich mit den Anderen?

Ich habe noch einige Wochen als Kriegsgefangener in der Kaserne in Villach verbracht. Dann wurde ich mit vielen anderen in einem Eisenbahn-Viehwagen von Kärnten nach Deutschland transportiert. Die Amerikaner übernahmen uns und brachten uns ins Gefangenenlager in Wasseralfingen bei Aalen. Es war scheußlich dort. Regen weichte den Boden auf. Wir waren in großen Zelten untergebracht und froren. Die Zivilbevölkerung kam immer wieder an den Stacheldraht und brachte Eßbares. Die Amerikaner haben sie nicht daran gehindert.

Dort sollten wir an die Franzosen übergeben werden. Es wurde ein Stichtag gesetzt; wer jünger war, durfte nach Hause. Ich gehörte zu den Jüngsten und wurde nach Nürnberg entlassen. Ein amerikanischer Lastwagen brachte die Entlassenen von Wasseralfingen nach Nürnberg. Wir fuhren auf der Bundesstraße 14 über Crailsheim und Ansbach nach Nürnberg, vorbei an der Hohen Marter, wo ich heute wohne, durch die Schweinauer Hauptstraße und bogen in die Schwabacherstraße ein. Da stand das Haus, in dem meine Eltern gewohnt hatten. Wie sah es in Nürnberg aus! Zerbombte Häuser, aufgerissene Straßen! Eben hatte ich noch zu meinen Kameraden gesagt: »Gleich kommen wir an meinem Elternhaus vorbei. Wenn meine Eltern zum Fenster herausschauen, werden sie vor Freude aus dem Fenster springen, wenn sie mich sehen.« Und dann kam mein Elternhaus in Sicht. Ich wußte nicht, was zuhause geschehen war. Ich hatte ja im Krieg lange keine Nachricht von meinen Eltern erhalten. Ich war fast zu Tode erschrocken, als ich vom Auto aus sah, daß mein Elternhaus in Schutt und Asche lag. Sofort ging mir die Frage durch den Sinn: »Leben deine Eltern und dein Bruder noch?«

Der Amerikaner, der uns fuhr, ließ uns in Nürnberg nicht aussteigen.

Als wir das Stadtgebiet von Nürnberg schon hinter uns hatten, klopften wir so heftig auf das Dach des Führerhauses, daß der Fahrer für einen Augenblick anhielt, weil er wohl meinte, es sei irgendetwas passiert. So schnell wie damals war ich noch nie von einem Wagen heruntergesprungen. Ich eilte die sechs oder sieben Kilometer von Buch, einem nördlichen Vorort, nach Nürnberg zurück. Es war schon Abend und man mußte sich beeilen. Um 20 Uhr oder 21 Uhr, ich weiß es nicht mehr genau, war Sperrstunde, und da durfte kein Deutscher mehr auf der Straße angetroffen werden. Ich ging zu meiner Großmutter, deren Haus in der Glockendonstraße in Gostenhof am nächsten lag. Schweißgebadet vom schnellen Laufen bog ich um die Ecke der Fürther Straße – Gott sei Dank, ihr Haus stand noch. Sie schaute gerade aus dem Fenster; als sie mich in meinen armseligen Klamotten entdeckte, stieß sie einen Schrei aus, und als ich das Haus erreicht hatte, stand sie schon an der Haustür und nahm mich in ihre Arme. Sie erzählte mir, daß meine Eltern lebten und wo sie untergebracht waren.

Es war ein Sonntagmorgen. Ich ging von meiner Großmutter, die ich über alles liebte, zu dem Trümmerhaufen meines Elternhauses. Von dort aus ging ich zur St. Leonhardskirche, die schräg gegenüber von meinem Elternhaus stand. Auch sie war zerbombt. Aber an der Außenmauer zum Leonhardsfriedhof hin stand noch das große Kreuz mit dem Gekreuzigten. Ich stand mit meinen abgerissenen Militärklamotten auf dem Friedhof vor diesem Kreuz und dankte dem Mann am Kreuz, daß ich der Hölle des Krieges entrinnen durfte – unverdient. Viele meiner Kameraden kamen nicht mehr nach Hause. Auf dem menschenleeren Friedhof – er sah gespenstisch aus, denn auch auf ihn waren Bomben gefallen – sagte ich zu dem Mann am Kreuz: »Dir soll hinfort mein Leben ganz gehören.«

Dann ging ich nach Eibach, einem Vorort Nürnbergs, etwa sechs Kilometer vor der Stadt. Ein romantischer Weg, durch Birkenalleen, an Feldern vorbei, dann wieder durch kleine Mischwälder, führte dorthin.

Ich traf meine Eltern in einer Notwohnung. Verwandte hatten sie in ihrem Einfamilienhaus aufgenommen. Die Eltern erzählten mir, daß das Haus in der Schwabacherstraße 43 am 16. März 1945 den Bomben zum Opfer gefallen war. Meine Mutter war mit meinem Bruder in den Spittlertorturm, einen sicheren Bunker, gerannt, als Fliegeralarm gegeben wurde.

Mein Vater war im Luftschutzkeller unseres Hauses geblieben. Als das Haus in Flammen stand, rannte mein Vater in unsere Wohnung im ersten Stock und schleppte die Nähmaschine, die unsere Mutter sich unter großen Opfern gekauft hatte, auf die Straße. Dann brach er zusammen. Diese Nähmaschine hat mich überall hin begleitet. Sie ist zwar nicht mehr zu gebrauchen, aber ich gebe sie nicht her. Sie erinnert mich zu stark an Vater und Mutter und ist das letzte Möbelstück aus meiner Kindheit und Jugend.

Unsere »Wohnung« hatte zweimal sechs Quadratmeter: ein Raum, in dem wir kaum zu viert miteinander essen konnten, der andere Raum war das Schlafzimmer, das für zwei Betten Platz hatte; wir schliefen zu viert darin. Später haben dann mein Bruder und ich im benachbarten Haus meiner Großeltern mütterlicherseits noch eine Dachkammer bekommen. So hatte zumindest jeder ein eigenes Bett.

War das 1945 ein armseliges Weihnachtsfest! Und in den Jahren 1946-48 war es kaum besser. Ich entsinne mich, wie ich am 1. Christfesttag 1945 zur Eibacher Kirche ging, die unversehrt geblieben war. Ein großer Weihnachtsbaum war dort geschmückt und unter ihm war eine Krippe aufgebaut. Lange war ich dort und betrachtete den Weihnachtsbaum und die Krippe. Ich konnte nur danken. In unsere Trümmer, in unsere Armut ist der Heiland gekommen, um zu suchen und zu retten, was verloren ist. Ich durfte zu den Geretteten gehören, einmal in dem Sinne, daß ich der Hölle des Krieges entronnen war, zum andern in dem Sinne, daß Christus mich in seine Nachfolge gerufen hatte.

Die Frage war nun, wie es mit mir weitergehen sollte. Ich hatte keinen Schulabschluß, auch unsere Dürer-Oberrealschule war weitgehend zerstört. So fing ich an, im Baugeschäft des Vaters eines meiner Schulfreunde als Baupraktikant zu arbeiten. Ich erinnere mich noch gut an jene Zeit, als ich mit meinem Schulfreund Edmund Hähnlein – seinen Eltern gehörte das Geschäft – im Herbst 1945 auf den Baustellen der Nürnberger Hauptpost und der AEG-Fabrikgebäude zu arbeiten begann. Es hieß früh aufstehen, denn der Weg bis zur Bushaltestelle war weit, von wo aus ich zur Arbeitsstelle oder wenigstens in deren Nähe fahren konnte. Um 7 Uhr begann die Arbeit, um 17 Uhr war sie zu Ende. Müde und hungrig kam ich heim. Lebensmittel gab es nur auf Bezugscheine und Lebensmittelkarten, und »Vitamin B«, also »besondere Beziehungen«, um mehr zu bekommen, hatten wir als Ausgebombte nicht. Mit der Familie Hähnlein verbindet mich bis heute eine gute Freundschaft. Vater Hähnlein habe ich als Gemeindepfarrer von St. Johannis auf dem berühmten Johannisfriedhof beerdigt. Ich denke dankbar an ihn. Er hatte geplant, und das entsprach auch den Wünschen meines Vaters, daß sein Sohn und ich nach unserer Praktikantenzeit die Technische Hochschule in München besuchen sollten. Aber ich hatte einen ganz anderen Ruf, von dem ich gleich noch berichten werde.

Im Sommer 1946 waren einige Schulräume in der Dürer-Oberrealschule notdürftig hergerichtet wurden; wir konnten wieder mit dem Schulunterricht beginnen. Ich machte meinem Vater klar, daß ich das Abitur machen wollte. Mein Vater stimmte schließlich zu. So ging ich ab Sommer 1946 wieder in die Schule. Die meisten meiner Schulkameraden kamen wieder. Wir trafen uns und freuten uns, daß wir neu anfangen konnten. Unser alter Oberstudiendirektor war wieder da und übernahm einen großen Teil des Unterrichtes. Dafür waren wir außerordentlich dankbar. Er verstand uns junge Leute, die wir aus dem Krieg kamen, und die wir nun nicht mehr, wie das früher der Fall war, als Lausejungen behandelt werden konnten. Wir waren zwar noch jung, ich war noch nicht 18 Jahre, aber wir hatten doch in den Grenzsituationen erkannt, daß das Leben kein Spiel ist. Wir wollten jetzt mit einem gewissen Ernst einen Abschluß bekommen, um uns dann auf der Universität vorzubereiten auf unseren Beruf. Im Jahre 1948, kurz vor der Währungsreform, machten wir das Abitur. Das war gar nicht so einfach. Wir hatten noch keine Lehrbücher, nur Manuskripte, die unsere Lehrer vorbereitet hatten. Aber das Abitur des Jahres 1948 knüpfte wieder an die Ansprüche des Abiturs vor 1933 an. Im Dritten Reich waren die Abiturienten leistungsmäßig besser weggekommen. Wir mußten in einer Woche Klausuren in Deutsch und Religion, Latein und Englisch, Mathematik, Physik und Chemie schreiben. Am Vormittag und am Nachmittag wurde eine Arbeit geschrieben: vormittags von 8-12, nachmittags von 14-17 Uhr. Ich kann nur dankbar sagen, daß ich das Abitur einigermaßen gut bestanden habe. Nun war die Tür frei zum Studium, das im Herbst 1948 beginnen sollte.

Meine Großmutter väterlicherseits, bei der ich in den ersten drei Jahren meines Lebens aufgewachsen war, hat die ersten Samenkörner des Wortes Gottes in mein Herz gesenkt. Sie hatte mich ab meinem dritten Lebensjahr mit in den Kindergottesdienst in die Dreieinigkeitskirche in Nürnberg-Gostenhof genommen, den der Pfarrer Höhne hielt, der prächtig mit Kindern umgehen konnte. Sonntag für Sonntag freute ich mich, an der Hand der Großmutter den Kindergottesdienst besuchen zu dürfen. Wie konnte der Pfarrer Höhne biblische Geschichten erzählen! Und am Ende des Kindergottesdienstes bekamen wir immer ein Bild und ein Heft mit, in dem die biblische Geschichte noch einmal dargestellt war. Dann mußte die Großmutter mir im Laufe der Woche abends, wenn ich zu Bett gegangen war, immer wieder diese biblische Geschichte vorlesen.

Im Dritten Reich sollten wir natürlich im Sinne der nationalsozialistischen Ideologie erzogen werden. Ich war beim Jungvolk, wir mußten mindestens zweimal in der Woche dort Dienst tun. Die Sonntagvormittage waren oft belegt mit Wehrübungen oder Filmbesuchen. Wir sollten getrimmt werden auf Mut und Tapferkeit, Treue gegenüber dem Führer und dem Vaterland. Gerade diese geschickt gemachten Filme haben ihre Wirkung auf mich nicht verfehlt. Sie führten dazu, daß ich mich zu Beginn des Krieges, 12 Jahre alt, entschloß, Kriegsfreiwilliger und Offizier zu werden. Das können junge Menschen heute nicht mehr begreifen. Aber wer in einer Demokratie aufgewachsen ist, in der Pressefreiheit herrscht, kann kaum das meisterhafte Geschick und die infame Verlogenheit der Propaganda ermessen, die in einer Diktatur geübt wird.

Trotzdem versuchte ich auf Wunsch und Bitten meiner Mutter, auch während des Dritten Reiches, so oft es ging, den Kindergottesdienst zu besuchen. Meine Großmutter väterlicherseits war eines der ersten Glieder der Bekennenden Kirche in Nürnberg, und meine Mutter ließ es sich nicht nehmen, trotz ihrer vielen Arbeit – sie hatte neben ihrem Beruf noch den Haushalt zu versorgen – jeden Sonntag den Frühgottesdienst in der St. Leonhardskirche zu besuchen. Man muß sich vergegenwärtigen, daß unsere Eltern damals keine 40- oder 35-Stunden-Woche hatten. Der Arbeitstag meines Vaters ging von 7 Uhr bis nachmittags 17 Uhr 30, auch am Samstag wurde bis 13 oder 14 Uhr gearbeitet. Meine Mutter hatte ihre Arbeitszeit von 8 Uhr bis 18 Uhr täglich und am Samstag bis 12 Uhr. Das waren für meine Eltern harte Zeiten, aber der Gottesdienstbesuch gehörte zum Leben meiner Mutter. Mein Vater war mehr auf der Seite der Nationalsozialisten, ohne je fanatisch der Partei angehört zu haben. Aber er fühlte sich in gewissem Sinne dankbar dafür, daß der »Führer« sein Versprechen eingelöst hatte, Arbeit und Brot zu schaffen. Welche verheerenden Auswirkungen das haben sollte, konnte mein schlichter Vater damals beim besten Willen nicht übersehen. Für ihn war zunächst wichtig, daß er wieder Arbeit hatte und seine Familie ernähren konnte. Ich kam in der Zeit des Dritten Reiches in einen evangelischen Jugendkreis in unserer Gemeinde St. Leonhard, den Pfarrer Wagner, der mich im Jahre 1943 auch konfirmierte, gehalten hat. Er ist ein stiller und treuer Seelsorger gewesen. Die Konfirmation konnte nicht mehr in »meiner« St. Leonhardskirche gefeiert werden, weil sie wenige Wochen vor meiner Konfirmation durch Bomben zerstört worden war. So fand die Konfirmation in der Christuskirche statt. Wir waren alle gespannt, ob der Gottesdienst auch ungestört gehalten werden könnte, ständig mußte man ja mit Fliegeralarm und Bombenangriffen rechnen. Aber wir konnten ungestört den Konfirmationsgottesdienst erleben. Um 8 Uhr begann der Gottesdienst für über 120 Jungen und Mädchen. Es mußte alles sehr schnell gehen, denn um 10 Uhr war der nächste große Konfirmationsgottesdienst der Steinbühler Kinder. – Die Christuskirche ist übrigens auch bald darauf ein Raub der Flammen geworden. – Auf dem Gabentisch lag damals nicht viel. Aber ich bekam bei der Konfirmation ein Gotteswort, das ich zwar zunächst vergaß, das mir aber später im Studium und bis heute außerordentlich wichtig geworden ist. Es ist das Jesuswort: »So ihr an meiner Rede bleibt, so seid ihr meine rechten Jünger« (Joh. 8,31).

Und dann war da eben die Zeit des Krieges mit ihren einschneidenden Ereignissen. Es war die Fahrt vom Arbeitsdienst in Grafenstein bei Klagenfurt nach Villach zur Gebirgsartillerie, die einen entscheidenden Einschnitt in meinem Leben darstellte. Wir fuhren in einem Zug, der bereits Treffer abbekommen hatte, von Klagenfurt nach Villach. Etwa auf halber Strecke blieb der Zug stehen. Einer rief: »Tiefflieger!« Wir stürzten alle aus dem Zug heraus. Plötzlich eine Stimme: »Die fliegen wieder weg.« Todmüde gingen wir in den Zug zurück. Junge Menschen konnten dort überall und in jeder Lage schlafen. So legte ich mich auf eine Bank im Zug und wurde

1943: Als Konfirmand mit Eltern und Bruder.

erst unsanft geweckt, als die ersten Bomben auf den Zug fielen. Ich rannte aus dem Zug um mein Leben. Nach der Bombardierung des Zuges kamen die Tiefflieger mit ihren Maschinengewehrsalven. Es ist für mich heute noch ein Wunder, daß ich dieser Hölle entronnen bin. Nur eine leichte Verletzung am Fuß trug ich davon. In jener Stunde, in der es um Leben oder Tod ging, ging mir schlagartig auf, daß ein lebendiger Gott da ist. Und ich hörte damals – erklären kann ich es eigentlich nicht – den Ruf: »Komm und folge mir nach!« Von jenem Augenblick an stand für mich fest, daß der lebendige Herr mich in seinen Dienst gerufen hat.

Als ich aus dem Krieg zurückkam, hatten wir daheim eine alte Bibel. Ich war geistlich hungrig geworden und las viel in dieser Bibel. Bei dem Bombenangriff auf mein Elternhaus war ja auch meine ganze Jungenbibliothek zerstört worden. Ich hatte keine andere Lektüre als die Bibel und wollte auch keine andere. Da hatte ich nun Zeit, mich hineinzulesen in Gottes Wort. Bei einem Ausflug des CVJM in Eibach, zu dem mich meine Mutter mitgenommen hatte, kamen einige junge Männer auf mich zu und luden mich in den CVJM ein. Der CVJM wurde dann meine geistliche Heimat. Der damalige Jugendsekretär Ernst Schmidt hat sich wie ein Vater um mich gekümmert, nicht nur als Seelsorger, sondern mit seiner lieben Frau auch besonders als Leibsorger. Oft bin ich in seiner Wohnung eingekehrt, die im Krieg unzerstört geblieben war. Dort konnte ich mich sattessen, er besorgte mir Kleider und Schuhe. Ich denke dankbar an diesen Mann, der mich auch Schritt für Schritt geistlich begleitet und in die Mitarbeit im CVJM hineingeführt hat. Es war mir zunächst unverständlich, als er mich bat, in der Bubenschar mitzuarbeiten. Das waren sechs- bis neunjährige Jungen. Was sollte ich, der ich aus dem Krieg heimgekehrt war und ganz andere Erlebnisse hinter mir hatte, mit diesen Kleinen anfangen? Heute begreife ich, wie weise es von diesem Mann gewesen ist. Er wußte, daß man junge Männer, die zum Glauben gekommen waren, schrittweise in die Verantwortung der Mitarbeit hineinführen muß, und man ihnen nicht gleich zu große Aufgaben übertragen darf. Dann wurde ich Mitarbeiter und schließlich Leiter der Jungschar. Später leitete ich den Kreis der Vierzehn- bis Siebzehnjährigen und schließlich arbeitete ich im Jungmännerkreis mit. So wuchs ich Schritt für Schritt in die Mitarbeit. Fast jede unserer CVJM-Stunden war eine Bibelstunde; und wenn ein bestimmtes Thema behandelt wurde, folgte zum Schluß eine ausführliche Andacht. So mußte ich mich immer neu darauf einstellen, Gottes Wort jungen Menschen weiterzusagen – eine gute Schule, um in die Schrift hineinzuwachsen. Wir haben damals viele Freizeiten gehalten; die erste, 1946 auf der Burg Wernfels, war noch sehr kümmerlich, was das Äußere anbetraf. Aber dann wurden Unterkunft und Verpflegung von Jahr zu Jahr besser.

In Eibach hatten wir eine eigene Badeanstalt an der Regnitz mit einem schönen Sportplatz. Dort verbrachten wir unsere Freizeit. Wir spielten Fußball und Handball und vor allen Dingen Faustball, eine Sportart, in der ich es - als ansonsten unsportlicher Mensch - zu einer gewissen Meisterschaft gebracht habe. Ich kann sagen, daß ich im CVJM in Eibach meine geistliche Heimat gefunden habe und dankbar an jene Jahre des Aufbaus der Jugendarbeit nach dem Krieg zurückdenke. Neben Ernst Schmidt, dem CVJM-Sekretär, waren es gestandene Laienbrüder, die uns prägten. Wie gerne hörten wir dem Bäckermeister Hans Dauscher oder Hans Spanner, dem Beamten vom Nürnberger Jugendamt, und vielen anderen zu, wenn sie in ihrer praktischen Weise das Wort Gottes auslegten. Besonders dankbar erinnere ich mich an den Eibacher Pfarrer Ernst Rauh, der mir Seelsorger und Freund geworden ist.

In Nürnberg-Schweinau, wo ich jetzt wieder wohne, habe ich einen Jugendkreis aufgebaut und mit einem Jungen angefangen. Als ich im Konfirmandenunterricht des dortigen Pfarrers Lagois, der mir ein lieber Freund wurde und der später im Medienbereich der bayerischen Landeskirche tätig war, zum Jugendkreis einlud, kam einer. Aber den schickte ich nicht heim, sondern sagte zu ihm: »Wir zwei halten Jugendstunde.« Und aus diesem einen ist ein CVJM-Sekretär geworden, der im Johanneum in Wuppertal seine Ausbildung gefunden hat. Später ist dieser Jugendkreis natürlich gewachsen.

Noch während meiner Schulzeit und am Anfang meiner Studienzeit wurde ich in den CVJM Nürnberg-Sterntor gerufen. Im CVJM gab es, vor allem in den Städten, immer auch eine spezielle »Bäckerarbeit«, in Nürnberg gibt es sie bis heute. Daß es im CVJM diese eigenständige Arbeit gibt, hängt mit der Arbeitszeit der Bäcker zusammen. Sie können eigentlich nur am späten Nachmittag zu Veranstaltungen kommen. Die Bäckerabteilung des CVJM Nürnberg hatte im Jahre 1947/48 keinen Sekretär. So bat mich der Bäckermeister Andreas Prechtel, der in Nürnberg in Handwerkerkreisen wie auch in kirchlichen Kreisen eine bedeutende Rolle spielte – er war auch vor dem Dritten Reich etliche Jahre Stadtrat – als Bäckerhilfssekretär die Lehrlings- und Gehilfenabteilung zu übernehmen. Mein damaliger Gemeindepfarrer sagte zu mir: »Du schaffst nie das Abitur«, und später meinte er: »Du schaffst nie dein theologisches Examen, denn du bist ja Tag und Nacht in der Jugendarbeit tätig.« Nun, ich habe sowohl das Abitur als auch das theologische Examen hingekriegt. Die Jugendarbeit war meine Freude, dahin wußte ich mich von Jesus gerufen. So waren es verschiedene Stellen in Nürnberg, an denen ich in der Jugendarbeit tätig gewesen bin.

Es hat mir auch besondere Freude gemacht, daß ich damals an der Seite des CVJM-Sekretärs und Bezirksjugendwartes Hans Schwab, der den ältesten CVJM in Nürnberg, in Gostenhof, leitete, als Vertreter der evangelischen Jugend in Nürnberg in den Kreisjugendring gerufen worden bin. Hans Schwab hatte seine Ausbildung im Johanneum erhalten, wie übrigens die meisten Nürnberger CVJM-Sekretäre und Jugendwarte damals Johanneumsbrüder waren. Sie haben in der Jugendarbeit eine geistliche Linie durchgehalten und waren für uns junge Männer prägende Vorbilder.

Was haben wir im Kreisjugendring für Schlachten ausgefochten, vor allem mit Jugendvertretern der Linken! Viel wäre davon zu erzählen. Im Kreisjugendring begegnete ich Fritz Pirkl, dem ich bis heute in Freundschaft dankbar verbunden bin. Er war 18 Jahre Arbeits- und Sozialminister in Bayern und anschließend Sprecher der CSU im Europaparlament in Straßburg. In lebhafter Erinnerung ist mir ein Abend: Vollversammlung des Kreisjugendringes in einem Saal des unzerstörten Nürnberger Justizgebäudes in der Fürther Straße. Es ging um die Frage der Wiederbewaffnung der Bundesrepublik Deutschland. Die Wogen in der Bevölkerung gingen hoch. Niemöller, Heinemann und viele andere riefen damals aus: »Gott hat uns die Waffen aus der Hand geschlagen, damit wir sie nie mehr in die Hand nehmen.«

Zu jener Sitzung sollte der Bundestagsabgeordnete Theodor Blank kommen und Rede und Antwort stehen. Blank war von Adenauer als »Beauftragter der Bundesregierung für die mit der Vermehrung der alliierten Truppen zusammenhängenden Fragen« und später zum Bundesverteidigungsminister ausersehen worden. Das war vom Bundeskanzler geschickt gemacht, denn Blank war Gewerkschaftler und somit in diesen Kreisen anerkannt. Adenauer hatte gehofft, die Arbeiterschaft in dieser schwierigen Sache auf seine Seite zu ziehen. Blank aber konnte nicht kommen. Er schickte seinen Vertreter, einen Herrn Dr. Kraske, der später Bundesgeschäftsführer der CDU wurde. Dr. Kraske sprach unter heftigem Widerspruch eines großen Teiles der Teilnehmer. Nach seinem Vortrag war Aussprache. Ich habe selten eine so giftige, leidenschaftliche Debatte erlebt. Fritz Pirkl meldete sich zu Wort. Auch ich sprach. Nach unseren Reden wurde der Tumult so beängstigend und die Auseinandersetzung so handgreiflich, daß Pirkl mich am Ärmel packte und rief: »Los, wir müssen abhauen!« Er hatte ein altes Auto vor dem Gebäude geparkt. In das sprangen wir, fuhren die Fürther Straße zum Plärrer, dem Nürnberger Verkehrsknotenpunkt, hoch und landeten schließlich in der Sterngasse. Unsere Verfolger hatten wir abgeschüttelt, nun gingen wir in das Hotel am Sterntor und ließen uns eine Erfrischung schmecken. Wir hatten sie jetzt auch dringend nötig.

Damals sprachen wir nicht von Ökumene. Nach dem Krieg bauten wir miteinander christliche Jugendarbeit im katholischen und evangelischen Bereich auf. Fritz Pirkl war studierter Psychologe und katholischer Stadtjugendführer. Über ihn fand ich Verbindung mit der katholischen Arbeiterjugendbewegung und habe an mancher ihrer Sitzungen teilgenommen. Es ging uns darum, gerade in die Kreise der Arbeiterjugend – ich war ja ebenfalls Arbeiterkind – mit dem Evangelium hineinzukommen und dort junge Leute für unsere christlichen Jugendkreise zu gewinnen. So war die Zeit der Jugendarbeit für mich eine der glücklichsten Zeiten nach dem Krieg. Wie viel wäre zu erzählen von Sommer- und Winterfreizeiten! Oder von den großen Ostertagungen des bayerischen CVJM in den verschiedenen Städten unseres schönen Landes! Ich denke an Mitarbeitertagungen und Eichenkreuz-Sportfeste, an unsere großen Weihnachtsfeiern mit den besinnlichen Laienspielen, die wir dabei aufführten. Ich denke an Wochenendwanderungen und viele, viele Gespräche und Begegnungen, an Dorfmissionen, die wir durchführten und an Jugendgottesdienste, die wir gestalteten. Eine schöne, erfüllte Zeit!

An einen jungen Freund erinnere ich mich freilich heute noch in Wehmut. Er war einer unserer besten und hoffnungsvollsten Mitarbeiter im Eibacher CVJM. Klaus Liesenbein, ein fröhlicher und innerlich gereifter junger Mann, fuhr mit auf eine Ski-Freizeit in das Kleine Walsertal. Bei einer Skiwanderung, die er mit einem Freund unternahm, kam er unter ein Schneebrett und verunglückte tödlich. 18 Jahre war er alt. Das hat mich damals unheimlich getroffen. Ein Foto von ihm hängt in meinem Studierzimmer als eine lebenslange Erinnerung an einen prächtigen jungen Menschen. Gott kann so unheimlich merkwürdige Wege mit uns Menschen gehen.

Nürnberg wurde wieder aufgebaut, das kulturelle Leben begann wieder, sich zu entfalten, die Wirtschaft blühte auf, nach der Währungsreform konnte man wieder alles haben. Wir hatten damals zwar keine äußeren Reichtümer, aber unsere ganze Freude war der Dienst an der jungen Generation. Und wir hatten im CVJM bei allen Aktivitäten nur ein Ziel in der Jugendarbeit: junge Menschen zu Jesus Christus zu führen. Wir hatten selber erfahren, daß im Zusammenbruch einer Welt, wie er im Mai 1945 in Deutschland geschehen ist, nur der Eine halten kann, der für uns gestorben und auferstanden ist, nämlich der lebendige Jesus Christus. Das wollten wir jungen Menschen vermitteln. Wir versuchten damals, die CVJM-Losung – dem jungen Menschen dienen nach Leib, Seele und Geist – in unserer Jugendarbeit durchzuführen. Ausgiebig trieben wir Sport auf unserem Sportgelände, daneben stand aber auch die Bildungsarbeit. Ich erinnere mich, wie ich als Schüler und Student jungen Menschen in unserem CVJM-Haus Nachhilfeunterricht in bestimmten Fächern gegeben habe, oder wie wir Klassiker miteinander gelesen haben. Das Entscheidende aber war, daß wir jungen Menschen Jesus bezeugen wollten, damit sie ihr Leben in ihm verankern. Und ich denke dankbar daran zurück, daß in den ersten Jahren nach dem Krieg auch manche jungen Männer aus unserer Jugendarbeit den Weg in den Dienst Jesu gefunden haben.

Nachkriegsjahre: Studium – politische Interessen – Jugendarbeit ...

In den Jahren nach dem Krieg ist mir in unserer Jugendarbeit neben Ernst Schmidt noch ein Mann besonders wichtig geworden, über den es sich lohnte, ein eigenes Buch zu schreiben. Ich bin kaum mehr einem solch gebildeten und geistlichen Menschen begegnet wie dem Nürnberger Kirchenrat Hermann Galsterer, dem Vorsitzenden des Gesamt-CVJM in Nürnberg. Er war nach dem Kriege schon ein alter Mann, aber voll aktiv. Er ging in die überfüllten Flüchtlingslager, um Menschen zu helfen und ihnen das Wort Gottes zu sagen. In seiner früheren Gemeinde St. Egidien hielt er Gottesdienste, versah die Vikarsstelle in Gostenhof und hielt Religionsunterricht am Realgymnasium und an der Volksschule. Er unterwies die Taubstummen, deren Sprache er gelernt hatte; in den Gemeinschaften, vor allem der Liebenzeller, arbeitete er mit. An der Volkshochschule hielt er psychologische Vorlesungen, wobei er frei und meist ohne Konzept sprach. Er war zu vielen Vorträgen unterwegs und diente in vielen Jugendkreisen, besonders eben im CVJM. Mitte der 50 war er so herzkrank, daß man mit seinem baldigen Tod rechnete, aber Gott hat ihn 83 Jahre alt werden lassen.

Galsterer war ein Mann, der sich besonders um die sozial niederen Schichten des Volkes kümmerte und bei den Schwachen stand. Er war erfüllt von der Liebe Jesu, wie ich es kaum bei einem Menschen gefunden habe. Er war ein »Adliger Gottes«, so möchte ich ihn nennen. Galsterer hat mehrere Sprachen gesprochen. So hat er die Zigeunersprache gelernt, weil er diese Menschen liebte und sie auch vor Gericht vertrat. Er machte den Richtern ihre Sitten und Gebräuche deutlich. Als Student lernte er japanisch, weil er der Überzeugung war, den japanischen Studenten in Tübingen das Evangelium in ihrer Sprache bringen zu müssen. Als alten Mann mit 83 Jahren besuchte ich ihn im Siechenheim in Rummelsberg. Auf seiner Bettdecke lagen Bücher, die ich nicht lesen konnte. Ich fragte ihn: »Was liest du denn da?« Er sagte zu mir: »Im Selbststudium lerne ich Russisch, denn, weißt du, wer rastet, der rostet.« So war dieser Mann geistig beweglich. Er konnte Vorträge halten über Mathematik und Medizin, über Physik, gerade auch über die Atomphysik. Wie kostbar waren seine philosophischen Vorträge, besonders über Nietzsche und Kierkegaard. Bei diesen Denkern war er zu Hause. Bis zu seinem 80. Lebensjahr hat er Religionsunterricht erteilt. Die Schüler des Realgymnasiums in Nürnberg haben ihn immer wieder bedrängt, sie doch noch bis zum Abitur zu begleiten. Galsterer war ein wunderbarer Mann.

Als ich 1957 Vikar war an der Gustav-Adolf-Kirche in Nürnberg, saß er in einem meiner Gottesdienste. Die Kirche mit ihren 2000 Plätzen war gut gefüllt. Ich sah Hermann Galsterer nicht, er hatte hinter einer Säule Platz genommen. Nach dem Gottesdienst kam er in die Sakristei und fragte mich, ob ich noch etwas Zeit hätte, um mit ihm einen Spaziergang zu machen. Ich bejahte das und dachte: Jetzt kommt ein großes Donnerwetter wegen deiner Predigt. Hermann Galsterer war ein großartiger Prediger gewesen, der das biblische Wort zum Leuchten brachte und wirklich Speise für die Seele weitergab. Er hat meistens zweimal gepredigt, um 8 Uhr und um 9 Uhr 30. Kaum jemals hat er in beiden Gottesdiensten die gleiche Predigt gehalten. Die Predigten hat er vorbereitet auf dem Weg von seinem Haus bis zu seiner gottesdienstlichen Stätte, einer Wegstrecke von etwa einer halben Stunde.

Als er in jungen Jahren als Universitätsprofessor für praktische Theologie nach Wien gerufen wurde, hat er diesen Ruf abgelehnt. Er wollte sein Leben lang in Nürnberg bleiben und blieb denn auch bis auf eine kurze Zeit, während der er Pfarrer in Hammelburg in Unterfranken war.

Hermann Galsterer ging mit mir spazieren. Ich könnte noch das Haus nennen, wo er stehen blieb und zu mir sagte: »Wir kennen uns jetzt seit einigen Jahren. Heute in dieser deiner Predigt habe ich erneut und ganz bewußt gehört, daß wir zusammengehören. Du mußt von jetzt ab ›Du‹ zu mir sagen.« Ich habe das fast nicht gewagt: Dieser alte, ehrwürdige, durchgeistigte und geistliche Mann, und ich, der kleine Vikar! Aber er ließ nicht ab, und die Jahre von 1953 bis zu seinem Tod 1961 sind für mich beglückende Jahre einer unvergeßlichen Begegnung gewesen.

Wir haben Hermann Galsterer oft in unsere Jugendkreise eingeladen. Kein Dienst war ihm zuviel, solange ihn die Beine trugen. Wenn ich an die

Hermann Galsterer

Vorträge denke, die er hielt! »Jesus und die Arbeiter« oder »Jesus und die Jugend«. Mir fällt ein, wie wir als junge Männer auf einer Mitarbeiterrüste in der Rhön waren. Galsterer hielt die Bibelarbeiten. Wir waren etwas niedergeschlagen, weil hinter uns Erfahrungen lagen, die wir eigentlich nicht erwartet hatten. Für die Jugendarbeit – sagte mal einer – gilt der Satz: Eine Jugendarbeit steht entweder vor einer Krise oder in einer Krise oder nach einer Krise. Und wir standen in so einer Krise. Galsterer hielt seine Bibelarbeiten über den Johannesprolog (Joh. 1). Plötzlich sagte er: »Wißt ihr, wenn ihr einmal ganz am Ende seid, dann erinnert euch an den Liedvers: 'Stark ist meines Jesu Hand und er wird mich ewig fassen, hat zu viel an mich gewandt, um mich wieder los zu lassen!'« Da lebten wir auf. Er war unser Seelsorger, der geistliche Führer in unserem Jungmännerleben. Eine unvergeßliche Gestalt!

Ich denke daran, wie wir nach dem Krieg Jahr um Jahr an Pfingsten nach Bobengrün, einem kleinen Dorf in der Nähe von Naila im nordöstlichen Oberfranken gefahren sind, nahe der Grenze zur DDR. Dort ist die jährliche Pfingsttagung des CVJM, die in einem wunderschönen Hochwald gehalten wird. Mitten im Wald ist eine Kanzel aufgebaut – heute mit Lautsprecheranlage ausgestattet. In den Jahren nach dem Krieg gab es das noch nicht. Tausende von jungen und alten Menschen treffen sich unter dem Wort Gottes. Es ist eine Erweckungstagung, bei der Menschen im Laufe der Jahre zum lebendigen Glauben an Jesus Christus gekommen sind. Man muß diese Pfingsttagung miterlebt haben, um die Atmosphäre zu spüren, die dort herrscht. Der Geist Gottes ist mitten unter dem Volk. Viele bekannte Männer im Reich Gottes haben auf dieser Pfingsttagung gesprochen, ob es Heinrich Kemner war oder Konrad Eißler, Klaus Vollmer, der Amerikaner Dr. John Thiessen oder die Landesbischöfe Dietzfelbinger und Hanselmann. Oft habe ich den Gottesdienst am Sonntagmorgen dort gehalten und die Hauptversammlung am Sonntagnachmittag geleitet. Welch eine Stille ist in dem Hochwald, wenn das Zeugnis von Jesus erklingt und die frohen Erweckungslieder gesungen werden, begleitet von Posaunenklängen!

Im Jahre 1985 ist der Mann, der die Pfingsttagung zu verantworten hatte, im hohen Alter heimgegangen: Bäckermeister Hans Hägel aus Bobengrün, ein Original Gottes. Er war sehr belesen, Kierkegaard hatte es ihm angetan. Immer wieder zitierte er ihn. Aber vor allem war er in der Schrift zu Hause, ein geistlicher Vater für viele Menschen, vor allem junge Männer und Mädchen. Und er war ein Beter. Unzählige Bibel- und Gemeinschaftsstunden hat er gehalten. Er gehörte als CVJMer zugleich zum Bayerischen Gemeinschaftsverband und ist viele Jahre in der Synode gewesen. Wenn er im Plenum sprach, war sein Wort originell, geistreich und geistlich. Vor allem die Bischöfe und die Oberkirchenräte haben auf ihn gehört. Er hat sich nicht gescheut, kritisch mit den Kirchenoberen zu reden, aber er hat es immer in der Liebe Jesu getan, und darum haben sie ihn auch ernst genommen. Sie haben ihn aufgesucht, um seinen Rat zu hören. Als Hermann Dietzfelbinger einmal mit dem Auto schwer verunglückt und lange krank war, damals war er noch Rektor des Predigerseminars in Nürnberg, hat er seine Erholungszeit in Bobengrün in einem kleinem Blockhaus zugebracht, das französische Kriegsgefangene während des Krieges mit Bobengrüner CVJMern errichtet hatten. Ausgiebig haben Hans Hägel und Hermann Dietzfelbinger damals über den Weg der Kirche gesprochen, über die Heilige Schrift, über die geistliche Situation unseres Volkes. Hans Hägel hat die Pfingstkonferenzen und alle seine Dienste betend vorbereitet und viele Menschen im Gebet begleitet. Auch sein Heimgang ist eigentümlich. Mit seiner Frau und einem seiner Söhne saß er beim Frühstück. Er war zwar weit über 80, aber in seinem Herzen jung geblieben. Und so sangen sie nach der Andacht miteinander das Lied: »Lobt froh den Herrn, ihr jugendlichen Chöre«. Während dieses Liedes hat Gott ihn aus dieser Welt weggeholt. Hans Hägel hat die Pfingsttagung in Bobengrün, von der so viele Segensspuren in unser ganzes bayerisches Land und darüber hinaus ausgehen und ausgegangen sind, entscheidend geprägt. Daneben war noch ein anderer geistlicher Vater, der Bobengrün prägte: Georg Kragler. Er war in seinen jungen Jahren Beamter und hatte ein hohe Karriere in Ministerien vor sich. Er ließ sich von Christus aus dieser Beamtenkarriere wegrufen und wurde Bundessekretär des bayerischen CVJM. In dieser Eigenschaft hat er mit Bundespfarrer Kornacher nach dem Ersten Weltkrieg die Bauernburschenfreizeiten in Bayern eingeführt. Im Winter kamen junge Bauern zu den Freizeiten. Viele fanden zum lebendigen Glauben. Diese Bauernburschenbewegung in Bayern wurde bekannt im ganzen Land und darüber hinaus. Kragler wurde nach Ostfriesland gerufen, ins Elsaß, nach Polen, vor allem aber nach Österreich. Und dort besteht diese Arbeit, die er begonnen hat, bis heute weiter. Sie hat ihren Niederschlag gefunden im »Scharnsteiner Bibelkreis«, einer Bibelbewegung in Oberösterreich, die heute Mitglied im Gnadauer Verband ist.

Kragler war ein energischer Mann. Er konnte hart sein. Dabei verlangte er von sich jedes Opfer und erwartete von jedem Mitarbeiter echte Verbindlichkeit. Er konnte zornig werden, wenn er in geistlichen Dingen Schlamperei feststellte. In der Bibel gegründet, war er an Fragen der Politik, der Wirtschaft und des gesellschaftlichen Lebens interessiert. Da kannte er sich aus. Aber das Entscheidende war für ihn die Bibel und der Dienst an jungen Menschen. Kragler hat im Dritten Reich als CVJM-Bundessekretär aufhören müssen. Er ging dann als Wirtschaftsdirektor an die Diakonissenanstalt Gallneukirchen in Oberösterreich. Am Ende des Dritten Reiches heiratete er in einen Geschäftshaushalt in Stuttgart ein. Aus welchem Schrot und Korn dieser Mann war, sieht man an folgender Begebenheit: Vor seiner Heirat sagte er seiner Frau: »Wenn ich dich heirate und in dieses Geschäft einsteige, dann kann ich dir nur das Ja-Wort geben, wenn du mir versprichst, daß es, solange wir beide leben, so bleibt: Mindestens 50 % meiner Zeit gehören dem Reich Gottes und dem Dienst an jungen Menschen, die anderen 50 % dem Geschäft und der Ehe.« Bei Kragler sind diese Zahlen immer verschoben worden, es waren immer weit mehr als 50 %, die er im Dienst Jesu stand. Aber seine liebenswerte Frau hat alles getragen, ihren Mann unterstützt und seinen Dienst betend mitgetragen. Das waren für uns junge Menschen prägende Vorbilder, Männer des Glaubens, Männer mit der Bibel und Männer des Gebetes. Man kann nur in großer Dankbarkeit an sie alle denken. Wenn ich hier einige Namen genannt habe, dann bin ich mir bewußt, daß viele andere noch zu nennen wären, etwa die Landesjugendwarte Karl Schmid und Karl Huber.

Es gab in den Jahren nach dem Krieg in der Kirche auch allerlei Auseinandersetzungen im Blick auf die Jugendarbeit. Ich denke z.B. daran, daß wir, die wir die erweckliche Jugendarbeit vertreten, mit den Landesjugendpfarrern oft im Clinch gelegen sind. Ich habe manche Sträuße ausgefochten mit dem Landesjugendpfarrer Hans-Martin Helbig, dem späteren Generalsuperintendenten von Berlin, der allerdings dann in einer schwierigen kirchlichen Lage uns Pietisten besser verstand als vorher. Ich habe auch manche Sträuße ausgefochten mit dem Landesjugendpfarrer Peter Krusche, dem heutigen Bischof von Hamburg, der mir später in der bayerischen Synode wieder begegnet ist. Besser ist das Verhältnis mit dem Landesjugendpfarrer Neukamm gewesen, dem heutigen Präsidenten des Diakonischen Werkes, dem ich mich verbunden weiß. Aber es ging bei allen diesen Auseinandersetzungen immer um die Frage: Was ist das Proprium evangelischer Jugendarbeit? Ich darf über die Landesjugendpfarrer in Bay-

Mit dem bayerischen Landesjugendpfarrer Hans-Martin Helbig in Hersbruck, 1952

ern kein Urteil fällen. Sie haben es alle auf ihre Weise herzlich gut gemeint. Vielleicht bin ich damals auch zu stürmisch und zu leidenschaftlich gewesen. Sicher habe ich oft über das Ziel hinausgeschossen, und doch denke ich auch wieder mit Freuden an diese heißen Diskussionen der Jugendjahre. Es ging uns einfach darum, daß Jesus in der Mitte der Jugendarbeit stand, daß die Bibel zur Sprache kam, daß junge Menschen zu einer verbindlichen Christusnachfolge gerufen werden sollten. Ich will nicht sagen, daß die anderen das nicht auch wollten, aber mir und meinen Freunden schien es damals so zu sein, als würden sie die Wege zu breit machen, als würden sie die Türen zu weit öffnen, als würde das eigentliche Ziel durch viele andere Aktivitäten überlagert. Es kam uns in jener Zeit ein Aufsatz zu

Hilfe, den ein Mann geschrieben hatte, dem ich später in einer besonderen Weise freundschaftlich verbunden war: Pastor Wilhelm Busch, der Jugendpfarrer aus dem Weigle-Haus in Essen. Ich verschlang damals das Blatt »Licht und Leben«, das er herausgab. Da standen seine wegweisenden, seelsorgerlichen, auch kämpferischen Artikel. Er schrieb im Blick auf die Jugendarbeit einen programmatischen Aufsatz: »Wird der schmale Weg verbreitert?« Mit diesem Aufsatz hatten wir Argumente eines alten Hasen in der Jugendarbeit in der Hand, mit denen wir auch vor unseren »Gegnern« bestehen konnten.

Im Jahre 1948, unmittelbar nach der Währungsreform, begann ich das Theologiestudium in Erlangen. Die ersten Jahre des Studiums waren äußerlich sehr kümmerlich. Die Hörsäle waren kalt. Wir saßen in Mänteln dort. Die Mensa wurde erst aufgebaut. Ich hatte oft zum Mittagessen nur ein Stück schwarzes Brot und einen Apfel dabei. Es gab auch noch keine staatlichen Zuschüsse für Studenten. Wir mußten unsere Studien- und Hörgelder selber bezahlen. Ich bin dankbar, daß mein damaliger Gemeindepfarrer mich mit einem kleinen Betrag monatlich unterstützte. Ich pendelte zwischen Nürnberg und Erlangen und brauchte daher auch Fahrgeld. In den Ferien der ersten vier Semester habe ich immer sechs bis acht Wochen gearbeitet, entweder als Hilfsarbeiter in dem Baugeschäft, in dem ich 1945/46 praktizierte oder in der Minenabteilung der Bleistiftfabrik A.W. Faber in Stein bei Nürnberg. Mit den Arbeitern hat mich ein herzliches Verhältnis verbunden. Sie verstanden nur oft nicht, daß ein so »vernünftiger Mensch« ausgerechnet Theologie studierte. Es gab in den Arbeitspausen manche Diskussionen, und ich freute mich, wenn ich dabei ein Zeugnis von meinem Herrn sagen konnte. Ich denke gerne an diese harten Männer vom Bau zurück. Oft entdeckte ich, wie unter einer rauhen Schale ein sehr weicher Kern steckte. Das wurde mir besonders deutlich, wenn ich mit diesem und jenem in ein persönliches Gespräch kam. So verdiente ich mir mein Geld für das Studium und ich bin ein wenig stolz darauf, daß ich nie »betteln« gehen mußte und nie von Schulden geplagt war. Trotz der äußeren Nöte denke ich aber mit Freuden an mein Studium zurück. Ich habe nur in Erlangen studiert. Es war damals bei den schwierigen Wohnverhältnissen und eben auch aus finanziellen Gründen kaum möglich, einen anderen Ort aufzusuchen. Ansonsten wäre für einen bayerischen Studenten eigentlich das Studium in Erlangen, Tübingen und Leipzig gut gewesen. Aber Leipzig war nicht mehr zugänglich und Tübingen war für mich nur ein Traum. Nun, es schadete auch nichts, daß ich nur in Erlangen war. Ich konnte meine Jugendarbeit weiter betreiben und, das muß eigens betont werden, Erlangen hatte nach dem Krieg eine ausgezeichnete theologische Fakultät. Jede Disziplin war mehrfach mit bekannten Ordinarien besetzt. So waren z.B. für das Neue Testament die Professoren Hauck, Strathmann, Gustav Stählin und Stauffer zuständig.

Besonders aber war die systematische Theologie ausgezeichnet besetzt. Dabei denke ich vor allem mit großer Ehrerbietung und Dankbarkeit an Professor D. Paul Althaus. Ich habe viele seiner Vorlesungen besucht. Er war ein großartiger Rhetoriker. Allein ihn zu hören war schon ein Genuß. Aber auch mit seiner Theologie konnte ich mich weitgehend, natürlich mit Abstrichen, identifizieren.

Ich bin in meinem Leben nie unkritisch Schüler einer bestimmten Theologie geworden. Der leider viel zu früh durch einen Verkehrsunfall ums Leben gekommene praktische Theologe Gerhard Schmidt hat uns den Satz eingeprägt: »Seien Sie kritisch gegenüber der Kritik!«

Althaus konnte mich fesseln. Er las in den größten Hörsälen. Immer waren es einige hundert Studenten, die bei ihm waren, auch Studenten anderer Fakultäten. Althaus mußte wegen seiner Stellung im Dritten Reich nach dem Kriege zunächst mit seiner Arbeit an der Universität aussetzen, obwohl dieser gütige Mann schon von seinem Naturell her kein Freund der Nationalsozialisten sein konnte. Aber es gab ja nach dem Kriege merkwürdige Dinge.

Als er seine erste Vorlesung wieder hielt – ich habe sie miterlebt, sie ist mir unvergeßlich – war die Aula festlich mit Blumen geschmückt. Sie war von Studenten überfüllt. Als Althaus die Aula betrat, erhoben wir uns alle und brausend schallte durch den großen Raum der alte Choral: »Was mein Gott will, das g'scheh allzeit«. Es war Althaus' Lieblingschoral. Unser verehrter Lehrer konnte minutenlang vor innerer Bewegung nicht sprechen, aber dann war er wieder ganz der Alte, lebendig und großartig in seinem Vortrag. Althaus war Universitätsprediger in Erlangen. Auch die Professoren gingen gerne in seine Gottesdienste in der Neustädter Kirche. Er hat seine Theologie gepredigt und hat sie in der Predigt bewährt; und das ist ja wohl ein entscheidender Punkt: daß Theologie nicht im Hörsaal, im Seminar, gleichsam im elfenbeinernen Turm betrieben wird als eine Wissenschaft abseits von der Gemeinde. Theologie muß sich in der Verkündigung bewähren. So hat es Paul Althaus gehalten. Zwei Vorlesungen von ihm werden mir immer in Erinnerung bleiben: über den Römerbrief und über Luthers Theologie. Beide Vorlesungen haben in Büchern ihren Niederschlag gefunden, zu denen ich bis heute gerne greife.

Dann war in der systematischen Theologie Professor D. Werner Elert, ein strammer Lutheraner. Vor seinem lutherischen Urteil mußten sich alle ausweisen. Sein besonderer Kontrahent war Karl Barth. Es war wohl das Verdienst Elerts – oder soll man es anders bezeichnen? – daß ich damals keinerlei Zugang zur Barth'schen Theologie fand, sondern ihr außerordentlich kritisch gegenüberstand. Mein Urteil gegenüber Barth ist heute milder geworden, aber Passagen seiner Theologie und manche andere Äußerungen, z.B. politische Urteile, die er gesprochen hat, haben doch immer neue Fragen in mir ausgelöst. Elert hat uns vor allem in der Dogmengeschichte die Lehrbildung und Lehrentwicklung von der Alten Kirche her verdeutlicht. Aber auch seine Ethik- und Dogmatikvorlesungen waren von Format. Elert hatte nicht die große Zuhörerschar wie Paul Althaus. Als er in der Dogmatik an die Lehre von den letzten Dingen kam, handelte er sie relativ kurz ab. Einleitend bemerkte er: »Meine Herren, wenn Sie darüber mehr wissen wollen, dann gehen Sie zu meinem berühmteren Kollegen von nebenan.« Er meinte damit Paul Althaus, der ein ausführliches Buch über die letzten Dinge geschrieben hat.

Es wären viele Lehrer aus meiner Studentenzeit zu nennen. Zwei möchte ich noch erwähnen. Da war Professor D. Eduard Steinwand, ein Balte. Ich habe die Balten immer geliebt. Es sind Menschen mit einer großen Vornehmheit, mit einer großen Schlichtheit, mit einer echten Demut. So einer war Steinwand. Er lehrte praktische Theologie. Wie Paul Althaus war er Seelsorger der Studenten. Man konnte mit jedem Anliegen zu ihm kommen. Er war sehr aufgeschlossen, gerade auch für den Pietismus. Eines war bei Steinwand jedoch manchmal etwas schwierig: Er hatte in seinen Vorlesungen nie eine Gliederung.

Das war bei Walter Künneth, den ich auch noch erwähnen möchte, ganz anders. Da war von A. über I. und 1. und a. und alpha alles durchstrukturiert, so daß man seiner Vorlesung genau folgen konnte, manchmal war einem die Gliederung fast zu viel. Künneth hat in großer Gedankenklarheit seine Vorlesungen gehalten. Ich verdanke ihm viel. Er war ja einer der tapfersten Kämpfer im Kirchenkampf; das entscheidende Buch gegen Rosenbergs »Mythus des 20. Jahrhunderts« hat er geschrieben: »Die Antwort auf den Mythus«. Künneth hat im Dritten Reich seine Professur in Berlin riskiert und verloren. Er war ein Mann, und der ist er bis heute geblieben, der mit seiner Theologie immer der Gemeinde dienen wollte. Und als in den 60er Jahren der Bekenntniskampf neu begann, hat Walter Künneth seinen akademischen Ruf riskiert und sich voll und ganz auf die Seite der bibelgläubigen Gemeinde geschlagen. Er hat ihr in seinen Veröffentlichungen und Vorträgen einen unschätzbaren Dienst getan.

Ich habe nach vier Jahren mein Studium beendet. 1952 machte ich in Ansbach das erste theologische Examen. Die Befürchtungen meines Gemeindepfarrers, daß ich durchfallen könnte, haben sich glücklicherweise nicht bestätigt. Gott ist mir gnädig gewesen und ich bin im Examen auf einem guten Platz gelandet. Dabei spielten sich auch einige kuriose – soll ich sagen: wunderbare? – Dinge ab. Kurz vor dem 1. Examen ist mein Vater ganz plötzlich gestorben. Ich fuhr dann in den letzten Wochen vor dem Examen zu meinem Freund Gerhard Hägel nach Bobengrün. Er ist der älteste Sohn des Bäckermeisters Hans Hägel und seit vielen Jahren Pfarrer in Geroldsgrün im schönen Frankenwald. Gerhard und ich waren, vor allem von der CVJM-Arbeit her, seit vielen Jahren herzlich verbunden. So lud er mich ein, damit wir uns im schönen Blockhaus am Waldesrand gemeinsam auf die Prüfung vorbereiteten. Vor allem haben wir Texte aus dem Alten Testament und aus dem Neuen Testament aus den Ursprachen übersetzt. Vor der alttestamentlichen Prüfung hatte ich ein wenig Angst, denn meine Hebräischkenntnisse waren nicht sehr groß. Wie war ich überrascht, als bei der schriftlichen Examensarbeit ein Text aus den Samuelbüchern zu übersetzen und zu erklären war! Gerade diesen Text hatten wir gründlich übersetzt und bearbeitet, ohne irgendeine Ahnung zu haben, daß er im Examen drankommen könnte. Gerhard und ich schauten uns mit einem dankbaren

Lächeln an. Gott hat es gnädig gemacht. Wir waren glücklich davongekommen. Ähnlich erging es mir in der Kirchengeschichte. Fast 2000 Jahre Kirchengeschichte – da konnte man doch beim besten Willen nicht in allen Epochen zu Hause sein. Am Abend, bevor die Kirchengeschichtsarbeit geschrieben werden mußte, legte ich mich früh zu Bett. Ich nahm noch einmal mein Kirchengeschichtsbuch zur Hand, um darin zu blättern. Ein hoffnungsloses Unterfangen, am Abend vorher noch etwas in den Kopf zu kriegen. Ich drehte mich im Bett nervös um. Das Buch fiel dabei auf den Boden. Es war auf der Seite aufgeschlagen, von der ab Calvins Leben und Werk geschildert wurde. Ich dachte: Das kommt doch nicht dran und blätterte ein anderes Kapitel auf. Zu dumm – warum fiel mir das Buch nochmals aus der Hand? Und als ich es aufhob, stand da wieder: Calvins Leben und Werk. War das ein Wink von Gott? Jedenfalls las ich nun gerade dieses Kapitel sehr intensiv, um dann einzuschlafen. Welch ein Erstaunen, daß am nächsten Morgen über Calvin geschrieben werden mußte! Solche Erfahrungen vergißt man nicht. Sie machen deutlich, daß man in allen Dingen mit Gottes guter Hand rechnen darf.

Es war im Jahre 1947, als ich eine Einladung von einem »Sozialen und politischen Arbeitskreis junger Christen« erhielt zu einem Vortrag, der in der Bielingschule, im Nürnberger Norden, stattfinden sollte. Eingeladen wurde zu einem Vortrag des damaligen bayerischen Kultusministers Dr. Dr. Alois Hundhammer. Hundhammer war uns Evangelischen zu jener Zeit ein Dorn im Auge. Er war streng katholisch. Viele Evangelische sahen in ihm den Mann, der eine Gegenreformation vom Zaun brechen könnte. Er war ganz ultramontan eingestellt. Man war in evangelischen Kreisen nicht glücklich darüber, daß dieser ansonsten sehr integre Mann ausgerechnet das Kultusministerium in Bayern übertragen bekam. Den Vortrag Hundhammers wollte ich hören. Als ich zur Bielingschule kam, war die Turnhalle bereits überfüllt. Viele Priester und Nonnen hatten in der Halle Platz genommen. Ich bekam lediglich noch einen Stehplatz am Rande der Halle. Im hinteren Teil der Halle war ein kommunistischer Block, der sofort versuchte, die Veranstaltung zu stören, als Hundhammer zu sprechen begann. Aber Hundhammer, ein gewiefter Taktiker und Meister der Argumente und der Sprache, hatte seine politischen Gegner schnell zum Schweigen gebracht. Er konnte ungestört sprechen, nur immer wieder unterbrochen vom lebhaften Beifall seiner Anhänger, die natürlich in dieser Veranstaltung in der Überzahl waren. Nach dem Vortrag des Ministers war Aussprache. Die Zeit der Redebeiträge war begrenzt. Ich meldete mich zu Wort. Vor mir sprachen einige andere. Der Redner, der unmittelbar vor mir sprach, war so ungeschickt und legte sich selber so viele Barrieren in den Weg, daß er schließlich unter dem spöttischen Gelächter des Auditoriums das Rednerpult vorzeitig verlassen mußte. Nun kam ich an die Reihe. Ich hielt aus dem Stegreif eine flammende Rede und griff den Kultusminister heftig an, sprach von seinen gegenreformatorischen Tendenzen und bekannte mich frisch, fromm, fröhlich, frei zu meinem lutherischen Glauben. Ich war verwundert, daß ich während meiner kurzen Ansprache und auch am Schluß lebhaften Beifall, auch aus katholischen Kreisen, bekam. Als die Veranstaltung zu Ende war, war ich im Nu umringt von Menschen. Ich dachte: Nun zahlen die es dir heim, die werden es nicht auf sich sitzen lassen, daß du ihren Mann so heftig angegriffen hast. Aber mitnichten! Zwei junge Männer nahmen das Wort. Georg Holzbauer, der seit Jahren eine führende Stellung im Nürnberger Stadtrat einnimmt und Bezirkstagspräsident von Mittelfranken geworden ist, und Fritz Pirkl, von dem ich schon erzählte. Sie sagten zu mir: »Dich brauchen wir unbedingt in unserem Arbeitskreis, wir laden dich herzlich ein, mitzuarbeiten.« Ich war mir dessen bewußt, daß es nötig war, nach dem Zusammenbruch des Dritten Reichs die junge Generation, gerade auch junge Christen, verantwortungsbewußt an die Probleme des öffentlichen Lebens heranzuführen.

Politik war für mich nicht ein schmutziges Geschäft, sicher aber ein sehr gefährliches. Aber Politik ist, menschlich gesprochen, unser Schicksal. Es geht dabei um die Gestaltung des öffentlichen Lebens und um das geordnete Zusammenleben der Menschen. In einer Demokratie haben wir die Chance, öffentliches Leben mitzugestalten; darum können Christen sich vom politischen Leben nicht fernhalten. Das war und ist bis heute meine Überzeugung. Ich besuchte einige Veranstaltungen des Arbeitskreises und wurde dort bald zum Vorsitzenden gewählt, Fritz Pirkl zum zweiten. Wir haben regelmäßig Veranstaltungen durchgeführt, zu denen wir junge Christen beider Konfessionen eingeladen haben. Bei uns haben Gewerkschaftler und Politiker, Philosophen und Theologen zu den verschiedensten Themen gesprochen. Einmal hatten wir eine Themenreihe über den Sozialismus. Den letzten Vortrag hielt Kurt Georg Kiesinger, der damals Bundestagsabgeordneter war. Er hat einen bestechenden Vortrag über die Frage: »Kann ein Christ Sozialdemokrat sein?« gehalten. Es ist mir bis heute im Bewußtsein geblieben, wie verantwortungsbewußt Kiesinger mit dieser Frage umgegangen ist, wie er keineswegs das Christsein nur für die CDU reklamierte. Nach seinem Vortrag und einer langen Aussprache standen Kurt Georg Kiesinger, Fritz Pirkl und ich im Hof des CVJM-Hauses in Nürnberg am Sterntor. Wir haben noch lange miteinander geredet. Als Kiesinger in einem alten Auto nach Württemberg zurückfuhr, ahnten wir nicht, daß er einmal Bundeskanzler werden würde. Im März 1952 veranstalteten wir von unserem Arbeitskreis aus ein Forum für die christliche Jugend in Nürnberg und Umgebung. Es fand im Kolpinghaus statt. Viele prominente Redner aus der Bundes- und Landespolitik waren eingeladen. Ich denke dabei an die Begegnung mit einer mütterlichen Frau, deren Name als Bundestagsabgeordnete einen guten Klang hatte: Frau Dr. Luise Rehling aus Hagen. Ihr Vortrag »Die Frau in der Politik« hat mir damals einen großen Eindruck gemacht.

Die Eröffnungsrede hatte ich zu halten. Den anschließenden Vortrag hielt der damalige bayerische Ministerpräsident Dr. Hans Ehard. Er war ein vornehmer und besonnener Mann. Gerne denke ich daran zurück, daß er neben einigen Honoratioren auch mich kleinen Mann als den Leiter des Forums nach seinem Vortrag zum Kaffeetrinken eingeladen hat. Es war eine Freude, mit ihm, dem Ministerpräsidenten, über allerlei grundsätzliche und aktuelle politische und persönliche Fragen zu sprechen. Das Forum wurde abgeschlossen mit einem Vortrag eines jungen Bundestagsabgeordneten, der damals schon Aufsehen erregte: Franz Josef Strauß. Es war eindrucksvoll, wie dieser Mann argumentierte und überzeugen konnte. Nach seiner Rede und meinem Schlußwort lud Franz Josef Strauß Fritz Pirkl und mich zum Abendessen ein. Seither bin ich Strauß nie mehr persönlich begegnet. Ich habe manches von ihm gelesen, habe seinen politischen Weg verfolgt. An diesem Mann haben sich immer die Geister geschieden. Er hat manche umstrittene Entscheidung getroffen; sicher hat er auch manche Fehler gemacht. Und doch ist es meine Überzeugung, daß er zu den besonderen politischen Gestalten unserer deutschen Nachkriegsgeschichte gehört.

Im übrigen hat mich damals die politische Leidenschaft stark gepackt. Es war für mich die große Frage, ob ich nicht ganz in die Politik überwechseln sollte, mein Theologiestudium zwar beenden, aber dann nicht in den Pfarrdienst gehen sollte. Mein Freund Karl-Heinz Eber, heute Generalsekretär des bayerischen CVJM, damals CVJM-Sekretär in Nürnberg-Gibitzenhof, sagte mir nach Schluß des Forums: »Auch wenn es Mitternacht wird, du mußt unbedingt heute abend noch zu mir kommen.« Als Franz Josef Strauß uns verlassen hatte, machte ich mich auf den Weg zu meinem Freund. Es war schon sehr spät. Ich mußte mich in einen schweren »Großvatersessel« setzen. Dann stellte sich Karl-Heinz Eber vor mich hin und sagte: »Du kommst erst wieder aus diesem Sessel heraus, wenn du mir versprochen hast, daß du nicht in die Politik gehst, sondern deiner Berufung treu bleibst, die du von Gott hast.« Das war für mich ein entscheidendes Wort, das der Freund an mich gerichtet hat. Ich wußte: bei allen politischen Interessen, die bis heute geblieben sind, geht mein Weg nicht in die politische Welt, sondern in den Dienst der Gemeinde Jesu.

An der Lutherkirche

Als ich im Jahre 1952 mein erstes theologisches Examen abgelegt hatte, wurde ich als Stadtvikar nach Nürnberg-Lichtenhof gerufen. Dort wollte ich unter keinen Umständen hin. Es war in der ganzen bayerischen Landeskirche bekannt, daß dort zwei Pfarrer waren, die beide dem Pietismus zugerechnet wurden, die aber in einem jahrelangen Kampf miteinander lebten. Daß sie sich kurz vor dem Tod des einen versöhnten, ist eine erfreuliche Tatsache. Beide Pfarrer waren fleißige und treue Diener ihres Herrn. Aber sie waren auch schreckliche Dickschädel. Die Vikare wurden meistens zwischen diesen beiden Männern zerrieben. Einer meiner Vorgänger war eines Tages zu seinem Dienstvorgesetzten gegangen – damals hatte man vor Vorgesetzten noch einen hohen Respekt und ging nur in Notfällen zu ihnen: »Gehe nicht zu deinem Fürst, wenn du nicht gerufen wirst« – und hatte zu ihm gesagt: »Entweder versetzen Sie mich sofort, oder ich laufe Ihnen bei Nacht und Nebel davon.«

So war es zunächst ein Schock, daß ich ausgerechnet nach Lichtenhof gehen sollte. Mein Wunsch war, Gemeindepfarrer zu werden. Das wollte ich eigentlich mein ganzes Leben lang bleiben. Ich habe immer gegen Pfarrer gesprochen, die die Gemeinde verließen und ein übergemeindliches Amt eingenommen haben. Daß ich heute selber ein übergemeindliches Amt habe, gehört zu den Kuriositäten des Lebens. Gemeindepfarrer zu sein war für mich die Erfüllung des Pfarrerseins. Hier hat man an einem bestimmten Ort unmittelbar mit dem Menschen zu tun. Man ist in der ständigen Begegnung mit jungen Menschen, mit Menschen auf der Höhe des Lebens und mit alten Menschen. Man kann den Menschen begleiten von der Geburt bis zum Tod. Und einer Gemeinde das Evangelium in Kontinuität, Sonntag für Sonntag, zu verkündigen, gehört für mich zu einer der schönsten Aufgaben, die ich mir denken kann. Dabei hatte ich immer vor Augen, einen biblischen Gemeindeaufbau durchzuführen. Die Bibel sollte der Mittelpunkt des Gemeindelebens sein; der Gottesdienst am Sonntag der Höhepunkt des Gemeindelebens, die Bibelstunden ein Sammelpunkt gläubiger und suchender Menschen. Ich kann auch dankbar feststellen, daß ich sowohl in den Gottesdiensten als auch in den Bibelstunden eine große Zahl von Gemeindegliedern um das Wort sammeln konnte.

Nun ging es also nach Nürnberg-Lichtenhof, in den Südosten der Stadt. Ich bekam die Aufgabe, den Sprengel Lutherkirche zu übernehmen, den ich dann schließlich auch zur selbständigen Gemeinde ausbaute und führte. Die Lutherkirche auf dem Hasenbuck, der höchsten Erhebung in Nürnberg, hat eine wundervolle Lage. Sie liegt allein auf ihrem Hügel und ist umgeben von einem lichten Föhrenwäldchen, Wiesen und Spazierwegen. Am Fuße des Hügels liegt eine Siedlung, die vornehmlich für Kriegsbeschädigte und Kriegshinterbliebene gebaut war. Gegen Westen dehnt sich das weite Gelände der Maschinenfabrik Augsburg-Nürnberg (MAN) aus, südöstlich ist das große Rangierbahnhofgelände. Etwa 4000 Menschen gehörten damals zum Sprengel Hasenbuck.

Die Lutherkirche auf dem Hasenbuck

Im Jahre 1937 wurde die Lutherkirche eingeweiht. In ihr waren der Kirchenraum, eine Diakonswohnung und ein Kindergarten untergebracht. Mehr Räumlichkeiten hatte ich nicht, als ich mich an den Gemeindeaufbau machte. Aber es waren viele, viele treue Menschen aller Altersschichten da, die zu den Gottesdiensten und den Bibelstunden kamen, die wir zuerst im Kindergarten, und als der zu klein wurde, im Kirchenraum hielten. Ich kann nur in großer Dankbarkeit an all die Menschen denken, mit denen ich sechzehn Jahre in der Gemeindearbeit unterwegs war. Ich scheue mich, einzelne Namen zu nennen, weil ich dann bestimmt andere vergäße, die doch nicht vergessen werden sollten.

Den Namen einer schlichten Frau will ich nennen. Die Altenstube von Mutter Reta Breu war für mich immer ein Zufluchtsort. 24 Jahre war ich, als ich mit dem Gemeindedienst begann. Mutter Breu war eine Mutter in Christus. Sie war eine treue Beterin. Sonntäglich saß sie auf ihrem Platz in der Kirche. Sie konnte mit den Weinenden weinen und mit den Fröhlichen fröhlich sein. Immer wenn ich am Ende war und nicht mehr weiter wußte, ging ich zu ihr. Sie hatte ein gutes, mutmachendes Wort. Sie betete mit dem jungen Vikar. In ihrem Haus wurde dann auch als erstes ein Hausbibelkreis eingerichtet. Da sprach man sonst noch nicht viel von Hauskreisen. Dieser Kreis wuchs so stark, daß er bald geteilt werden mußte.

Ein besonderes Erlebnis mit Mutter Breu will ich noch erzählen, weil es mir ein klassisches Beispiel für Geistesleitung geworden ist. Ich hatte auf dem Südfriedhof eine Beerdigung zu halten. Damals, 1957, hatte ich noch kein Auto. So war ich auf die Straßenbahn angewiesen. Als ich den Friedhof verließ, ging es mir durch den Kopf: Wenn jetzt ein Auto käme und dich mitnähme, würdest du noch schnell zu Mutter Breu fahren, ehe gegen Abend der Konfirmandenunterricht beginnt. Ich stand an der Straßenbahn-Haltestelle. Schon bog die Straßenbahn um die Ecke. Da hielt ein Auto, dessen Insassen ebenfalls von der Trauerfeier kamen. Sie wollten mich mitnehmen. Gerne nahm ich ihr Angebot an und ließ mich zu Mutter Breu fahren, die mit ihrer Schwester in einem Altenheim in der Wirthstraße wohnte. Sie freute sich über den überraschenden Besuch, kochte einen Kaffee und rief ihre Schwester. Wir erzählten uns allerlei und beteten miteinander. Dann gingen wir auseinander. Am nächsten Morgen läutete es bei mir. Die Tochter von Mutter Breu stand weinend vor der Tür und sagte: »Heute nacht ist unsere Mutter heimgegangen.« Ich war tief bewegt, zugleich aber dankbar, daß ich noch bei ihr sein durfte. Ob wir immer die

Winke unseres Herrn beachten und dann auch gehorsam darauf eingehen? Wie sehr muß unser Herr den Ungehorsam seiner Kinder vergeben!

Es war dann einfach eine Freude, wie das geistliche Leben in der Gemeinde aufblühte. Äußerlich war alles bescheiden. Ich wohnte bei der lieben Familie Feldmeier in der Andreas-Hofer-Straße. Von seiner Drei-Zimmer-Wohnung hatte dieses kinderlose Ehepaar mir ein Zimmer von zwölf Quadratmetern zur Untermiete abgetreten. Das war mein Arbeits-, Schlaf-, Empfangs- und Wohnzimmer. Eine heilige Unordnung! Die Bücher wurden mehr. Wohin damit? Auf den Schrank und unter die Schlafcouch! Und es kamen viele Leute in die Sprechstunde. Auf dem Flur der Wohnung standen einige Stühle, die oft weit über die Sprechzeit hinaus besetzt waren. Die armen Feldmeiers konnten dann nicht auf die Toilette. Alois und Anna Feldmeier, denen ich hier ein kleines Denkmal setzen will, waren dann bald wie Vater und Mutter zu mir. Ich aß mit ihnen in der Küche und benützte mit ihnen das Wohnzimmer. Selten habe ich so ehrliche und treue Menschen kennengelernt, wie dieses schlichte Ehepaar. Am Ende ihres Lebens waren sie in einem Alten- und Pflegeheim. Ich hielt Verbindung zu ihnen bis zu ihrem Tod und habe sie auch auf dem St. Leonhardsfriedhof beerdigt.

Im Jahre 1960 konnte ich dann mit meiner Mutter in das erste Pfarrhaus einziehen, das wir gebaut hatten. Es enthielt zwei Pfarrwohnungen, das Pfarramtsbüro und einige Gemeinde- und Jugendräume. Vorher hatte die sich ausbreitende Jugendarbeit in einer kleinen Baracke, die wir billig von einer Baugesellschaft mieten konnten, Unterschlupf gefunden. Im Aufbau der Gemeinde kam eines zum andern. Neben der Bibelstunde entstand eine Männer-und Frauenarbeit. Ein Kirchenchor wurde ins Leben gerufen. Ein Posaunenchor entstand, der in seiner Blütezeit etwa 30 junge Bläser hatte. Wie hat dieser Posaunenchor in den Gottesdiensten, bei musikalischen Feierstunden, bei CVJM-Festen und bei vielen anderen Gelegenheiten wundervoll geblasen! Besonders schön war es, wenn am Nachmittag des 24. Dezember zwei Chöre zu je fünfzehn Bläsern durch die Gemeinde zogen und auf den Straßen und in den Höfen, in den Altenheimen und bei den Kranken spielten. Abends um 22 Uhr gestaltete der Posaunenchor den Gottesdienst. Ingenieur Karl Kußmaul, ein treuer und zuverlässiger Mitarbeiter, und Rudi Ahnert, der Pfarrer geworden ist, haben sich hier besondere Verdienste erworben. Verschiedene Jugendkreise entstanden. So lange ich auf dem Hasenbuck war, fand am Samstagabend die Jugendbibelstunde statt, die immer gut besucht war. Besonders gern hielt ich auch den Kindergottesdienst-Helferkreis, der sich wöchentlich am Donnerstagabend auf den Kindergottesdienst des nächsten Sonntags vorbereitete.

In dieser Aufbauphase gab es keinen freien Abend, keinen freien Sonntag und keine Ferien. Die Urlaubstage wurden großen Jugendfreizeiten gewidmet. Daneben waren ja noch über zwanzig Stunden Unterricht zu halten in der Volksschule, in der MAN-Werkberufsschule und zeitweise in der Sonderschule. Und dann noch acht Stunden Präparanden- und Konfirmandenunterricht! Und dann die Amtshandlungen! An Arbeit war kein Mangel. Ich war in die erste Gemeinde verliebt. Ihr gehörte mein Herz und meine Kraft.

Daß vieles unvernünftig war, was ich tat, wird in einem späteren Kapitel noch zu erwähnen sein. Mein damaliger Dekan Dr. Eugen Giegler meinte einmal: »Heimbucher, man zündet eine Kerze nicht an beiden Enden an.« Recht hat er gehabt! Ich habe es damals nicht verstanden. Mein unmittelbarer Vorgesetzter, der Pfarramtsführer von Lichtenhof ermahnte mich, ehe unsere Lutherkirche als eigenständige Gemeinde gegründet war: »Sie sind der erste, zu dem ich sage: arbeiten Sie weniger.« Allerdings hat er auch dafür gesorgt, daß die Arbeit nie weniger geworden ist. Wenn ich nur daran denke: 1955 machte ich mein zweites theologisches Examen in Ansbach. Eigentlich hätte ich vor der Prüfung zwei Wochen frei bekommen müssen, damit ich mich wenigstens etwas konzentriert auf das Examen hätte vorbereiten können. Aber mitnichten! Der Dienst ging bis unmittelbar vor das Examen. Ich weiß es noch genau: Am Dienstagvormittag begann das Examen. Am Montagnachmittag hatte ich noch eine Beerdigung auf dem Südfriedhof. Ich nahm den Koffer mit meinen Utensilien mit auf den Friedhof und fuhr von dort zur Prüfung nach Ansbach.

Im April 1959 wurde die Lutherkirche durch den Landeskirchenrat zur selbständigen Gemeinde erklärt. Dieser Gemeindegründung auf dem Hasenbuck in Nürnberg gingen viele Auseinandersetzungen mit dem Pfarramtsführer von Lichtenhof voraus. In dem damaligen Nürnberger Dekan und späteren Oberkirchenrat Dr. Eugen Giegler habe ich immer einen väterlichen Freund und Begleiter gehabt.

Neben der sonntäglichen Predigt und der wöchentlichen Bibelstunde waren mir in der Gemeindearbeit drei Schwerpunkte besonders wichtig. Das waren einmal die Hausbesuche. Es war mir immer klar, daß man sich seine Gemeinde »erlaufen« muß. Man muß in die Häuser gehen, um die Menschen kennenzulernen, mit ihnen am Tisch oder am Krankenbett sitzen, um mit ihnen auch über ihre Alltagsprobleme zu sprechen. So habe ich versucht, viele Hausbesuche zu machen. Der andere Schwerpunkt war der Konfirmandenunterricht. Das war eine besondere Freude, junge Menschen auf die Konfirmation vorzubereiten. Wir haben Geburtstage miteinander gefeiert, die Feste des Kirchenjahres, wir haben zur Weihnachtsfeier die Eltern eingeladen. Der Konfirmandenunterricht sollte ein Höhepunkt im Leben eines jungen Menschen sein. Er sollte junge Menschen mit der Bibel vertraut machen und ihnen die großen Gaben Gottes in Taufe und Abendmahl lieb und groß machen.

Schließlich war ein weiterer Schwerpunkt die Jugendarbeit. Ich habe auf dem Hasenbuck einen CVJM gegründet, der viele Jahre bestand und aus dem manche jungen Menschen in den hauptamtlichen Dienst der Gemeinde Jesu gegangen sind.

Vieles wäre gerade aus den Jahren 1952-1968 von der Gemeindearbeit zu erzählen. Ich habe in dieser Zeit auch viele Fehler gemacht, manche vielleicht unbewußt. Erst später hat Gott sie mir aufgedeckt, gerade auch in schweren Krankheitszeiten. Neben vielen, vielen Freuden habe ich auch manche Enttäuschungen erlebt. Ich will darüber nicht schreiben, sondern kann Gott nur bitten, daß er über Unterlassungen, Fehler und Schuld den Mantel seiner Barmherzigkeit breitet. Ein Pfarrer braucht viel Vergebung! Ich danke Gott, daß der gekreuzigte Christus sein Opfer auch für mich gebracht hat. Die Rechtfertigungsbotschaft wird für mich immer mehr die helle, leuchtende Mitte meiner Theologie und meines persönlichen Glaubens.

Wenn ich auf zweiundzwanzig Jahre Gemeindearbeit in Nürnberg zurückblicke, sechzehn Jahre auf dem Hasenbuck im Südosten an der Lutherkirche, sechs Jahre in St. Johannis im Nordwesten, dann denke ich an viele treue Menschen. Männer und Frauen, die die Luthergemeinde mit aufgebaut haben, ohne deren Mithilfe die Gemeindegründung nicht möglich gewesen wäre. Es könnte jetzt von Menschen erzählt werden, die viel Zeit, Kraft und Geld in die Gemeindearbeit investiert haben. Stellvertretend für die vielen möchte ich an zwei Frauen erinnern, die mich in meiner Gemeindearbeit begleitet haben. Die eine ist eine schwerbehinderte Frau gewesen, die im Jahre 1985 mit 96 Jahren gestorben ist. Wir nannten sie nur »unsere Tante Anna«. Bei der Beerdigung von Kirchenrat Hermann Galsterer auf dem St. Johannis-Friedhof habe ich sie kennengelernt. Von da an waren wir eng verbunden. Diese Frau, die von Kind auf verkrüppelt war und nur schwer an zwei Stöcken gehen konnte, war ein fröhlicher Christenmensch. Sie konnte aufmuntern und ermutigen. In ihrer schweren Behinderung ist sie vielen Menschen zum Segen geworden. Sie sann immer neu darauf, wie sie Menschen Freude machen konnte. Trotz ihres Gebrechens war sie nie lebensmüde. Als sie ihren 80. Geburtstag feierte, verkündigte ich der Gemeinde in der Lutherkirche: »Jetzt, wenn wir unseren Gottesdienst hier feiern, fährt Tante Anna auf die Zugspitze, um dort ihren Geburtstag zu begehen.« So war diese Frau. Sie war lebensfroh und hat anderen Menschen Mut gemacht zum Leben.

Die andere Frau war Sidonie Hergenröder. Sie war Lehrerin und schon in Pension, als ich in die Gemeindearbeit kam. Im Kriege hatte sie bei einem Bombenangriff auf Nürnberg Hab und Gut verloren. Nun wohnte sie in einem kleinen Zimmer im Hermann-Bezzel-Haus, einem Altenheim in meiner Gemeinde. Frau Hergenröder war zuletzt Oberlehrerin in der Bismarckschule gewesen, eine Lehrerpersönlichkeit vom alten Schlag, gütig und streng, eine Frau mit einem mütterlichen Herzen. Manchmal sagte sie zu mir: »Ich glaube, ich bin mit meinen Kindern oft zu streng gewesen, aber man hat mir immer die dritte und vierte Klasse gegeben, und da mußte ich sie vorbereiten auf die höhere Schule und von ihnen allerlei verlangen, damit sie dort auch bestehen konnten.« Monatlich war ich einen Nachmittag bei ihr. Dann mußte ich mit ihr Kaffee trinken und zu Abend essen. Dafür ließ sie aus einem Feinkostgeschäft gute Sachen bringen. Der kleine Vikar mit seinem spärlichen Gehalt sollte einmal etwas besonders Gutes zu essen bekommen. Nun bin ich freilich auch in anderen Familien verwöhnt worden, aber sie meinte es besonders herzlich und gut. Wir haben uns unterhalten über Schule und Kirche, über die Welt und über persönliche Lebensfragen. Sie war eine lebenserfahrene Frau. So lange sie die Beine tragen konnten, kam sie in jeden Gottesdienst und in jede Bibelstunde und brachte immer einen Kreis von Leuten aus dem Altenheim mit. Als es mit dem Laufen nicht mehr ging, ließ sie sich mit dem Taxi zur Lutherkirche fahren. Was hat diese Frau auch an finanziellen Opfern für den Aufbau der Gemeinde gebracht! Leider ist dann im hohen Alter das geistige Vermögen dieser großartigen Frau verfallen. Nach ihrem Heimgang habe ich sie auf dem St. Johannis-Friedhof beerdigt.

Der »Club-Pfarrer«

Als Nürnberger Pfarrer hatte ich eine Zeitlang den Ruf, der Club-Pfarrer zu sein. Im Sportleben der Stadt hat seit Jahrzehnten der 1. Fußballclub Nürnberg (1. FCN) eine große Rolle gespielt und den Namen Nürnbergs auch weithin in der Sportwelt bekannt gemacht. Wie kam das eigentlich, daß ich diesen »Titel« bekommen habe? Mein Vater war ein echter Fußballfan. Wenn der Club in Nürnberg ein Spiel hatte, ging er am Sonntagnachmittag in den alten Sportpark Zabo, der längst nicht mehr existiert. Heute werden die Bundesligaspiele im Nürnberger Stadion ausgetragen. Als ich sechs oder sieben Jahre alt war, nahm mich mein Vater mitunter zu den Spielen mit. Und so wurde auch ich ein begeisterter Anhänger des 1. FCN. Bis zu meiner Bekehrung bin ich am Sonntagnachmittag, wenn ein Spiel gewesen ist, in den Sportpark gegangen, um an dem sportlichen Geschehen Anteil zu nehmen. Als ich nach dem Krieg nach Hause gekommen bin, habe ich zunächst alle Verbindungen mit dem Sport abgebrochen. Ich steckte in einer schweren gesetzlichen Phase meines geistlichen Lebens und war der Meinung, ein Christ habe mit allen weltlichen Dingen nichts mehr zu tun und dürfe sich nur auf das geistliche Leben beschränken. Ich habe damals sicher auch in der Jugendarbeit durch diese gesetzliche Haltung manche Fehler gemacht, weil ich meine eigene Überzeugung als Norm und Maßstab auf andere übertragen habe. Viele junge Menschen konnten das nicht verstehen, und wir hatten heiße Diskussionen über die sogenannten Mitteldinge. Die Fragestellung, die uns damals in fanatische Diskussionen getrieben hat: Darf ein Christ? habe ich wieder verlernt und bin Gott dankbar, daß er mich durch Brüder aus dieser ungeistlichen Haltung der gesetzlichen Verengung herausgeführt hat und ich mich heute wieder freuen kann an der Schöpfung Gottes, an allem Schönen und Großen, auch an der Welt des Sports, wenngleich ich das mit Einschränkungen sagen muß, denn der Sport ist heute weithin nicht mehr das, was er zu meiner Kinder- und Jugendzeit gewesen ist. Damals waren Sportler Idealisten. Da ging es zunächst nicht um Geld. Es war vielmehr eine Ehre, für einen bestimmten Verein spielen zu dürfen. Der Menschenhandel, der heute im Sport getrieben wird, die überzogenen finanziellen Forderungen, die manchmal mit sportlichen Ereignissen verbunden werden, das Unwesen der Manager in der Abwerbung von Spielern von einem Verein zum anderen, ist eine böse Entgleisung einer guten Sache. Auch die fanatische Jagd nach Rekorden, das Heischen nach Zehntelsekunden ist eine schlimme Sache geworden, weil dabei oft Leib und Leben riskiert wird. Ich kann keineswegs zu allen Sportarten ein volles Ja sagen, aber insgesamt meine ich, daß Sport eine gute Sache ist.

Wie kam es dann wieder zu der Verbindung mit dem 1. Fußballclub Nürnberg? Ich war im Nebenamt Religionslehrer an der MAN-Werkberufsschule. Eine beglückende Aufgabe! Es waren schöne Stunden, die ich mit den jungen Menschen in dieser Schule hatte. Mit dem Lehrerkollegium bestand eine gute Verbindung und so hatte es sich ergeben, daß ich so etwas wie die Vertrauensperson der Werkberufsschule geworden bin. Übrigens, der heutige Bamberger Weihbischof Martin Wiesend erteilte damals katholischen Religionsunterricht. Manches Mal haben wir beide nach dem Unterricht auf dem Dachboden der Schule Tischtennis gespielt: evangelisch-katholisches Ping-Pong gewissermaßen – Ökumene im Sport. In diesen Berufschulklassen waren einige, die in der Schülermanschaft des 1. FCN spielten und später in die erste Mannschaft des »Club« überwechselten.

In den 60er Jahren war ich in Bad Wörishofen zu einer Kneippkur. Ich wollte dort eine schwere Erkrankung auskurieren. Mein Internist in Nürnberg wurde mit der Krankheit nicht fertig und sagte eines Tages zu mir: »Herr Pfarrer, ich weiß jetzt beim besten Willen nicht mehr, was ich bei Ihnen einsetzen soll; ich habe nur noch einen Rat: probieren Sie es einmal mit einer Kneippkur in Bad Wörishofen.« Es lebe Vater Kneipp! Er hat für unsere Gesundheit viel getan. Als junger Mensch habe ich gelacht. Heute weiß ich um den Segen der Naturheilkunde, gerade eben auch der Kneippkur.

In Bad Wörishofen war an den Plakatsäulen zu lesen, daß der 1. FC Nürnberg ein Freundschaftsspiel gegen den FC Memmingen austrägt. Ein Kurgast, der sich ebenfalls das Spiel ansehen wollte, nahm mich mit nach Memmingen. Der »Club« gewann hoch. Als das Spiel abgepfiffen war, eilte ich von der Tribüne hinunter auf das Spielfeld und begrüßte Helmut Hilpert, der einer meiner Schüler in der MAN-Berufsschule gewesen war. Er sah mich erstaunt an – wir hatten uns jahrelange nicht gesehen – freute sich kindlich und sagte als erstes: »Herr Pfarrer, die Religionsstunden bei Ihnen sind doch die schönsten Stunden in meiner ganzen Schulzeit gewesen.« Wir unterhielten uns kurz, dann mußte ich nach Bad Wörishofen zurückkehren.

Monate später bekam ich eine Einladung, an der Verlobungsfeier von Helmut Hilpert teilzunehmen. Unter seinen Mannschaftskameraden war einer, dem ich bis heute mit seiner Frau und seinen Kindern herzlich verbunden bin, der damals ebenfalls in der ersten Mannschaft des 1. FC Nürnberg spielte: Horst Leupold, auch einer »meiner« Berufsschüler. Und so kam dann eines zum andern. Auch er lud mich zu seiner Verlobungsfeier ein. Beide Hochzeiten hatte ich zu halten. Es folgte die Hochzeit von Heinz Strehl, dem Mittelstürmer des 1. FCN, der jung verstorben ist. Ich hielt die Trauungen weiterer Spieler, andere baten mich, ihre Kinder zu taufen. So wurde ich bekannt im Kreis der Mannschaft, der Ersatzspieler und des Vereinsvorstandes. Dabei war es mir immer besonders wichtig, wenn bei diesen Feierlichkeiten die ganze Mannschaft, die Trainer und eine Menge Fans anwesend waren, das Wort Gottes so zu sagen, daß auch die Menschen hinhörten, die sonst kaum Kontakt zur Kirche hatten. Wir können ja mitunter in unserer Verkündigung so unbarmherzig sein. Dann schlagen wir den Menschen dogmatische Richtigkeiten um die Ohren, sprechen, wie wir es von unserem frommen Jargon her gewohnt sind, reden aber damit völlig an den Herzen und an den Ohren unserer Zuhörer vorbei.

Bei der Vorbereitung auf diese Dienste war mir immer die eine Frage wichtig: Wie mußt und wie kannst du das Evangelium so sagen, daß es das ganze Evangelium bleibt, aber daß es nicht an den Menschen vorbeigeht? Diese Frage habe ich mir auch oft stellen müssen, wenn ich Männer aus Industrie und Wirtschaft zu beerdigen hatte, wenn ich Persönlichkeiten des öffentlichen Lebens zu trauen hatte, aber auch, wenn ich ganz schlichten Menschen, die mir genau so lieb waren und nahestanden, zu dienen hatte.

Eines Tages rief mich Walter Luther, der Präsident des 1. Fußballclubs

Nürnberg, an und bat mich, die Beerdigung von Heiner Stuhlfauth zu halten. Heiner Stuhlfauth war ein Fußballidol in Nürnberg gewesen. In den 20er und Anfang der 30er Jahre war er der Torhüter des 1. FC Nürnberg gewesen. Mit ihm hat der Club manche deutsche Meisterschaft gewonnen. Stuhlfauth hatte auch oft im Tor der Nationalmannschaft gestanden. Er war eine stadtbekannte Persönlichkeit, in seinem Alter immer noch unermüdlich unter der Jugend unterwegs, um für den Sport zu werben. Er war eine fränkische Männergestalt, nüchtern, kantig und gütig. Überraschend war er einem Herzinfarkt erlegen. Nun sollte ein evangelischer Pfarrer die Beerdigung halten. Walter Luther kannte mich von den Trauungen seiner Spieler her und meinte: »Der Pfarrer Heimbucher wäre vielleicht der richtige Mann für diese Stunde.« Die Beerdigung fand auf dem Waldfriedhof in Schwaig, einem Vorort von Nürnberg statt. In der ersten Reihe, neben der Witwe, saß der unvergeßliche Bundestrainer Sepp Herberger, neben ihm sein Nachfolger Helmut Schön. Dann kamen Stuhlfauths Nachfolger im Tor der Nationalmannschaft sowie viele Nationalspieler aus ganz Deutschland, natürlich auch die erste Mannschaft des 1. FCN und die Jugendmannschaften. Die Friedhofshalle war überfüllt. Hunderte von Menschen standen draußen. Nun hatte ich die Aufgabe, die Beerdigungsansprache zu halten. Ich weiß noch das Wort, über das ich sprach. Die Predigt ist vervielfältigt worden. Einige Sätze aus der Predigt mögen hier wiedergegeben werden. Ich habe über Psalm 39,5 gesprochen: »Herr, lehre mich doch, daß es ein Ende mit mir haben muß und mein Leben ein Ziel hat und ich davon muß.« Unter anderem sagte ich: »Wir nehmen in dieser Stunde Abschied von einem Mann, der ein reiches und erfülltes Leben gelebt hat. Wer den Namen Heiner Stuhlfauth ausspricht, der denkt zuerst an den 1. FC Nürnberg in seiner ruhmreichsten und größten Zeit. Und wer vom 1. FCN spricht, der wird immer diesen großen, echten, edlen Sportsmann vor Augen haben . . .« Ich sprach dann weiter davon, daß unser Leben ein Ziel hat. Wir sind in keinem Augenblick vor dem Tode sicher. »Nun sind wir hier beisammen zu einer christlichen Trauerfeier. Über solch einer Stunde, wie über dem ganzen Leben des Christen, darf ein starker Trost liegen. Auch im dunkelsten Tal und in der Nacht des Todes leuchtet das helle Licht der Christenhoffnung. Darum laßt Euch drei Wahrheiten aus Gottes Wort weitersagen.« Ich sprach dann davon, daß Gott der Herr ist, der über Leben und Tod verfügt. »Christen glauben nicht an einen Philosophengott, wie der große Denker Pascal einmal gesagt hat. Wir glauben auch nicht an ein dumpfes Schicksal oder launische Zufälle. Wir glauben an den lebendigen Gott, zu dem man beten kann, der in ein persönliches Verhältnis zu uns getreten ist.« Ich sprach dann davon, daß dieser Herr, der Leben und Tod in seiner Hand hat, den Tod überwunden hat. »Wir sagen so gerne: Gegen den Tod ist kein Kraut gewachsen, und in der Tat: Alle unsere Kräfte reichen nicht aus, den Tod zu überwinden. Nun aber dürfen unsere Augen hinsehen auf Gottes Tat. Da ist das Kreuz des Heilandes. Da ist der Sieger des Ostermorgens. Nun eilt ein Evangelium, eine Freudenbotschaft, durch die Welt. Diese Botschaft durcheilt die Generationen und Kontinente. Der Apostel Paulus hat sie in die Worte gefaßt: 'Der Tod ist verschlungen in den Sieg. Tod, wo ist dein Stachel? Hölle, wo ist dein Sieg?'« Schließlich sprach ich davon, daß dieser Herr uns auch im Tode nicht losläßt. Ich schloß mit dem Wort von Hermann Bezzel: »Gott hat nur einen Willen, eine Absicht, ein Ziel mit uns, daß wir alle zu ihm kommen.« Wörtlich fuhr ich fort: »Das alles ist kein frommer Traum, weil der auferstandene Christus kein frommer Traum, sondern der Herr der Welt und unseres Lebens ist.«

Es war mir eine Freude, daß nachher einige der Trauergäste auf mich zugekommen sind und sich für diesen Dienst bedankt haben, weil sie durch das, was ich ihnen gesagt hätte, doch selber über ihr eigenes Leben zum Nachdenken gekommen seien.

Das waren Gelegenheiten, das Evangelium in eine Welt hineinzusagen, in der es sonst nicht präsent ist. Ich habe in der Begegnung mit den Sportlern – heute ist die Verbindung weithin abgerissen – gelernt, was Hermann Galsterer oft gesagt hat: »Gehe als Mensch zu den Menschen und du wirst offene Türen bei ihnen finden.« Es ist mir in meinem Leben immer deutlicher geworden, daß es in unserem Christsein um ein menschliches Christsein und um christliches Menschsein geht. Wir heben als Christen nicht vom Boden ab, wir schweben nicht über den Wolken, sondern stehen mitten unter den Menschen. Wir müssen sie spüren lassen, daß uns nichts Menschliches fremd ist. Mit einem Christen muß man über jede Frage, über jedes Problem reden können. So erwerben wir unter den Menschen

Vertrauen und öffnen Türen für das Evangelium. So ist es mir damals im Bereich des Sports ergangen, und ich könnte noch aus anderen Bereichen erzählen, wo ich dieses gelernt habe: Es gibt mehr Menschen in dieser Welt, die dem Reich Gottes näher sind als wir ahnen. Oft schreiben wir Menschen ab und meinen, sie hätten keine Antenne für das Evangelium, wenn sie nicht in die Kirche oder in unsere Gemeinschaftsstunden kommen. Es gibt aber ein Suchen und Sehnen vor den Türen der Kirchen, das wir erkennen müssen, um darauf mit dem Evangelium zu antworten.

Aufgaben, immer neue Aufgaben ...

Während meiner Gemeindearbeit sind mir vielerlei Nebenaufgaben zugewachsen. Viele Jahre war ich im Vorstand des bayerischen CVJM und habe an der Gestaltung des CVJM-Werkes mitgewirkt. Das hatte zur Folge, daß eines Tages der Ruf an mich erging, ganz in die CVJM-Arbeit zu gehen. Ich sollte als Reichswart, so hieß das damals, die Führung des deutschen CVJM-Werkes übernehmen. Die bayerische Landeskirche gab grünes Licht. Mein Freund Hermann Kupsch, später lange Zeit Präses des deutschen CVJM, der in der Landeskirche hoch angesehen war – er war Synodaler und Vorsitzender des Finanzausschusses –, hatte sich für mich eingesetzt. Der alte Reichswart Dr. Erich Stange kam nach Nürnberg, um mich für diese Aufgabe zu gewinnen. Der damalige Präses des deutschen CVJM, ein Industrieller, Dr. Bieneck, bat mich nach Wiesbaden in das Privatbüro seines Werkes, um mit mir über die gemeinsame Arbeit im Gesamtverband des CVJM zu sprechen.

Der CVJM als Gesamtwerk steckte in einer Krise. Ich vergesse nicht, wie Dr. Bieneck zu mir sagte: »Sind Sie bereit, sich mit uns unter die Last der Stunde zu beugen und mit uns zusammen einen Neuanfang zu wagen?« Ich war nahe daran, diese Berufung anzunehmen, denn ich lebte in der Jugendarbeit und liebte sie, und ich war ja auch innerlich mit dem CVJM verbunden. Schließlich aber fand ich doch kein inneres Ja zu diesem Ruf und blieb Gemeindepfarrer. Dann bekam ich die Aufgabe, die Bezirksposaunenarbeit als deren Vorsitzender zu übernehmen; das bedeutete die Betreuung von über dreißig Posaunenchören im Dekanatsbezirk Nürnberg. Ich selber bin über die Anfangsgründe des Flügelhornblasens nicht hinausgekommen. Dabei hatte ich einen Vater, der in seiner Jungmännerzeit im Posaunenchor war und wundervoll Trompete blasen konnte. Nach dem Kriege hat mein Vater für kurze Zeit den Posaunenchor im CVJM-Eibach geleitet.

Neben anderen Ehrenämtern wurde für mich die Mitarbeit in der Evangelischen Allianz in Nürnberg besonders wichtig, in deren Komitee ich als Nürnberger Gemeindepfarrer berufen wurde. Mein Vorgänger als Allianzvorsitzender, Kirchenrat Wilhelm Geyer, ebenfalls ein Nürnberger Original und eine stadtbekannte Persönlichkeit, bat mich, als sein Nachfolger den Vorsitz zu übernehmen. Im Jahre 1967 wurde ich dann in den Hauptvorstand der Deutschen Evangelischen Allianz berufen.

Alle diese Nebenämter haben mich viel Zeit gekostet. Dennoch versuchte ich, der Gemeindearbeit einigermaßen gerecht zu werden. Daß ich dabei viel schuldig geblieben bin, will ich nicht verschweigen. Daß ich in der Gemeindearbeit, auch im Umgang mit Mitarbeitern, manche Fehler gemacht habe, sei ebenfalls ausdrücklich erwähnt. Ich möchte aber auch nicht verschweigen, daß ich viele treue Mitarbeiter um mich hatte, ohne die die Aufgaben nicht zu bewältigen gewesen wären. Nicht zuletzt stand mir in der Gemeindearbeit meine Mutter treu zur Seite. Sie hat unsere Pfarrhäuser auf dem Hasenbuck und in St. Johannis zu Häusern der offenen Tür gemacht. Viele Gemeindeglieder kehrten bei uns ein, Mitarbeiter wurden eingeladen. Mutter selber übernahm Bezirke in der Gemeindehilfe. Sie besuchte Alte und Kranke. Auch dieser schlichte Dienst im Hintergrund darf nicht unerwähnt bleiben. Wir leben ja in der Gemeinde Jesu vornehmlich von dem Dienst der treuen Brüder und Schwestern im zweiten Glied. Dieser Dienst wird nie vom Rampenlicht der Öffentlichkeit angestrahlt, aber er darf von uns nicht übersehen und nie vergessen werden. Denn gerade diese treuen Brüder und Schwestern, die nicht im Vordergrund stehen und die nie in Geschichtsbüchern namentlich erwähnt werden, sind es, die das Gemeindeleben mittragen und mitprägen.

Im Jahre 1971 wurde die Synode der evangelisch-lutherischen Landeskirche in Bayern neu gewählt. Wiederholt war ich von manchen Seiten gebeten worden, mich doch für die Synode zur Verfügung zu stellen, aber die Synodalplätze waren in Nürnberg fest vergeben, und man konnte damit rechnen, daß die alten Synodalen immer wieder gewählt wurden. Das war im Jahre 1971 anders, weil einige ältere Synodale ausschieden. Im Dekanatsbezirk Nürnberg waren drei Theologen und sechs Nichttheologen für die Synode zu wählen. Der Wahlausschuß stellte die Wahlliste auf. In der bayerischen Landeskirche werden die Synodalen von den Kirchenvorstehern gewählt. Der Wahlausschuß hatte eine Liste zusammengestellt, die gerade im Blick auf die Theologen sehr einseitig war. Das wollten sich manche Amtsbrüder in Nürnberg nicht gefallen lassen. So kamen sie zusammen und fragten meinen Freund Pfarrer Franz Soellner und mich, ob wir uns nicht zur Wahl stellen wollten. Als diese Aktion bekannt wurde, stieß sie auf den Widerstand mancher Pfarrerkreise, vor allem auch des damaligen Nürnberger Dekans. Aber nach dem Synodalwahlgesetz müssen Personen auf die Wahlliste gesetzt werden, wenn sich mindestens 40 Wahlberechtigte unterschriftlich für einen Kandidaten einsetzen. In einer Pfarrkonferenz hielt ich damals eine flammende Rede für meinen Freund Franz Soellner. Ich war in Nürnberger Pfarrerkreisen als Pietist nicht so sehr beliebt, aber ich hatte den Eindruck, daß ich doch je und dann ernstgenommen worden bin. So brachte ich in die Konferenz eine Liste mit und bat die Amtsbrüder, die meinen Vorschlag unterstützten, um ihre Unterschrift. Fast 40 Unterschriften kamen zusammen. Die Kandidatur Soellners war gesichert. Der damalige Nürnberger Pfarrer Bablitschky und der Stadtrat Rudolf Macher, beide gute Freunde von uns, fuhren durch Nürnberg und sammelten Unterschriften für mich. So mußten wir auf die Wahlliste gesetzt werden. Wir standen ganz am Ende der Liste. Es wurde eine Versammlung der Kirchenvorsteher einberufen, bei der sich die theologischen und nichttheologischen Kandidaten vorstellen sollten. Ich konnte zu dieser Versammlung nicht kommen, denn ich befand mich zu der Zeit mit dem Hauptvorstand der Deutschen Evangelischen Allianz auf einer Israel-Reise. Ich ließ die Versammlung aus der Ferne herzlich grüßen. Der Wahltag kam. Die Kirchenvorsteher wählten. Als am Abend des Wahltages die Stimmen ausgezählt waren, waren Pfarrer Soellner und ich mit überwältigender Stimmenmehrheit in die Synode gewählt, als die Ungeliebten und als die Ungewollten. Ich schied dann 1983 aus der Synode aus, nachdem ich meinen Wohnsitz von Nürnberg nach Dillenburg verlegt hatte. Pfarrer Franz Soellner, auch ein bewährter Mitarbeiter in der Nürnberger Allianz und in einer der schwierigsten Gemeinden in Nürnberg seit Jahrzehnten tätig, ist bis heute in der Synode und hat es bis zu einem Platz im Landessynodalausschuß, einem ganz wesentlichen Leitungsgremium der Landeskirche, gebracht.

Im übrigen fielen in die Zeit meines Gemeindepfarramtes noch einige andere Berufungen, die für mich verlockend gewesen sind. Nachdem der

Ruf des CVJM an mich ergangen war, trat der damalige Bundespfarrer des deutschen EC-Verbandes, Arno Pagel, anläßlich einer Tersteegen-Konferenz in Essen an mich heran und fragte, ob ich nicht sein Nachfolger als EC-Bundespfarrer werden könnte. Da ich den EC nicht näher kannte, weil ich im CVJM groß geworden war, sah ich keinen Weg in dieses Jugendwerk. Heute, als Präses des Gnadauer Verbandes, ist mir der EC vertraut und lieb geworden. Fast zu gleicher Zeit kam ein dritter Ruf, nämlich aus dem Landeskirchenrat in München. Ich wurde angefragt, ob ich nicht die Zeltmissionsarbeit der bayerischen Landeskirche im Rahmen des Volksmissionarischen Amtes übernehmen wollte. Der Vorgänger ging aus Altersgründen in den Ruhestand. Der Landeskirchenrat bedeutete mir, daß die Zeltmissionsarbeit aufgegeben werden müßte, wenn ich mich nicht zur Verfügung stellte. Ich konnte auch diesem Ruf trotz längeren Bedenkens nicht folgen. Ich wollte Gemeindepfarrer bleiben. Das war meine Liebe und meine Leidenschaft.

Begegnung mit Wilhelm Busch

Während meiner Gemeindepfarrerzeit wurde ich auch immer wieder zu verschiedenen Diensten gerufen. Ich hatte Jugend- und Gemeinde-Evangelisationen und Bibelwochen hin und her im Lande zu halten. Auch über die Grenzen Bayerns hinweg führte mich mein Dienst, besonders zur Tersteegensruh-Konferenz nach Essen.

In den 50er Jahren habe ich Pfarrer Wilhelm Busch, den Leiter des Weigle-Hauses in Essen und der Tersteegensruh-Konferenz kennengelernt. Unvergeßlich die erste Konferenz, die ich besuchte! Gerhard Hägel und ich fuhren in einem alten VW-Käfer von Nürnberg nach Essen. Wir hatten so viel vom Weigle-Haus und von der Tersteegen-Konferenz gehört, daß wir endlich einmal alles leibhaftig in Augenschein nehmen wollten. Es war im Jahre 1956. Als wir ins Weigle-Haus gingen, empfing uns in der Eingangshalle der Hausmeister, ein Holländer. Wir stellten uns vor. Der Hausmeister schrie mit gewaltiger Stimme durchs Haus: »Herr Pastor, zwei junge bayerische Pastoren sind hier!« Busch kam gerade die Treppe herunter, elegant gekleidet. Er wollte zur Komitee-Sitzung der Konferenz ins CVJM-Haus. Ehe wir uns versahen und artig »Grüß Gott« nach bayerischer Manier sagen konnten, legte Busch seinen Arm um uns und begrüßte uns überaus herzlich. »Ich freue mich, daß Ihr da seid!« Busch kannte uns nicht. Aber er sagte dann zu unserem großen Erschrecken: »Du (und damit meinte er mich) sagst heute abend bei der Eröffnung ein Grußwort, und Du (damit meinte er meinen Freund Gerhard Hägel) sprichst übermorgen in der Jugendversammlung. Theo Sorg (damals Jugendpfarrer in Württemberg) hat absagen müssen. Du kommst gerade recht.« Dann war er weg und wir standen mit unserem Elend allein. Ich sagte zu Gerhard: »Du hast wenigstens noch bis übermorgen Zeit, ich muß heute abend etwas Vernünftiges sagen.« Wir verkrochen uns und ich überlegte, was ich denn sagen sollte. Da saß ich nun am Abend zwischen Prof. Rendtorff aus Kiel und dem Chefarzt der Kurklinik Hohe Mark, Dr. Arthur Mader. Um mich lauter geistliche Väter. Ich hätte in den Boden versinken mögen, als Busch mich aufrief zu meinem geistlichen Wort. Aber es half nichts, ich war dran.

Nun lud Busch mich immer wieder ein, bei der Konferenz Dienste zu tun. Unvergeßlich sind mir manche Persönlichkeiten, die auf der Konferenz dienten und die längst nicht mehr unter den Lebenden sind. In besonderer Weise denke ich an Pfarrer D. Paul Tegtmeyer, den Diakonenvater von Bethel. Er war eine johanneische Gestalt, geprägt von der Liebe Jesu. Seine Bibelarbeiten auf der Tersteegen-Konferenz sind Höhepunkte dieser Glaubenstagung gewesen. Wie konnte er das Alte Testament auslegen! Wie konnte man sich in den Gestalten der Bibel wiederfinden! Wie konnte er Jesus groß und lieb machen! Ein besonderer Höhepunkt der Konferenz war immer die abschließende Abendmahlsfeier, die Paul Tegtmeyer mit der großen, nach Tausenden zählenden Versammlung gehalten hat. Da war er als Vater der Glaubenden unter uns. Es ist mir auch ein Erlebnis unvergeßlich, das ich im Hause von Wilhelm Busch mit D. Paul Tegtmeyer hatte. Es war wohl die erste Konferenz, die ich als junger Pfarrer besuchte. Wilhelm Busch lud uns zum Mittagessen in sein Haus in der Wallotstraße 13 in Essen ein. Die Referenten saßen an einer langen Tafel. Köstlich wurden wir bewirtet. Paul Tegtmeyer saß neben mir. Er war Blaukreuzler. Getränke wurden herumgereicht. Wilhelm Busch sagte: »Hier in meinem Hause darf man alles, nur eines darf man nicht, nämlich einander verketzern.« Paul Tegtmeyer ließ sich als Blaukreuzler von Wilhelm Buschs Tochter Apfelsaft einschenken. Sie hatte in der einen Hand die Apfelsaftflasche, in der anderen Hand die Weinflasche. Und dann sagte Paul Tegtmeyer zu mir, ich wollte mir natürlich, auch schon aus Rücksicht auf ihn, Apfelsaft einschenken lassen: »Bruder, wenn du gerne Wein trinkst, dann laß dich nicht hindern und trinke ihn.« Und ich ließ mir prompt ein Glas einschenken. Ich war überrascht von der inneren Weite dieses Mannes, denn damals steckte ich in meiner geistlichen Entwicklung noch in gewissen gesetzlichen Zwängen. Nach ganz bestimmten Normen wollte ich Christen einteilen und beurteilen. In der Begegnung mit Wilhelm Busch, mit Paul Tegtmeyer und vor allem auch mit Paul Deitenbeck lernte ich die Weite des Evangeliums kennen. Ich lernte erkennen, daß Christus unsere einzige Grenze ist. Und ich begriff das große Wort des Apostels Paulus: »Alles ist euer, ihr aber seid Christi«. Das war mir an den geistlichen Vätern, wie gerade auch an D. Paul Tegtmeyer, so großartig, daß sie für Christenmenschen kein Schema hatten. Sie meinten nicht, es müsse jeder so sein wie sie. Sie konnten sich darüber freuen, wenn einer Jesus liebhatte und auf dem Grund der Heiligen Schrift stand. Im übrigen aber gaben sie einen frei in einer großen Freiheit, die sie selber in Christus gefunden hatten. Bei der Tersteegen-Konferenz in Essen habe ich manche kuriosen Dinge erlebt. Da war Wilhelm Busch in seinem Element. Er war ein leidenschaftlicher Mann, Evangelist von Gottes Gnaden. Viele haben durch ihn den Weg zu Christus gefunden. Ganz gleich, welches Thema ihm auch gestellt war, immer kam er auf Christus und sein Kreuz zu sprechen. Es war sein Anliegen, daß Römer 3, die Botschaft von der Rechtfertigung des Sünders, erwecklich gepredigt wurde. Ich vergesse nicht die Schlußworte, die Wilhelm Busch auf den Tersteegen-Konferenzen gehalten hat. Nach jeder Bibelarbeit sprachen noch einige Brüder zum Text oder legten ein Zeugnis ab, und dann sprach Wilhelm Busch das Schlußwort. In diesem Schlußwort faßte er noch einmal das Wesentliche des Textes zusammen. Er war ein Meister im »Sackzubinden« am Schluß einer Versammlung.

Es ist mir unvergeßlich, wie Wilhelm Busch im Jahre 1956 eine Jugendwoche in der Messehalle in Nürnberg gehalten hat. Die Messehalle war in jenen Tagen überfüllt von jungen Menschen. Nur wer jünger als 30 Jahre war, durfte in die Messehalle. Alle anderen mußten in die nahe gelegene Reformations-Gedächtnis-Kirche, wohin die Vorträge Buschs übertragen wurden. Die Verantwortlichen der Jugendwoche hatten Sorge, daß die Veranstaltung schief gehen könnte, denn es waren zum Teil sehr merkwürdige Typen in den Versammlungen. Der Platz vor der Messehalle war von Mopeds und stärkeren Gefährten übersät. Wo man hinsah: Lederjakken. In den Gängen saßen Jugendliche; bis zu 7000 junge Menschen waren in der Veranstaltung. Würde das alles gutgehen? Wilhelm Busch hatte die Gabe, Tausende von jungen Menschen innerlich zur Ruhe zu bringen. Man hätte in den Versammlungen eine Stecknadel fallen hören können. Busch konnte bildhaft reden. Er hatte Beispiele, die den Nagel auf den Kopf trafen. Aber es ging immer zentral um das Evangelium. Immer erging der Ruf zu Jesus. Es wurde immer das Kreuz Jesu großgemacht. Und junge Menschen hörten atemlos diese Botschaft. Ich weiß noch, als Wilhelm Busch zum ersten Vortrag in die Messehalle kam, da sagte er:

»Was holt ihr mich alten Kerl noch zu einer Jugendwoche!« Er war wohl selber am Fragen, ob es ihm noch gelingen würde, das junge Volk mit dem Wort des Evangeliums zu erreichen. Aber Gott hat seinen Dienst bestätigt!

K. Heimbucher, W. Busch, K.-H. Neukamm

Die Fränkische Glaubenskonferenz und zwanzig Jahre im Hauptvorstand der Deutschen Evangelischen Allianz

Im Jahre 1966 begannen wir in Nürnberg wieder, die Allianz-Konferenz auf eine breitere Grundlage zu stellen. Wir nannten sie »Fränkische Glaubenskonferenz«. Ich arbeitete verantwortlich im Allianz-Komitee in Nürnberg mit. Die Nürnberger Allianz-Konferenz war eine kleine Sache geworden. Manches Mal war der gemischte Chor größer als die Zuhörerschar. Wilhelm Busch und Paul Deitenbeck bestürmten mich anläßlich einer Tersteegen-Konferenz, doch die Konferenz in Nürnberg ins Weite zu führen, um sie zu einem Signal für das ganze fränkische Land zu machen. Ich nahm diesen Vorschlag der beiden auf und besprach ihn im Nürnberger Allianz-Komitee. Viele Brüder waren damals sehr skeptisch. Die Allianz hatte kein Geld. Wenn man etwa mit der Konferenz in die Messehalle oder in die neue, großartige Meistersingerhalle gehen wollte, wer sollte die hohen Kosten tragen? Und wer sollte das Geld für die Werbung für eine so große Konferenz aufbringen? Der Prediger Willi Scheyhing, der Kaufmann Rudolf Diezel, Schatzmeister im Allianz-Komitee, und ich beschlossen, das Wagnis einzugehen. Für November 1966 war die erste »Fränkische Glaubenskonferenz« in der Meistersingerhalle in Nürnberg geplant. Manche Brüder haben uns für verrückt erklärt, daß wir dieses Wagnis eingegangen sind. Wir haben es im Glauben getan. Gott hat uns überreich beschenkt. Schon längst vor Beginn der Konferenz, als in den Kreisen der Gläubigen in Nürnberg bekannt wurde, daß eine große Konferenz einberufen werden sollte, bekamen wir so viele Spenden, daß wir schon vor der Konferenz die Kosten für die Halle, die Werbung und andere Ausgaben bezahlen konnten. Freilich traf uns im Blick auf die Vorbereitung der ersten »Fränkischen Glaubenskonferenz« ein harter Schlag. Wilhelm Busch und Paul Deitenbeck hatten zugesagt, die erste Konferenz sozusagen aus der Taufe zu heben und als Hauptredner dabei zu sein. Wilhelm Busch hätte natürlich viele Menschen angezogen; er war von der Jugendwoche 1956 her noch in bester Erinnerung, seine Bücher und »Licht und Leben« wurden auch in Franken gelesen. Gott hat es gefallen, seinen Zeugen im Sommer 1966 auf der Rückreise von einem Evangelisationsdienst auf der Insel Rügen aus diesem Leben abzuberufen. Nun fehlte der Hauptredner. Deitenbeck war in Nürnberg noch nicht so bekannt. Und trotzdem – welch ein Wunder: Von der ersten Versammlung an – die Konferenz begann am Freitagabend, lief den Samstag über und erreichte am Sonntag ihren Höhepunkt – waren alle Veranstaltungen überfüllt. Gott hat uns zutiefst beschämt. Wir konnten nicht nur alle Kosten begleichen, sondern hatten so viel übrig, daß wir die nächste Konferenz sorgenlos vorbereiten und noch an Glaubenswerke allerlei Gaben abgeben konnten. Die Hauptredner der ersten Konferenz waren Paul Deitenbeck und der damalige Oberlandesgerichtsrat Fritz Franke. Ich hielt den Gottesdienst am Sonntagmorgen. Seither ist es Tradition, daß ich durch all die Jahre hindurch diesen Gottesdienst bei der Konferenz halte. Viele Jahre habe ich als ihr Mitbegründer die Konferenz auch geleitet.

Als lutherischer Pietist bin ich Gemeinschaftsmann und Allianzmann. Ich arbeite gerne in der Evangelischen Allianz mit. Über 20 Jahre war ich im Hauptvorstand der Evangelischen Allianz, davon etliche Jahre in der Nachfolge von Paul Deitenbeck stellvertretender Vorsitzender. Von der »Fränkischen Glaubenskonferenz« habe ich eben berichtet. Zwei weitere Höhepunkte der Allianzarbeit in Nürnberg sind festzuhalten: Zum einen war das im Jahre 1969 die Europäische Allianzkonferenz. Wir haben sie gut vorbereitet. Ich war als Allianzvorsitzender von Nürnberg zu Tagungen des Vorstandes der Europäischen Allianz in die Schweiz und nach England eingeladen worden, um dort mit den Brüdern die Konferenz zu besprechen. In Nürnberg waren viele Mitarbeiter bereit, die Konferenz vor Ort mit vorzubereiten. So konnten wir viele Brüder und Schwestern aus dem europäischen, aber auch aus dem amerikanischen Raum zur Europäischen Allianzkonferenz begrüßen. Es waren zum Teil nach Tausenden zählende Versammlungen, denn die Europäische Konferenz wurde mit der »Fränkischen Glaubenskonferenz« zusammen gehalten. Wir kamen dieses Mal in der alten Messehalle am Stadtpark in Nürnberg zusammen. Manche Vorträge haben sich tief eingeprägt, z.B. der, den der von mir hochgeschätzte Professor D. Adolf Köberle über das Gebet gehalten hat. Wie hat er uns in seinem Vortrag ermutigt zum Beten! Wie hat er uns Gott groß gemacht, der Gebete erhört! Während dieser Europäischen Allianzkonferenz gab es auch manche Begegnungen mit der Öffentlichkeit. So hat uns die Stadt Nürnberg zu einem Empfang in den Teestuben des Hochhauses am »Plärrer« in Nürnberg eingeladen. Dort waren Stadträte aller Fraktionen dabei. Ich konnte während dieses Essens dem Kulturreferenten der Stadt Nürnberg, Dr. Glaser, das neue Buch, das Professor Dr. Erich Beyreuther über den »Weg der Evangelischen Allianz« geschrieben hatte, überreichen. Es ist mir bei solchen Gelegenheiten auch immer wichtig, wenn ein gemeinsames Essen gehalten wird, am Beginn des Essens zu sagen: »Meine Damen und Herren, wir sind hier als Christen beisammen und sind gewohnt, Gott für seine Gaben zu danken. Sie werden nichts dagegen haben, wenn ich ein Tischgebet spreche.« Da sehe ich eine missionarische Möglichkeit auch gegenüber Männern und Frauen des öffentlichen Lebens, die bei Empfängen so etwas nicht gewöhnt sind. Das Nürnberger Allianzkomitee lud anläßlich dieser Konferenz zu einem Abend ein, zu dem ebenfalls die Vertreter der Stadt Nürnberg, auch der mittelfränkische Regierungspräsident und andere Persönlichkeiten eingeladen waren. Den mittelfränkischen Regierungspräsidenten Karl Burkhardt aus Ansbach habe ich dann später als Synodalpräsidenten näher kennengelernt. Ich habe diesen allezeit fröhlichen Mann, der ganz im lutherischen Glauben verwurzelt ist, sehr schätzen gelernt. An jenem Abend, als wir um ein kaltes Büfett versammelt waren, kam ich auch ins Gespräch mit dem damaligen zweiten Bürgermeister von Nürnberg, Franz Haas. Er war ein alter Sozialdemokrat, ein aufrechter und ehrlicher Mann, mit dem man offen sprechen konnte. Man konnte zu ihm auch mit allen Anliegen kommen. Für ihn stand nicht das Parteibuch an erster Stelle, sondern der Mensch. Ich habe öfter solche aufrechten Männer aus der sozialdemokratischen Partei kennengelernt, wenngleich ich mich mit dem Programm jener Partei selber nie voll identifizieren konnte.

Die Europäische Allianzkonferenz in Nürnberg war ein Ereignis. Man hat lange noch von dieser Konferenz auch in anderen Ländern Europas gesprochen. Wichtig waren mir dabei vor allem auch die Begegnungen mit den skandinavischen Brüdern und Schwestern. Erst viel später entdeckten

Europäische Evangelische Allianz
Konferenz

vom 9. bis 12. Oktober 1969

IN NÜRNBERG

wir in der Bundesrepublik Deutschland – auf dem Umweg über unsere Brüder und Schwestern in der DDR –, daß es in den skandinavischen Ländern Gemeinschaftsbewegungen, die den unsrigen sehr ähnlich sind, gibt. Sie sind dort im »Nordischen Rat der Inneren Missionen« zusammengeschlossen. Es gehören dazu Werke und Verbände aus Finnland, Schweden, Norwegen, Dänemark, Island und von den Färöerinseln. Verschiedene Begegnungen mit Brüdern und Schwestern aus diesen Ländern haben mir persönlich eine große Bereicherung gebracht, und ich weiß mich ihnen herzlich verbunden.

Der andere Höhepunkt war im Jahre 1970 die Übertragung der Großevangelisation mit Billy Graham: »Euro '70«. Graham sprach in der Westfalenhalle in Dortmund, und diese Veranstaltung wurde in viele Städte Deutschlands und in eine Reihe europäischer Städte per Television übertragen. Ich hatte als Allianzvorsitzender von Nürnberg die Vorbereitungsarbeiten für diese Euro '70 mit in der Hand. Viele Sitzungen in Frankfurt waren zu besuchen. Bei diesen Sitzungen kamen die Verantwortlichen aus allen deutschen Städten zusammen, in die diese Evangelisation übertragen wurde. In Nürnberg kamen viele Menschen zur Evangelisationsveranstaltung. Die Veranstaltung war ein finanzielles Risiko. Wir haben dank der Opferfreude der Teilnehmer alles Geld zusammengebracht, das wir für die Auslagen dieser Großveranstaltung brauchten. Es waren jene Jahre auch unruhige Jahre. Die Studentenschaft stand auf und revoltierte gegen vieles in unserem Staat. So hatten wir Sorge, daß die Evangelisation gestört werden könnte. Gott hat seine gute Hand über uns gehalten. Wir konnten die achttägige Evangelisation störungsfrei erleben. Es sind damals auch in Nürnberg Menschen zum lebendigen Glauben gekommen, die heute in Gemeinden und Gemeinschaften integriert sind und dankbar davon sprechen, daß sie bei der Euro '70 den Anstoß zu ihrem geistlichen Leben empfangen haben.

Billy Graham ist vorher schon zweimal in Nürnberg gewesen. Einmal war er nur einen Tag in unserer Stadt. Das zweite Mal waren es mehrere Tage, an denen Billy Graham in einem Großzelt vor 15 000 Leuten sprach. Das Zelt war jeden Abend überfüllt.

Ich konnte bei dieser zweiten Evangelisationsveranstaltung zunächst nicht dabei sein wegen eines Dienstes bei der Tersteegen-Konferenz in Essen. Bei der Rückfahrt nach Nürnberg hatte ich mit Paul Deitenbeck ein eindrucksvolles Erlebnis im Zug. Er lud mich ein, im Speisewagen mit ihm einen Kaffee zu trinken. Eine junge Dame bediente uns. Als sie die Bestellung aufnahm, fragte Paul Deitenbeck: »Fräulein, kennen Sie Jesus?« Die Dame wurde verlegen: »Was wollen Sie von mir?« Paul Deitenbeck entgegnete: »Wir wollen gar nichts von Ihnen, wir möchten nur wissen, ob Sie Jesus kennen.« Sie antwortete: »Ich bin katholisch.« Paul Deitenbeck stieß nach und sagte: »Es ist nicht wichtig, ob Sie katholisch oder evangelisch sind, Sie brauchen Jesus.« Ich war zunächst etwas verlegen. Die Dame ging weg, um unsere Bestellung aufzugeben. Als Paul Deitenbeck bezahlte, gab er der Kellnerin ein gutes Trinkgeld und sagte ihr ein Segenswort. Als wir zurückgingen und wieder in unserem Abteil saßen, sagte ich zu ihm: »Meinst Du, das ist richtig gewesen, was Du jetzt gemacht hast?« Da sagte er zu mir: »Weißt Du, diese Frau fährt ständig im Zug hin und her. Wer weiß, wann sie mal eine Gelegenheit hat, einen Gottesdienst oder eine christliche Versammlung zu besuchen. Wer spricht dieses Menschenkind einmal auf Jesus hin an. Ich war innerlich gedrängt, sie daraufhin anzusprechen.« Ich habe dabei gelernt, daß wir immer und überall, wenn Gottes Geist es uns zeigt, die Möglichkeit haben, den Namen Jesu auszusprechen und ihn unter die Leute zu bringen. Was unser Herr mit so einem schlichten Zeugnis macht, ist seine Sache, aber immer dürfen wir glauben und wissen, daß bei Gott kleine Ursachen oft große Wirkungen haben.

Paul Deitenbeck und ich waren dann bei jener Graham-Evangelisation im Zelt. Paul Deitenbeck übernahm in den letzten Tagen die Leitung. Gott hat ihm ja eine besondere Leitungsgabe geschenkt. Und wie kann Paul Deitenbeck Kollektenreden halten! Da bleibt kein Auge trocken, da müssen die Geldbörsen aufgehen. Das Geld für das Reich Gottes liegt ja in den Taschen seiner Kinder. Den Abschluß der Evangelisation bildete eine große Freiversammlung auf dem Zeppelinfeld in Nürnberg, auf dem auch das Zelt stand. Früher waren dort die großen Aufmärsche der nationalsozialistischen Bataillone. Jetzt saßen wir auf der großen Tribüne, auf der die Größen des Dritten Reiches einst ihre Plätze hatten. Ich durfte das Vorprogramm mitgestalten. Dann übernahm Paul Deitenbeck die Leitung der Hauptversammlung. Es mögen etwa 50 000 Menschen gewesen sein, die aus dem ganzen fränkischen Land gekommen waren. Drohend standen schwarze Gewitterwolken am Himmel. Das Unwetter mußte jeden Augenblick losbrechen und es mußte zu einer großen Katastrophe kommen. Wir schrieen zu Gott, daß er das Unwetter von uns abwenden möchte. Und Gott hat in der Tat – so hat es uns schon Paul Gerhardt gelehrt – »Wolken, Luft und Winde« in seiner Hand. Das Unwetter brach nicht los. Die Wolken zogen ab. Unbegreiflich! Wir konnten in Ruhe die große Schlußveranstaltung durchführen. Auch an jenem Nachmittag traten viele Menschen nach vorne, um unter der Botschaft Billy Grahams ihr Leben Gott zu übergeben. Das waren Segensstunden über meiner Heimatstadt. Gott hat nicht aufgehört, auch in Nürnberg seine Gemeinde zu bauen.

Ich erwähnte schon, daß ich seit dem Jahre 1967 dem Hauptvorstand der Deutschen Evangelischen Allianz angehöre. Viele großartige Persönlichkeiten habe ich dort kennengelernt. Ich denke an den alten Direktor der Baptisten, der in der Weimarer Republik als Abgeordneter im Reichstag saß: Paul Schmidt, ein vornehmer Herr, ein Grandseigneur nach jeder Seite hin. Allein wie er gekleidet war und wie er seinen Homburg trug! Und wie er die Sitzungen leitete! Da gab es keinen Leerlauf. Wie oft stöhnten die Mitglieder des Geschäftsführenden Vorstandes darunter, daß er nach Schluß der Abendsitzung, etwa nach 22 Uhr, noch den Geschäftsführenden Vorstand einberief, damit er mit ihm den nächsten Tag vorbesprechen konnte. Dabei wären z.B. Paul Deitenbeck und Gerhard Bergmann doch noch so gerne mit mir ein wenig spazieren gegangen, vor allem, wenn wir unsere Sitzungen in Berlin hatten und ein nächtlicher Bummel über den Kurfürstendamm die nötige Entspannung nach einem anstrengenden Tag bot. Aber Paul Schmidt war an dieser Stelle unerbittlich. Er hat das Verdienst, mit etlichen anderen Brüdern die Europäische Allianz neu aufgebaut zu haben. Die erste Europäische Allianzkonferenz fand unter seiner Leitung in den 50er Jahren in Siegen in der Hammerhütte statt.

Der Nachfolger Paul Schmidts war Wilhelm Gilbert, der Bundesvorsteher der Freien evangelischen Gemeinden. Er war gerade das Gegenteil von Paul Schmidt: ein Mann voller Liebenswürdigkeit, ein Mann mit einem so warmen Herzen, in dessen Nähe man sich immer wohlfühlte. Wilhelm Gilbert war ein Mann des Ausgleiches. Er konnte Gegensätze überbrücken. Er konnte Spannungen bereinigen. Er stand immer als Brückenbauer in der Mitte. Ihm war es ein großes Anliegen, die Deutsche Evangelische Allianz auf ihrem ursprünglichen Kurs zu halten. Immer wieder betonte er: Wir sind nicht ein Kirchenbund, sondern ein Bruderbund. Immer wieder betonte er auch, daß die Evangelische Allianz die Gemeinschaft der Wiedergeborenen aus allen Kirchen, Freikirchen und Gemeinschaften wäre. Wilhelm Gilbert konnte sich auf jedem Parkett bewegen. Ich erinnere mich an eine Europäische Allianzkonferenz in Berlin.

Wir waren vom Berliner Senat zu einem Empfang in ein vornehmes Hotel eingeladen, dabei gab es auch ein Mittagessen. Ein Berliner Senator sprach zu uns. Wilhelm Gilbert antwortete. Er tat das in einer so meisterhaften Weise, wie ich es selten von jemand erlebte. Er sprach vornehm, ohne irgend jemand zu verletzen, aber er sagte doch das ganze Evangelium, so daß es jeder hören mußte, der in diesem Saal gewesen ist: Der Senator mit seinen Senatsbeamten, die Kellner und Kellnerinnen, die darauf warteten, uns zu bedienen. Und gerade bei dieser Berliner Allianzkonferenz war folgendes dann noch ein Höhepunkt: Ehe das Mittagessen endlich begann, stand Paul Deitenbeck als der stellvertretende Vorsitzende auf und sagte: »Meine Damen und Herren, ich möchte mit meiner Tochter Ihnen noch ein Lied vorsingen.« Niemand widersprach. Und dann sang Paul Deitenbeck mit seiner Tochter das schöne Lied: »O Heiland fülle meinen Tag, daß er dir Früchte bringe.« Sie sangen das Lied zweistimmig. Alle hörten ergriffen zu. Es war sicher etwas seltsam, solch ein Lied in solch einem Raum erklingen zu hören. Ein Hotel hört meistens ganz andere Klänge, aber hier wagte es einer, mit seiner Tochter das Zeugnis im Lied weiterzugeben. Und dann entsinne ich mich einer kleinen Begebenheit, die mich besonders freute: Als ich das Hotel verließ, kam ein junger Hotelangestellter auf mich zu. Ich kannte ihn nicht. Er sprach mich an und sagte: »Ich bin einer Ihrer ersten Konfirmanden gewesen. Ich habe gehört, daß Sie hier sind, und wollte Sie grüßen. Ihr Dienst an mir ist nicht umsonst gewesen. Ich bin jetzt hier in Berlin, wie Sie sehen, und arbeite in diesem Hotel.« Ich segnete diesen jungen Mann und freute mich über diese kurze Begegnung.

Die Erlebnisse im Zusammenhang mit der Europäischen Allianz würden bereits ein Buch füllen. Ich möchte hier vor allem erinnern an den unvergeßlichen Superintendenten von Wien, Georg Traar. Er war Junggeselle, sprühend vor Witz. Die Anekdoten standen ihm zur Verfügung. Und auf der anderen Seite war er ein tiefgläubiger Mann. Mit Paul Deitenbeck möchte ich sagen, es war »Humor aus dem Glauben«, den er hatte. Traar hatte eine Münzsammlung, wie sie wohl kaum jemals wieder zu finden ist. Er hatte alle Münzen aus der Zeit der Reformation zusammengetragen, die noch irgendwo aufzutreiben waren. Eine wertvolle Sammlung! Georg Traar war nach Paul Schmidt Vorsitzender der Europäischen Allianz. Ich habe mit ihm Konferenzen in Nürnberg, in Oslo, in London, in Wien erlebt. Jedes Mal bat er mich um einen Vortragsdienst. Allzugut erinnere ich mich an den Vortragsdienst, den ich in Wien zu tun hatte. Es war eine öffentliche Abendveranstaltung in einer Baptistengemeinde. Ich hatte den Vortrag zu halten. Mein Manuskript lag vor mir auf der Kanzel. Kaum hatte ich zu sprechen begonnen, gingen in dem Raum alle Lichter aus. Es war stockdunkel. Ich konnte weder einen Menschen noch mein Manuskript mehr sehen. Man bemühte sich, das Licht wieder in Gang zu bringen, es gelang nicht. Dann stellte man mir eine Kerze auf die Kanzel. Ich mußte wohl oder übel frei sprechen. Es war eigenartig, in diesem dunklen Raum ins Dunkle hineinzureden, und doch zu wissen, es sind Brüder und Schwestern da, die das Wort hören und aufnehmen.

Unvergeßlich ist auch die Europäische Allianzkonferenz in London. Am Nürnberger Flughafen traf ich Professor Künneth, meinen verehrten Lehrer, mit seiner Frau. Er hatte in London die theologischen Hauptvorträge zu halten. Wir freuten uns, daß wir miteinander fliegen konnten. Professor Künneth sagte zu mir: »Ich bin so glücklich, Bruder Heimbucher, daß Sie hier sind, dann habe ich wenigstens jemand, der englisch spricht, denn ich kann es nicht.« Ich gab entsetzt zurück: »Und ich war so glücklich, Herr Professor, daß Sie hier sind, denn ich dachte, Sie können englisch, denn ich kann es kaum mehr.« So flogen wir fröhlich nach London. Wir wurden am Flughafen Heathrow begrüßt und in ein sehr einfaches, fast möchte ich sagen primitives Quartier, ein Bibel-College in einem Vorort Londons, gebracht. Walter Künneth hielt zwei Vorträge über die modernistische Theologie. Das war damals das aktuelle Thema. Wir erlebten eine wunderbare Stadtrundfahrt durch London und wurden von der Englischen Allianz empfangen. Ich saß mit Paul Deitenbeck und Georg Traar zusammen in einem Wagen. Da haben wir Georg Traar immer wieder angestoßen und ihn aufgezogen und gesagt: »Nun, Georg, wann ist denn endlich der Empfang bei der englischen Königin? Du hast doch einen heißen Draht zu ihr!« Georg Traar lachte nur, vertröstete uns auf den nächsten Tag. Ursache dieses kleinen Spaßes war, daß Georg Traar als Superintendent von Wien zu allen Staatsempfängen eingeladen wurde. Das war nicht Aufgabe des Österreichischen Bischofs, an den Staatsempfängen teilzunehmen, sondern des Superintendenten von Wien. Und Georg Traar wußte sich zu benehmen. Kurz vor unserem Londonaufenthalt gab die englische Königin auf Schloß Schönbrunn in Wien anläßlich eines Staatsbesuches einen Empfang, zu dem Georg Traar natürlich geladen war. Er durfte der Königin die Hand schütteln, wovon er mit großer Ehrerbietung erzählte. Georg Traar erzählte uns auch, daß er immer in ein Wiener Café ging, das in der Nähe lag, um dort zu frühstücken und die Morgenzeitung zu lesen. Da begleitete ihn einmal Gerhard Bergmann zum Frühstück. Es begegnete ihnen ein Herr, der seinen Hut zog und Georg Traar ehrerbietig grüßte. Bergmann fragte Traar: »Wer war das denn?« »Ach«, sagte Georg Traar, »das war der Kreisky.« Kreisky war damals immerhin Österreichs Außenminister.

Ich bin im Jahr 1967 als jüngstes Mitglied in den Hauptvorstandes der Deutschen Evangelischen Allianz berufen worden und habe ihren Weg mit verfolgt und mitgestaltet. Im Laufe der vergangenen Jahre haben sich in der Deutschen Evangelischen Allianz verschiedene Entwicklungen ergeben und Aktivitäten entwickelt. So ist schon vor vielen Jahren der Evangeliumsrundfunk ins Leben gerufen worden, um die frohe Botschaft von Jesus Christus nicht nur in der Bundesrepublik Deutschland, sondern weit darüber hinaus in vielen Sprachen auszusenden. Die Arbeitsgemeinschaft Evangelikaler Missionen wurde gegründet, in der pietistisch geprägte Missionen zusammenarbeiten, um über den Missionsauftrag und auch über die praktische Missionsarbeit nachzudenken. Der Informationsdienst der Deutschen Evangelischen Allianz (IDEA) wurde ins Leben gerufen, der heute weite Beachtung findet, auch und gerade in der weltlichen Öffentlichkeit. So wurde der AfeT, der Arbeitskreis für evangelikale Theologie, gegründet. Dieser Kreis hat sich zum Ziel gesetzt hat, mit Theologen aus den verschiedenen Bereichen bibeltreue Theologie zu treiben. Es kam zur Gründung der Aktion »Hilfe für Brüder« als Ergänzung zu »Brot für die Welt«. Durch diese Aktionen werden vor allem evangelistische und schulisch-seminaristische Aufgaben in der Dritten Welt unterstützt. Ferner entstand »Christliche Fachkräfte International«, eine Einrichtung, die junge Menschen verschiedenster Berufssparten in die Dritte Welt aussendet, damit sie dort als Partner der Einheimischen in ihrem Beruf arbeiten und zugleich Zeugen Jesu sind. Diese vielfältigen Aktivitäten sind »Kinder« der Deutschen Evangelischen Allianz, wenngleich sie weithin selbständig geworden sind durch eigene Vorstände. Die Verzahnung ist nach wie vor dadurch gegeben, daß Mitglieder des Hauptvorstandes auch in den Vorständen der »Kinder« mitarbeiten.

Man hat immer wieder, vor allem von kirchlicher Seite, das böse Wort von den »Parallelstrukturen« im Blick auf die Arbeit der Evangelischen Allianz geprägt. Manche behaupten sogar aus Unkenntnis oder Böswilligkeit, daß die Deutsche Evangelische Allianz eine eigene Allianzkirche anstrebe. Das ist Unsinn. Niemand in den verantwortlichen Gremien der Deutschen Evangelischen Allianz denkt daran. Warum ist es denn eigentlich zu diesen »Parallelstrukturen« gekommen? Weil die Pietisten, oder die Evangelikalen, wie sich weite Teile der Pietisten heute nennen, im kirchlichen Bereich verdrängt, übersehen, vergessen, verachtet oder aber karikiert dargestellt worden sind. Die sogenannten »Parallelstrukturen« waren eine Notwendigkeit als Ergänzung zu den kirchlichen Strukturen. Im übrigen muß betont werden, daß es ja auch in der Kirche immer Parallelstrukturen gegeben hat. Es hat immer zwei oder drei Werke in den verschiedensten Bereichen gegeben, die nebeneinander herliefen und die sich gegenseitig ergänzten. So gibt es z.B. im evangelischen Bereich der Publizistik neben den »Lutherischen Monatsheften« die »Evangelischen Kommentare«. So gibt es z.B. in der Diaspora-Arbeit neben dem »Gustav-Adolf-Werk« den »Martin-Luther-Bund«. Vieles andere könnte aufgezählt werden. Nein, die »Stillen im Lande« wollten nicht immer die Stillen bleiben. Horst

Marquardt, der Direktor des Evangeliumsrundfunks, sagt manches Mal: »Wenn die Stillen im Lande stille bleiben, dann bleibt es stille im Lande.« Wir haben ein Zeugnis weiterzugeben: die Botschaft des Evangeliums. Weil dieses Zeugnis in der kirchlichen Arbeit heute oft undeutlich weitergegeben wird, weil in der Kirche oft ein unheilvoller Pluralismus herrscht, andererseits aber auch ein unheimlicher Monopolanspruch mancher Gruppen, darum ist es notwendig, den kirchlichen Strukturen evangelikale Strukturen gegenüberzustellen. Wir stehen nicht gegen die Kirche, wenn wir sogenannte »Parallelstrukturen« aufbauen, wir kämpfen nicht gegen die Kirche. Wie könnte ich das, der ich nach wie vor Pfarrer einer Landeskirche bin, und der ich auch nicht gewillt bin, dieser Landeskirche den Rücken zu kehren! Durch die »Parallelstrukturen« muß die Kirche selber wieder auf das Proprium ihres Auftrages aufmerksam gemacht werden. Sie darf sich nicht verlieren in tausend Wegen und dadurch ihre Eindeutigkeit und Glaubwürdigkeit in der Öffentlichkeit aufs Spiel setzen. Ich bin nach wie vor der Überzeugung, daß keine der sogenannten »Parallelstrukturen«, die die Evangelische Allianz, auch unter Mithilfe von uns Gemeinschaftsleuten, aufgebaut hat, heute überflüssig ist. Im Gegenteil, die sogenannten »Parallelstrukturen« haben mancherlei Korrektur in die kirchlichen Strukturen hineingetragen. Es ist mir eine ernsthafte Frage, ob die Landeskirchen sich den pietistischen Anliegen so geöffnet hätten, wie es heute weitgehend der Fall ist, wenn nicht von seiten der Evangelischen Allianz, also von seiten der Evangelikalen und Pietisten, diese Strukturen und Aktivitäten aufgebaut worden wären.

Übrigens habe ich jetzt öfter die beiden Worte »evangelikal« und »pietistisch« nebeneinander gebraucht. Wer bin ich? Bin ich Pietist? Bin ich Evangelikaler? Ich bezeichne mich als einen lutherischen Pietisten. Ich könnte mich auch als einen »Evangelikalen« bezeichnen. Das Wort »Pietist« aber ist mir lieber. Es stellt mich in ein reiches, geistliches Erbe hinein. Das Wort »evangelikal«, das aus dem Englischen nach dem Zweiten Weltkrieg zu uns gekommen ist, verachte ich nicht, denn es stellt mich heute in eine weltweite Strömung der Christenheit hinein. Andererseits aber ist für mich das Wort »Pietist« eindeutiger. Das Wort »evangelikal« ist etwas verschwommen. Es hat eine große Bandbreite. Diese geht von Pfingstlern über Freikirchen, die Gemeinschaften und landeskirchliche Gruppen bis hinüber in die römisch-katholische Kirche. Freilich kann die evangelikale Bewegung auch an einigen Kernpunkten festgemacht werden. Da begegnet sie sich mit der pietistischen Bewegung, die aus der Geschichte herkommt und die bis heute wirksam ist. Es ist z.B. die Bibeltreue, das Bekenntnis zur Einmaligkeit und Einzigartigkeit Jesu Christi, der Ruf zur Bekehrung, die evangelistische Aktion, das diakonische Handeln, die Erwartung des wiederkommenden Herrn, die Bereitschaft, sich mit den geistigen Strömungen der Zeit auseinanderzusetzen und geistige Strömungen der Zeit vom Evangelium her zu attackieren.

Es hat in den letzten Jahren in der Deutschen Evangelischen Allianz auch immer wieder die Frage eine Rolle gespielt, ob nicht eine Mitgliedschaft in ihr eingeführt werden solle. Die Evangelische Allianz ist eine Einheitsbewegung. Wer Christus liebhat und ihn als seinen Herrn bekennt und wer die Allianzbasis, die weltweit gilt, anerkennt, kann in der Evangelischen Allianz mitarbeiten. Freilich kann dies nicht bedeuten, daß die Einheit der Evangelischen Allianz uferlos ist. Manche sagen: Wir bekennen uns zur Basis und an anderen schwerwiegenden Punkten gibt es gravierende Unterschiede. So ist die Frage nach einer Abgrenzung bei aller Breite heute auch auf der Tagesordnung. In vielen Ländern der Welt hat die Evangelische Allianz Mitgliedschaft, sowohl persönliche, als auch gemeindliche oder kirchliche Mitgliedschaft. Wir sind bis heute in der Bundesrepublik Deutschland beim Bruderbund geblieben. Ob es in der Zukunft so bleiben kann, ist eine andere Frage. Die Frage nach der Mitgliedschaft wird in der Deutschen Evangelischen Allianz so schnell nicht vom Tisch genommen werden können.

Eine Besonderheit der Evangelischen Allianz sind in der letzten Zeit die Besuche von Vertretern des Hauptvorstandes im Bundeskanzleramt in Bonn gewesen. Dabei wurde die Frage gestellt: »Hat die Evangelische Allianz ein politisches Mandat?« Ich möchte zunächst den Hintergrund aufzeigen, wie es zu diesen Gesprächen gekommen ist. Nach der Feier zum 25. Jubiläum des Evangeliumsrundfunks in Wetzlar stand ich mit Staatssekretär Dr. Horst Waffenschmidt, einem unserer gläubigen Brüder aus dem Bundestag, beisammen, um mit ihm noch einiges zu besprechen. Der Geschäftsführer der Konferenz Evangelikaler Publizisten (KEP), Wolfgang Baake, kam auf uns zu und sagte zu Horst Waffenschmidt: »Es wäre sehr gut, wenn die Bundesregierung nicht nur mit der Deutschen Bischofskonferenz und mit dem Rat der Evangelischen Kirche in Deutschland sprechen würde, sondern wenn sie auch einmal mit Vertretern der Evangelikalen ein Gespräch führen würde, denn die Meinung der Evangelikalen weicht doch in manchen Fragen von der Meinung der offiziellen Evangelischen Kirche ab.«

Horst Waffenschmidt hat diesen Vorschlag Baakes aufgenommen. Es sollte zu einem Gespräch zwischen dem Vorstand des Gnadauer Verbandes und Vertretern der Bundesregierung im Bundeskanzleramt kommen. Horst Waffenschmidt und ich haben dann vereinbart, daß diese Gespräche auf eine breitere Grundlage gestellt werden sollten. So habe ich die Deutsche Evangelische Allianz ins Spiel gebracht und gebeten, auf dieser Ebene die Gespräche zu führen. So kam es zu einem ersten Gespräch im Bundeskanzleramt. Nach diesem ersten Gespräch, das in die Öffentlichkeit getragen worden ist, kam es zu heftiger Kritik gerade aus kirchlichen, aber auch aus freikirchlichen Bereichen. Ich habe damals in einem kurzen Statement im Evangeliumsrundfunk erklärt: »Wir haben uns zur Bundesregierung nicht selber eingeladen, sondern wir sind eingeladen worden.« Weiter habe ich erklärt, daß die Vertreter der Evangelikalen bereit sind, mit jeder Bundesregierung zu sprechen, wenn sie eine Einladung erhalten. »Ob sich diese Bundesregierung aus schwarzen oder roten oder grünen oder anderen Politikern zusammensetzt, ist zunächst völlig gleichgültig!« Weiter sagte ich: »Es gibt Fragen unter uns, die ganz entschieden die Gebote Gottes tangieren. Hier ein Zeugnis vom Wort Gottes her den politischen Verantwortungsträgern zu sagen und sie zu ermahnen, sich ihrer Verantwortung vor Gott bewußt zu sein, ist keine schlechte Sache, sondern ist unsere ureigenste Verantwortung.« Zu diesen Aussagen stehe ich auch heute. Die Deutsche Evangelische Allianz ist keine politische Partei und mit keiner politischen Partei liiert. Ich betone noch einmal: Sie ist bis heute ein Bruderbund wiedergeborener Christen aus den verschiedensten Glaubensherbergen, die es unter uns gibt. Aber wenn die Evangelikalen aus dem Bereich der Evangelischen Allianz ihre Stimme auch vor den »Königen und

Kaisern« erheben können, dann sind wir gefordert und dürfen nicht schweigen.

Im übrigen möchte ich daran erinnern, daß ich schon im Jahre 1968, zusammen mit dem damaligen Vorsitzenden der Deutschen Evangelischen Allianz, Direktor Paul Schmidt, Bundesjustizminister Dr. Dr. Gustav Heinemann in Bonn aufgesucht habe. Wir hatten im Hauptvorstand der Deutschen Evangelischen Allianz zu jener Zeit über die Fragen der Strafrechtsreform gesprochen und sahen an der Stelle einen Dammbruch auf uns zukommen. Vor allem sahen wir die junge Generation gefährdet, da das Strafrecht, gerade im Blick auf das Sexualstrafrecht, liberalisiert werden sollte. Wir meinten, vom Wort Gottes her zu dieser Entwicklung nicht schweigen zu dürfen. Der Hauptvorstand der Deutschen Evangelischen Allianz und der Gnadauer Vorstand haben damals an alle Bundestagsabgeordneten einen Brief geschrieben, in dem wir unsere Stellungnahme und unsere Überzeugung zum Ausdruck brachten. Schließlich kam es im Hauptvorstand der Evangelischen Allianz dazu, daß man sich einigte, ein Gespräch mit Gustav Heinemann zu erbitten. Gustav Heinemann war als Mann der Bekennenden Kirche bekannt. Er hatte im Dritten Reich tapfer seinen Mann gestanden. Nach dem Krieg war er zeitweise Präses der Synode der Evangelischen Kirche in Deutschland gewesen. Er war mit Pastor Wilhelm Busch eng verbunden und hatte als Oberbürgermeister von Essen auch im CVJM und im Weigle-Haus mitgearbeitet. Wir hofften, bei ihm eine offene Türe zu finden. Gustav Heinemann wurde angeschrieben. Er gab uns auch tatsächlich einen Termin: 18. November 1968, 16 Uhr. Es war nur schade, daß die Delegation, die wir vom Hauptvorstand zusammengestellt hatten, zusammenschrumpfte auf Paul Schmidt und mich. Das älteste und das jüngste Hauptvorstandsmitglied gingen den Weg zum Justizminister. Paul Schmidt und ich trafen uns vorher in einem Studentenheim in Bonn. Wir sprachen uns noch einmal ab und fuhren dann mit einem Taxi zum Justizministerium auf die Rosenburg. Gustav Heinemann empfing uns in seinem Amtszimmer mit seinem persönlichen Referenten und einem Hilfsreferenten. Es war ein sehr freundliches Gespräch in einer entspannten Atmosphäre. Gustav Heinemann lernte ich als einen scharfen Denker und kühlen Kopf kennen, wenngleich ich seine Position damals nicht teilen konnte.

Im Mittelpunkt standen zwei Fragen, die wir stellten. – Ich weiß das deswegen noch so genau, weil ich mir auf der Heimfahrt ein Protokoll des Gespräches anfertigte. – Die erste Frage ging um den politischen Weg unseres Volkes. Es waren damals unruhige Zeiten in der Bundesrepublik. So stellte ich die Frage: Könnte es nicht sein, daß wir eines Tages einer politischen Anarchie oder einer neuen Diktatur zusteuern? Die andere Frage, um die es uns im Wesentlichen ging, lautete: Gehen wir nicht einem moralischen Chaos ohnegleichen entgegen? Wird dieses Chaos nicht durch die Neufassung des Strafrechts noch wesentlich vergrößert? Es war interessant, wie Heinemann auf die von mir gestellten Fragen antwortete: ». . . Wir haben keinen christlichen Staat mehr, sondern einen weltanschaulich neutralen. Es könne nicht die Aufgabe des Staates sein, den Sittenwächter zu spielen. Die Trennung von Kirche und Staat müsse noch viel strenger erfolgen . . .« Es gab über diese Äußerungen Heinemanns eine lebhafte Diskussion, in der Paul Schmidt u.a. darauf verwies, daß doch noch immerhin 95 % der Bevölkerung, zumindest nominell, zur christlichen Kirche gehörten. Heinemann erklärte: »Die christlichen Kirchen müßten sich über ihren Substanzverlust klar werden.« Er vertrat die Auffassung, daß unser Strafrecht ein Abbild der Vielschichtigkeit unserer Gesellschaft sei, in dem christliche, humanistische, liberale, sozialistische Ströme zusammenliefen. Was ethisch verwerflich sei, müsse noch lange nicht strafrechtlich verfolgt werden. Ich fragte Heinemann: »Wie werden Sie, Herr Minister, mit dem fertig, daß Sie als Christ Minister sind?« Heinemann antwortete, man müsse Positionen aufgeben, die nicht mehr zu halten seien, um andere Positionen, die noch sinnvoll gehalten werden können, zu halten. Er erwähnte dabei, daß die Abtreibung weiterhin unter Strafe bleibt mit Ausnahme eines Notzuchtverbrechens (wie haben sich die Zeiten geändert!), auch die Verbreitung unsittlicher und unzüchtiger Schriften solle weiter der Strafverfolgung unterliegen. Eine kontroverse Diskussion gab es, als ich auf die Präambel des Grundgesetzes verwies und fragte, ob diese für unser staatliches und damit auch für unser rechtliches Leben keine Bedeutung hätte. Der Minister meinte, daß in der Präambel »Gott« vorkomme, sei ein Appell an uns. Ich entgegnete: »Ich sehe darin nicht nur einen Appell, sondern ein Vorzeichen unter dem unser staatliches Leben steht.«

Interessant war auch das Gespräch über die Zehn Gebote. Minister Heinemann vertrat die Meinung, daß nur eine Auswahl für die Gesetzgebung in Betracht käme, z.B. »Du sollst nicht töten« oder »Du sollst nicht stehlen!«

Gustav Heinemann hatte in vielem eine andere Überzeugung als wir. Ich meinte in seiner Argumentation Töne zu hören, die ihren letzten Hintergrund in der Barth'schen Theologie hatten. Wir verabschiedeten uns von Gustav Heinemann nach einem mehrstündigen Gespräch.

Aufhalten konnten wir die Entwicklung nicht, aber wir waren der Meinung, unserer Verantwortung auch einem Bundesminister gegenüber nachgekommen zu sein. Gustav Heinemann hat mir später als Bundespräsident mancherlei Beschwernisse verursacht. Ich erinnere mich daran, daß Paul Deitenbeck und ich ihm am Tage vor der Unterzeichnung der Neufassung der gesetzlichen Regelungen zum § 218 StGB (Abtreibung-Indikationsmodell) ein Telegramm schickten. Wir baten ihn als Christ, das Gesetz nicht zu unterschreiben. Heinemann hat das Gesetz unterschrieben, er hat auf unser Telegramm nicht reagiert. Beschwerlich war für mich auch, als 1972 in München während der Olympischen Spiele jenes furchtbare Massaker an den israelischen Sportlern geschehen war und dann die Trauerfeier im Olympiastadion in München stattfand, die weltweit im Fernsehen übertragen wurde. Millionen von Menschen haben diese Übertragung gehört und gesehen. Heinemann, als damaliger Bundespräsident, hielt eine Ansprache. Ich konnte es nicht verstehen, daß er damals nicht als Christ eindeutig Farbe bekannte. Einmal so, daß er sich zu Israel bekannt, zum andern so, daß er die Menschen zur Buße, d.h. zur Umkehr zum lebendigen Gott gerufen hätte. Die Ansprache des Präsidenten des Nationalen Olympischen Komitees, Willi Daume, war für meine Begriffe christlicher gewesen als die unseres Bundespräsidenten. Ich habe über den Glauben Heinemanns nicht zu urteilen, das steht mir nicht zu, aber ich war damals von ihm tief enttäuscht.

Den ersten Gesprächen im Bundeskanzleramt folgten weitere. Bei dem zweiten Gespräch, bei dem auch der Bundeskanzler selber anwesend war, gab ich das einleitende Statement. Ich sprach davon, daß wir Menschen seien, die als Christen für die Regierenden und für alle, die im Staat Verantwortung tragen, beten, aber auch davon, daß die Mißachtung der Gebote Gottes in unserem Volk ein schweres Gericht Gottes nach sich ziehen würde. Wir hatten einen lebhaften Gedankenaustausch. Es ging nicht um tagespolitische Fragen, sondern um ethische Grundfragen. Im Vordergrund stand die Frage nach der Tötung ungeborenen Lebens. Kann der § 218 StGB nicht wieder geändert werden? Ist es denkbar, daß ein Zeitraum menschlichen Lebens, und wenn es »nur« die ersten drei Monate sind, nicht unter dem Schutz des Staates, des Gesetzes, des Rechtes steht? Wir sprachen über Fragen der Gentechnologie und der Manipulation mit dem Leben. Wir sprachen über Probleme der Jugendarbeitslosigkeit, über die verfolgte Gemeinde und inwieweit die Regierung gerade in Ländern, in denen die Verfolgung eine besondere Härte angenommen hat, für die leidenden Christen eintreten könne. Ich meine, daß das notwendige und wichtige Fragen sind und wir ein Recht haben, diese Probleme mit den Verantwortungsträgern unseres Volkes zu erörtern. Im übrigen hat es sich gezeigt, daß an ganz bestimmten Stellen unsere Bedenken, unsere Kritik, unsere Einwendungen, unsere Überzeugungen auch gehört worden sind. Da und dort hat es sich ergeben, daß gerade durch Staatssekretär Dr. Horst Waffenschmidt manche Entwicklungen eingeleitet worden sind, die zu berechtigten Hoffnungen Anlaß geben.

Anläßlich des ersten Gespräches im Bundeskanzleramt hat mir persönlich einen besonderen Eindruck der Bundesforschungsminister Dr. Heinz Riesenhuber gemacht. Es ging in jenem Gespräch auch um Fragen der Gentechnologie, der Manipulation mit dem Leben und die sich daraus ergebenden Probleme. Dr. Riesenhuber hielt einen einleitenden Vortrag, bei dem deutlich wurde, wie ein verantwortlicher Minister unter den Entwicklungen auch leiden kann, wie er in der Spannung steht, ob der Wissenschaft vom Staat her Grenzen gesetzt werden dürfen oder ob sie grundsätzlich frei sein muß, um in ihrer Forschung nicht behindert zu werden. Hier brachen ethische Grundfragen auf: Wie weit dürfen wir gehen? Dürfen wir alles tun, was wir auch tun können? Es war deutlich zu spüren, wie ihn diese Fragen umtrieben. Bewegt war ich davon, daß er gegen Ende seines Vortrages, der im übrigen von einer hohen Sachkenntnis getragen war, betonte: »Mein Gesprächspartner bis heute ist eigentlich nur der altgewordene Philosoph Hans Jonas, der in seinen Büchern immer wieder auf die Grenzen unserer Forschungsarbeit hinweist, der aber nicht vom christlichen Glauben, sondern vom Humanismus herkommt.« Und dann betonte Riesenhuber, wie sehr er von den Kirchen in all diesen Fragen im Stich gelassen werde. Von den Kirchen her beziehe man zwar zu Teilfragen Stellungen, aber ein ethischer Entwurf im Blick auf die moderne Wissenschaft liege nicht vor. Mir wurde in jenem Gespräch deutlich, wie sehr Christen, die an der Stelle sachkundig sind und sich auch sachkundig machen können, gefordert sind, den Politikern in unserem Volk ethische Richtlinien an die Hand zu geben. Diese Männer wären bereit, auf solche Stimmen zu hören, aber sie werden weithin allein gelassen. Aus dem zweiten Gespräch ist mir auch besonders in Erinnerung geblieben, daß nach meinem Statement der Bundeskanzler eine längere Erklärung gab, die mit folgenden Worten begann: »Ich freue mich immer ganz besonders, wenn mir bei Kundgebungen oder Konferenzen oft ganz schlichte Menschen die Hand drücken und zu mir sagen, ich bete für sie.« Im übrigen hat unser Gespräch im Bundeskanzleramt mit einem Gebet begonnen und mit einem Gebet geendet. Horst Waffenschmidt sprach das Schlußgebet. Es ist mir unvergeßlich, wie er unter anderem sagte: »Herr, wir sitzen hier in der politischen Zentrale der Bundesrepublik, aber wenn du uns nicht führst und leitest, wenn du nicht unser Herr bist, dann ist alle unsere Arbeit, die wir hier tun, vergeblich.« Ich meine, wir sollten die Politiker nicht immer nur kritisieren, wir sollten gerade ihnen gegenüber unsere Gebetsverantwortung wahrnehmen und da, wo es möglich ist, das Gespräch mit ihnen suchen. Man kann gerade im politischen Bereich sehr einsam sein.

»Kein anderes Evangelium« – Bekenntnisbewegung und »Gemeindetag unter dem Wort«

1966 fand in der Dortmunder Westfalenhalle die erste Großkundgebung der Bekenntnisbewegung – »Kein anderes Evangelium« – statt. Es hatte schon lange in der gläubigen Gemeinde im Raume der Landeskirchen gegärt. Eine Theologie, die weite Teile der Heiligen Schrift in Frage stellte und zentrale Teile der Heiligen Schrift umdeutete, hatte die Gemeinde aufgebracht. Die Bibel war in der Gefahr, nicht mehr die einzige Autorität für unseren Glauben zu sein. Gerhard Bergmann hatte sein vielbeachtetes und in vielen Auflagen erschienenes Buch »Alarm um die Bibel« geschrieben.

Auf vielen Kanälen drangen die modernen Gedanken in die Gemeinden ein: in der Sonntagspredigt, im Konfirmanden- und Schulunterricht, in Jugendkreisen, Bibelstunden und anderswo. Die sogenannte moderne Theologie hatte eben doch einen großen Einfluß auf die Pfarrerschaft. Oft wurde sie mit missionarischem Eifer vertreten. Nun rührte sich der Widerstand. Der erste, der seine Stimme erhob, war Pfarrer D. Paul Tegtmeier. Zusammen mit Hellmuth Frey und Theodor Brandt entwarf er einen Brief an die Gemeinden. Dieser seelsorgerliche Brief, ein Hirtenbrief im wahrsten Sinne des Wortes, trägt die Überschrift: »Laß doch dein Licht auslöschen nicht«. Viele haben nachher diesen Brief unterzeichnet, auch ich habe ihm aus vollem Herzen zugestimmt. Aus dem sogenannten Betheler Kreis, zu dem diese drei genannten Brüder gehörten, entwickelte sich dann die Bekenntnisbewegung »Kein anderes Evangelium«. Ich entsinne mich noch, es muß wohl im Jahre 1965 gewesen sein, daß Pfarrer Rudolf Bäumer und Pfarrer Paul Deitenbeck sich mit einigen anderen Brüdern im Flughafenrestaurant in Düsseldorf trafen. Klaus-Jürgen Diehl vom CVJM-Westbund war dabei. Auch ich war eingeladen. Wir berieten über eine Großkundgebung in Dortmund, die ein Signal setzen sollte. Die Gemeinde war nicht bereit, die neue Theologie zu akzeptieren, sondern sie wollte sich weiterhin zum Zeugnis der Heiligen Schrift bekennen, wie es uns die Apostel und Propheten gegeben haben. Die Dortmunder Westfalenhalle wurde gemietet, eine Großkundgebung für März 1966 angesetzt. Walter Künneth hielt den Hauptvortrag über »Kreuz und Auferstehung Jesu«. Er unterstrich das biblische Zeugnis und grenzte es gegen die neue theologische Moderichtung eindeutig ab. Die Westfalenhalle war an diesem Tag überfüllt. Viele Posaunen bliesen zum Lob Gottes. Eine Reihe von Brüdern sagte Grußworte. Am eindrucksvollsten war das Grußwort von Wilhelm Busch, der noch unter uns weilte. Es war ganz kurz. Er ging an das Rednerpodium und sagte: »Wenn mich die Verzweiflung an dieser Kirche packt und umtreibt, dann tröstet mich ein Wort der Heiligen Schrift, das unser Herr spricht: Ich will mich meiner Herde selbst annehmen.« Auch ich hatte bei dieser Kundgebung als Vertreter aus dem süddeutschen Raum ein Grußwort zu sagen. Nach jener Großkundgebung schlugen die Wellen hoch. Karl Barth meldete sich zu Wort und kritisierte die Veranstaltung. In kirchlichen Veröffentlichungen wurde gegen diese neue Bekenntnisbewegung geschossen. Aber die Bekenntnisbewegung hat sich unbeirrt durchgesetzt. Viele Kundgebungen folgten und viele entscheidende Worte wurden veröffentlicht. Ich erinnere z.B. an die »Frankfurter Erklärung zur Grundlagenkrise der Mission«, die »Düsseldorfer Erklärung«, in der es um die christologische Frage geht, oder die »Ökumene-Erklärung«, die in Berlin veröffentlicht worden ist. Vieles könnte noch genannt werden.

Nach der Kundgebung in der Westfalenhalle erhielt ich einen Brief des Landeskirchenrates in München mit der Bitte, vor diesem Gremium über die Veranstaltung zu berichten und auch meine Meinung darzulegen, ob ich gewillt sei, auch in Bayern eine Landesgruppe der Bekenntnisbewegung zu installieren. Mit Zittern und Zagen habe ich den Termin wahrgenommen. Ich saß vor den führenden Leuten der bayerischen Landeskirche und hatte Bericht zu erstatten und meine Meinung kundzutun über den weiteren Weg. Ich habe versucht, in aller Klarheit über die Versammlung zu informieren, habe dann aber auch zum Ausdruck gebracht, daß ich nicht gewillt sei, in Bayern eine Landesgruppe der Bekenntnisbewegung »Kein anderes Evangelium« ins Leben zu rufen. In Bayern gehen die Uhren manchmal anders. In Bayern und Württemberg waren die kirchlichen Verhältnisse zwar nicht gesund, aber sie waren doch gesünder als in anderen Landeskirchen nördlich des Mains. Wir gingen in München aus der Zusammenkunft heraus mit dem Willen, erst einmal abzuwarten, wie sich die

Verhältnisse in Bayern entwickelten. Immerhin war in Bayern an der Spitze der Landeskirche Landesbischof Dr. D. Hermann Dietzfelbinger. Er war ein bibelgläubiger Mann, ein Beter, eine seelsorgerliche Gestalt. Er war ein Mann, der versuchte, die biblischen Linien in der Landeskirche durchzuhalten. Das war für ihn oft nicht einfach. Aber er rang um jeden einzelnen Pfarrer. Er suchte ihn auf oder lud ihn zum Gespräch in sein Amtszimmer ein. So war dieser Mann unermüdlich unterwegs, um die Landeskirche vor dem Auseinanderdriften in verschiedene Gruppierungen zu bewahren. So war er auch ständig unterwegs zu Verkündigungsdiensten, zu Predigten und Bibelwochen, um Pfarrer, die von der Schrift abwichen oder einen Kurs fuhren, der nicht gutzuheißen war, wieder auf den rechten Weg zurückzuholen. Daß Hermann Dietzfelbinger das in manchen Fällen nicht gelang, hat ihn innerlich schwer getroffen.

Es entstand in Bayern dann zwar keine Landesgruppe der Bekenntnisbewegung, aber es entstand später eine »Kirchliche Sammlung um Bibel und Bekenntnis«, die bis heute besteht, die aber im Raum der Landeskirche eigentlich nie eine große Breitenwirkung erzielen konnte.

In der Bekenntnisbewegung ging es zunächst um Abwehr, aber den führenden Leuten, wie etwa Paul Deitenbeck und Rudolf Bäumer, ging es um mehr. Sie wollten, daß aus der Bekenntnisbewegung in der Kirche eine Erweckungsbewegung wird. Sie wollten nicht kritisieren um der Kritik willen, sondern sie wollten die Erneuerung der Kirche vom Evangelium her. So sind in der Bekenntnisbewegung bei allen schrillen Tönen, die dort zu hören waren und denen ich immer stärker abhold wurde, auch viele positive Dinge durchgeführt worden. Führende Männer der Bekenntnisbewegung haben mit führenden Männern der Evangelischen Kirche in Deutschland über verschiedene Fragen gesprochen, z.B. über die Ausbildung der Theologiestudenten; eine lange Gesprächsphase nahm die Frage nach der Gruppendynamik ein und welch eine Rolle sie in der kirchlichen Ausbildung und in der Seelsorgepraxis spielen dürfe oder nicht. Es waren viele Fragen, die miteinander verhandelt worden sind, und man versuchte, sich wieder auf einer gemeinsamen Linie zu finden.

Die Bekenntnisbewegung hat ihre Aufgabe. Sie ist ein Korrektiv zum kirchlichen Handeln. Die Kirche in ihrem Pluralismus braucht in ihrer Mitte eine Gruppe von Menschen, die unablässig auf die eigentlichen Aufgaben der Kirche hinweisen. Ich bin Mitglied der Bekenntnisbewegung »Kein anderes Evangelium« geworden, ohne mich stärker in ihr engagieren zu können. Die verschiedenen Bekenntnisgruppen in der Bundesrepublik Deutschland, die kirchlichen Sammlungen und andere haben sich dann schließlich zur »Konferenz bekennender Gemeinschaften« zusammengeschlossen. Diese Konferenz, deren Leiterkreis einige Male im Jahr tagt, hat ihre Speerspitze im Theologischen Konvent, der unter der Leitung von Prof. Dr. Peter Beyerhaus aus Tübingen steht. Die »Konferenz bekennender Gemeinschaften« hat unter der Leitung von Fritz Grünzweig und Karl Hauschildt einen guten Kurs gefunden. Sie versucht nicht, in der Konfrontation zur Kirche zu stehen, sondern in der Gesprächsbereitschaft Einflüsse geltend zu machen, um kirchliches Lehren und Handeln zu korrigieren. Sowohl Fritz Grünzweig als auch Karl Hauschildt sind besonnene Männer, die an entscheidenden Stellen ihrer jeweiligen Landeskirche gearbeitet haben. Sie kennen die Kirche, ihren Weg, die Entwicklungen der letzten Jahre und Jahrzehnte. Und sie wissen auch, wie auf manche Entwicklungen und Herausforderungen in der rechten geistlichen Weise zu reagieren ist.

Es ist immer wieder gesagt worden, daß der Gemeindetag unter dem Wort, der 1973 zum ersten Mal abgehalten worden ist, eine Einrichtung der »Konferenz Bekennender Gemeinschaften« sei. Dem muß widersprochen werden. Der »Gemeindetag« hatte von Anfang an einen eigenen Trägerkreis, der ihn zu verantworten hatte. Der Vorsitzende des Trägerkreises war allerdings auch ein führender Mann der Bekenntnisbewegung, nämlich Pfarrer Rudolf Bäumer. Die »Gemeindetage« sind zunächst in einem Gegenüber zum Deutschen Evangelischen Kirchentag entstanden. Der Deutsche Evangelische Kirchentag war früher eine Einrichtung, die auch von den Pietisten freudig bejaht werden konnte. Männer wie Wilhelm Busch, Johannes Busch, Paul Deitenbeck, Heinrich Giesen und viele andere, die unser ganzes Vertrauen hatten und haben, haben auf den Kirchentagen entscheidende Dienste getan. Immer stärker aber wurde vor allem in den 60er Jahren das pietistische Element ausgeschaltet. Neue Töne wurden hörbar. Der Kirchentag wurde zu einer uferlos pluralistischen Veranstaltung, auf der Glaube neben Unglaube, Lehre neben Irrlehre gleichberechtigt standen. Der Kirchentag trug stärker zur Verwirrung als zur Orientierung bei. Es schien dann auch so zu sein, als ob der Kirchentag »auslaufen« würde. Aber er hat sich erstaunlich erholt und hat heute als eine der großen Massenveranstaltungen in der Bundesrepublik Deutschland seinen fest etablierten Platz. Weil Gläubige zunehmend vom Kirchentag abgestoßen wurden, haben Rudolf Bäumer und andere beschlossen, den »Gemeindetag unter dem Wort«, analog der »Gemeindetage« im Dritten Reich, einzuführen. Dafür wurde ein Trägerkreis gebildet, dem ich von Anfang an mit angehörte. Bei den ersten »Gemeindetagen unter dem Wort« stand stark, das gilt vor allem von dem Gemeindetag 1977 in Dortmund, das polemische und apologetische Moment im Vordergrund. Man attackierte die Schäden der Kirche zum Teil mit sehr scharfen Worten. Der Gemeindetag 1977 in Dortmund war auch im eigenen Bereich nicht unumstritten.

Eine peinliche Situation ist mir allzu gut in Erinnerung. Ich hatte bei dem Gemeindetag 1977 die Predigt im Westfalenstadion zu halten. Dann kam die Stunde der Orientierung, in der sehr schrille Töne laut wurden. Am Abend des Gemeindetages wurden Rudolf Bäumer und ich vom Westdeutschen Rundfunk zu einem Interview gebeten. Man hatte wohl gemerkt, daß die Tonlage von Pfarrer Bäumer und mir verschieden war, deswegen wurden wir beide eingeladen. Es war für mich bei diesem Interview sehr schwierig, einerseits den Brüdern nicht in den Rücken zu fallen, andererseits aber auch deutlich zu machen, daß ich mich mit den schrillen Tönen nicht identifizieren konnte. Ich bin heute noch der Überzeugung, daß der Gemeindetag 1977 uns manchen Schaden zugefügt hat. Daß es nach dem Gemeindetag im Leiterkreis der Konferenz Bekennender Gemeinschaften noch zu einer heftigen Auseinandersetzung über die Beurteilung dieses Gemeindetages kam, sei nur am Rande vermerkt. Es hat damals nicht viel gefehlt, daß der Leiterkreis auseinandergebrochen wäre.

Dann hat man die Gemeindetage, vor allem, wenn sie im württembergischen Raum stattfanden, der Ludwig-Hofacker-Vereinigung übertragen, d.h. der Trägerkreis des Gemeindetages übertrug die Verantwortung für die Gestaltung des Gemeindetages in Stuttgart der Ludwig-Hofacker-Vereinigung. Dort haben die Brüder Scheffbuch die Gemeindetage neu und anders angelegt. Sie waren der Überzeugung, daß es auf den Gemeindetagen die erste Aufgabe wäre, das Evangelium fröhlich und positiv zu bezeugen. Dabei hat es, gerade wenn der Gemeindetag auf dem Killesberg stattgefunden hat, in den verschiedenen Hallen auch immer Veranstaltungen gegeben, in denen die Auseinandersetzung mit theologischen und anderen geistigen Strömungen der Zeit gesucht wurde. Paul Deitenbeck hat die Aussage geprägt, der »Gemeindetag unter dem Wort« habe ein Weideamt und ein Wächteramt. Er wollte damit zum Ausdruck bringen: Weideamt bedeutet, daß wir der versammelten Gemeinde das Evangelium von Jesus Christus einladend, werbend, ermutigend zu sagen haben. Wächteramt aber heißt: wir haben auf die Gefahren der Zeit aufmerksam zu machen und vor Irrlehren zu warnen, damit die Gemeinde nicht auf einen falschen Weg geführt wird.

Ich erinnere mich gerne an die Gemeindetage in Stuttgart. Beim ersten Stuttgarter Gemeindetag im Neckarstadion hatte ich eine der Hauptansprachen zu halten, beim zweiten »Gemeindetag«, auf dem Killesberg, im Tal der Rosen, mit Theo Sorg und Rolf Scheffbuch zusammen eine der Schlußansprachen. Es war bewegend, diese große Menge von Menschen zu sehen, die das Evangelium dankbar hörte und aufnahm. Besonders gefreut hat mich immer wieder, daß die Gemeindetage unter dem Wort vornehmlich auch von viel jungem Volk besucht waren.

In besonderer Erinnerung ist mir natürlich der Gemeindetag unter dem Wort in Essen im Jahre 1984. Ich war gebeten worden, die Leitung dieses »Gemeindetages« zusammen mit Pfarrer Ulrich Parzany zu übernehmen. Ulrich Parzany war zu der Zeit Jugendpfarrer im Weigle-Haus in Essen. Schon seit vielen Jahren hat mich mit Ulrich Parzany eine herzliche Freundschaft und geistliche Bruderschaft verbunden. Wir sind zwei ganz verschiedene Persönlichkeiten. Ich habe manches Mal scherzhaft gesagt: »Ulli, du stürmst halblinks und ich halbrechts, aber wir schießen auf das gleiche Tor.« Dabei ist er sicher in seiner Vitalität viel stärker als ich. Aber es war für mich doch beglückend, zusammen mit Parzany diesen Gemeindetag vorzubereiten. Freilich fiel ich einige Zeit bei den Vorbereitungen aus, da ich im April 1983 meine Herzoperation durchstehen mußte mit all den Folgen, die sich daraus ergaben. Wir hatten den Leitungskreis für den Gemeindetag in Essen so zusammengesetzt, daß pietistische Gruppierungen dabei waren, Vertreter der Landeskirchen, der Volksmissionarischen Ämter, der Freikirchen und freier Werke wie der SMD oder des EC. Die Zusammenarbeit in diesem Leitungskreis war ein beglückendes Erlebnis. Wir wuchsen zu einer Bruderschaft zusammen. Manches Mal haben wir uns überlegt, ob wir nicht nach dem Gemeindetag beieinander bleiben sollten, um weitere Aktivitäten zu initiieren, aber der Kreis ging nach dem Gemeindetag wieder auseinander. Es gibt auch wohl schon zu viele Gremien in Deutschland, die sich über diese und jene Veranstaltungen und Aktivitäten Gedanken machen. Die Leitungskreissitzungen fanden meist im Weigle-Haus in Essen in großer brüderlicher Einmütigkeit statt.

Der Gemeindetag in Essen war für uns alle eine ganz große Überraschung. Wer hätte gedacht, daß über 50 000 Menschen im Ruhrgebiet zusammenströmen würden! Die Schlußveranstaltung im Stadion des Grugageländes war überwältigend. Die Ränge waren überfüllt. Auf dem Rasen saßen die Menschen. Die Sonne lachte vom Himmel. Es war ein wunderschöner Tag. Auch die Vormittagsveranstaltungen in den Hallen waren zum Teil überfüllt. Der Gemeindetag war eine Einheit. Das Evangelium triumphierte.

Nach dem Gemeindetag waren wir in großer Dankbarkeit vor Gott versammelt, um ihm die Ehre zu geben für das, was er uns an diesem Tag geschenkt hat. Mit dem Gemeindetag in Essen war der Versuch unternommen worden, nach außen zu dokumentieren, daß der Pietismus in Deutschland in allen seinen Schattierungen zusammengehört. Der Pietismus in Deutschland ist ja nicht beschränkt auf die Gemeinschaftsbewegung, auch nicht auf bestimmte Teile der Freikirchen oder bestimmte Gruppen innerhalb der Landeskirchen. Der Pietismus hat eine große Weite, innerkirchlich und freikirchlich. Und beim Gemeindetag in Essen wurde dokumentiert: Der Pietismus gehört in allen seinen Varianten zusammen. Denn der Pietismus war nie eine einheitliche Größe. Kirchenhistoriker sagen mit Recht: Den Pietismus gibt es nicht. Es gibt ihn in vielerlei Spielarten. Und doch ist der Pietismus in seinem Grundanliegen einheitlich. Es geht um Jesus, um die Bibel, um die Errettung des Menschen, um Evangelisation und Mission, um Diakonie und Seelsorge.

Synod(al)e ...

Ich habe schon erwähnt, daß ich im Jahre 1971 in die Landessynode der evangelisch-lutherischen Kirche in Bayern gewählt worden bin. Die Amtszeit der Synodalen läuft sechs Jahre. Im Jahre 1977, als ich schon hauptamtlich Präses des Gnadauer Verbandes war, aber noch in Nürnberg wohnte, wurde ich vom Landeskirchenrat in die Synode berufen und bin dort bis zum Jahre 1983 gewesen. Dann schied ich wegen meines Umzugs von Bayern nach Dillenburg im nördlichen Hessen aus. Ich konnte mich auf dem Parkett der Synode nur schwer bewegen. Wenn ich dort sprach, dann war es meistens sehr bruchstückhaft. Ich habe zwar im Grundfragenausschuß der Synode mitgearbeitet, aber mich bedrückte dabei immer wieder, daß ich mich nicht so auf die Synodaltagungen vorbereiten konnte, wie es nötig gewesen wäre. Viele, viele andere Aufgaben haben mich daran gehindert. Trotz alledem habe ich in der Synode viele Freunde gehabt und viele Persönlichkeiten schätzen gelernt. Besonders nahe kam mir in dieser Arbeit Dr. Werner Dollinger, der lange Jahre Bundesminister in Bonn gewesen ist. Es war eindrucksvoll, wie dieser vielbeschäftigte Mann sein Synodalamt ernst genommen hat und an den Sitzungen teilnahm, auch wenn andere wichtige Termine anstanden. Wie viele schöne Abende haben wir in einer stillen Ecke irgendeines Hotels verbracht, um dort noch den Synodaltag ausklingen zu lassen und uns über die verschiedensten Themen zu unterhalten. Gerne denke ich an einen Synodalen, mit dem mich auch bis heute eine herzliche Freundschaft verbindet: der frühere Landrat des Kreises Uffenheim, Ernst Falk, ein Mann, der an seiner Kirche leidet, ihr aber bis heute die Treue gehalten hat. Im Kirchenkampf hat er sich als Landwirt unerschrocken zum Evangelium bekannt. Fast jeden Sonntag tut er Jahr um Jahr in den Kirchengemeinden seines Dekanates Dienst, entweder als Organist oder als Prediger. In der Synode hat er nie ein Blatt vor den Mund genommen. Er sprach, wie es ihm ums Herz war – immer originell, taufrisch und ehrlich. Manchmal mußte ihn der Synodalpräsident Karl Burkhardt, der als Regierungspräsident von Mittelfranken Ernst Falk von seiner Landratszeit her gut kannte, bremsen, denn Falk achtete selten auf die vorgegebene Zeit. Es mußte heraus, was ihm auf dem Herzen lag. Oft haben wir bei seinen Reden schallend gelacht. Aber hinter seinem Humor steckte ein tiefer Ernst.

In besonderer Weise hat mich in der Synode die Frage der Frauenordination umgetrieben. Ich habe zu dieser Frage wohl auch am häufigsten dort das Wort genommen und zwar kontra. Ich ehre und achte die Frau, gerade auch in der Gemeinde Jesu. Es ist immer meine These gewesen, daß die Frau vor Gott völlig gleichwertig gegenüber dem Manne ist, daß Mann und Frau aber nicht gleichartig sind. Die Aufgabenstellungen sind verschieden. Die Frau hat in der Gemeinde Jesu ihre wichtigen Aufgaben, in denen sie unvertretbar ist. In meinen Kirchenvorständen haben Frauen mitgearbeitet, und ich war dankbar für ihren Dienst. Die Frauen haben in den Gemeinden, in denen ich arbeitete, Dienste in der Kinder- und Jugendarbeit getan, sie waren in diakonischen Aufgaben tätig und in vielen anderen Bereichen. Es ist nicht gut, wenn so getan wird, als wären bestimmte Dienste in der Gemeinde Jesu wichtiger und andere unwichtiger. Überschätzung und Unterschätzung von Diensten hat in der Gemeinde Jesu keinen Platz. Hier stehen wir mit unseren von Gott gegebenen Gaben alle auf der gleichend Ebene. Ob ich auf der Kanzel stehe und predige oder eine Frau eine Kranke besucht – vor Gott ist das gleichwertig und bedeutet keinen Rangunterschied. Ich konnte aber aus der Schrift heraus nie erkennen, daß der Frau die Leitungsaufgabe in der Gemeinde Jesu zugedacht worden ist. In den Synodalbeiträgen zu dieser Frage habe ich versucht, meine biblische Erkenntnis vorzutragen. Ich bin in dieser Frage nie durchgedrungen. Bei der Letztabstimmung über die Frage der Frauenordination hat nur ein kleiner Kreis von Synodalen gegen das Gesetz gestimmt. Die große Mehrheit der Synode stimmte der Frauenordination zu. Ich weiß, daß auch im pietistischen Raum diese Frage verschieden gesehen wird und möchte mich deswegen auch mit meiner Meinung hier nicht absolut setzen, aber ich habe immer darum gebeten, daß auch meine Erkenntnis und meine geistliche Überzeugung ernst genommen werden.

Es gäbe vieles aus der bayerischen Synode zu erzählen. Eine Situation, die mich heute noch sehr schmerzlich und schuldhaft berührt, ist mir lebendig vor Augen. Es ging um den Rücktritt von Landesbischof Dr. D.

Hermann Dietzfelbinger, dem ich mich ja immer herzlich verbunden wußte. Während der Synode in Rummelsberg, im Jahre 1974, sollte an einem Abend im Brüderhaus über den Rücktritt Dietzfelbingers gesprochen werden. Auch im Landeskirchenrat in München war der Bischof ein einsamer Mann geworden. Er hatte sich geweigert, einige Gesetze zu unterschreiben, die er gewissensmäßig nicht verantworten konnte. Dazu gehörte neben zwei anderen auch das Gesetz zur Frauenordination. Und nun wurde an jenem Abend – verhohlen und unverhohlen – der Bischof, der vorne am Tisch saß, von Synodalen kritisiert. Es wurde ihm, mit schönen und weniger schönen Worten, der Rücktritt nahegelegt. Man erinnerte an seine schweren Erkrankungen und brachte andere Argumente. Der Bischof saß bleich auf seinem Platz. Ich war innerlich so erregt, daß es mir nicht möglich war, in diesem Hexenkessel ein Wort zu sagen. Das empfinde ich heute noch als ein schuldhaftes Verhalten, daß ich es nicht vermochte, in dieser schwierigen Situation dem Bischof, den ich verehrte, beizuspringen. Was mich besonders aufbrachte, war die Tatsache, daß außer einem Oberkirchenrat, dem Nürnberger Kreisdekan Hans Luther, keiner aus der Kirchenleitung dem Bischof zur Seite sprang. Spät abends sollte der Bischof ein Schlußwort sagen. Er war dazu kaum mehr in der Lage. Der Verlauf des Abends hatte ihn innerlich zutiefst verletzt, so daß er nur zögernd ein paar Worte hervorbrachte. Ich ging geschlagen in mein Quartier. Am nächsten Morgen begegnete mir der Bischof mit seiner Frau. Er war ziemlich am Ende, auch gesundheitlich. Bald darauf bekam er wieder eine ganz schwere Herzattacke. Hermann Dietzfelbinger hat dann 1975 sein Amt niedergelegt. Zwanzig Jahre ist er Bischof der Landeskirche gewesen. Bis zu seinem Tode hat er unbeschwert noch viele gesegnete Dienste in Predigten, Bibelwochen, seelsorgerlichen Gesprächen und in schriftlicher Form tun dürfen.

Als Präses des Gnadauer Verbandes wurde ich im Jahre 1979 auch in die Synode der Evangelischen Kirche in Deutschland berufen. Ich habe nur an einer Synodaltagung in Berlin-Spandau teilgenommen und an der Wahl des damaligen neuen Ratsvorsitzenden mitgewirkt. Die EKD-Synode war für mich schon gar kein Feld, das mich geistlich befriedigte. Es ist mir verwehrt, meine Meinung offen zum Ausdruck zu bringen. Nachdem auch mancherlei gesundheitliche Rückschläge mich gehindert hatten, an den Sitzungen der Synodaltagungen teilzunehmen, trat ich aus der Synode aus und teilte dem Synodalpräsidenten mit, daß ich nicht glaube, daß auf den Synoden das Reich Gottes entscheidend gebaut werde.

Ich habe mir überlegt: Deine Kraft ist begrenzt, deine Zeit ist begrenzt. Du mußt mit Zeit und Kraft haushalten und versuchen, dich effektiv für das Reich Gottes einzusetzen. Jene EKD-Synode in Berlin 1979 hat mich frustriert. Das muß ich offen sagen. Manchesmal dachte ich mir: Bist du auf einer Synode oder auf einer weltlichen Veranstaltung? Ich fragte mich: Wie kommen manche Synodale eigentlich in dieses Gremium hinein? Bei der Wahl des Ratsvorsitzenden wurde der Hannoversche Landesbischof D. Eduard Lohse für den scheidenden Ratsvorsitzenden, Landesbischof D. Helmut Claß gewählt. Als Lohse gewählt war, begegneten wir uns. Ich gratulierte ihm und wünschte ihm Gottes Segen. Er sagte zu mir: »Bruder Heimbucher, Sie werde ich ja besonders brauchen.« Es tut mir leid, daß ich Eduard Lohse enttäuscht habe, indem ich aus der Synode ausgetreten bin. Wenn ich auch mit der Theologie Lohses in vielen Punkten vielleicht nicht einverstanden sein kann, so habe ich doch in ihm einen redlichen und frommen Mann kennengelernt. Er hat es gut und ehrlich gemeint. Er hat auch versucht, die Pietisten zu verstehen, wenngleich er aus einem ganz anderen Hintergrund kommt. Als ich aus der EKD-Synode auf eigenen Wunsch ausschied, wurde als Mitglied des Gnadauer Vorstandes der damalige Direktor der Evangelistenschule Johanneum, Pfarrer Johannes Berewinkel, für mich berufen. Johannes Berewinkel hat in der Synode wacker seinen Mann gestanden. Er hat sich in diesem Gremium auch wohler gefühlt als ich.

Nürnberg – St. Johannis

Ich betone es immer wieder, daß ich mit dem Herzen Gemeindepfarrer in einer volkskirchlichen Gemeinde war. Hier sehe ich das große Missionsfeld, auf dem man Gemeinde Jesu bauen kann. Die erweckliche und seelsorgerliche Verkündigung des Wortes Gottes, unter der Menschen zum lebendigen Glauben an Jesus Christus kommen, war mir immer ein Herzensanliegen. Durch die Verkündigung sammelten sich Menschen in den Gemeinden zur Mitarbeit, zur Bibelstunde, zu Hauskreisen. Ich bin dankbar dafür, daß während meiner Zeit als Gemeindepfarrer viele Menschen den Weg in die Gemeinde und – wie ich hoffe und es immer wieder auch durch Zeugnisse erfahren habe – zu Jesus Christus gefunden haben.

Im Jahre 1968 wurde ich in die Gemeinde Nürnberg-St. Johannis gerufen. Ich weiß noch gut, daß nach meiner Wahl der Vertrauensmann des Kirchenvorstandes, der damalige Oberlandesgerichtspräsident Dr. Maximilian Nüchterlein, zu mir sagte: »Herr Pfarrer, Sie kommen nun in eine der größten bayerischen Gemeinden und übernehmen hier die Pfarramtsführung. Es warten viele, viele Aufgaben auf Sie. Ich möchte Sie doch herzlich bitten, daß Sie manche Nebenaufgaben, die Sie bisher ehrenamtlich getan haben, niederlegen, um Ihre Kraft für die Gemeinde einsetzen zu können.« Ich versprach dem Vertrauensmann, meine Ehrenämter ernstlich zu überprüfen und habe dann auch eine ganze Reihe von ihnen niedergelegt. So bin ich z.B. aus dem Vorstand des bayerischen CVJM ausgeschieden und habe das Amt des Bezirksposaunenwartes in Nürnberg und weitere Ämter abgegeben. Mit dem Kirchenvorstand hatte ich mich geeinigt, den Vorsitz in der Evangelischen Allianz in Nürnberg und meinen Sitz im Hauptvorstand der Deutschen Evangelischen Allianz zu behalten. Ich mußte ja nun auch zusätzlich neue Aufgaben von der Gemeinde her übernehmen, z.B. wurde ich in die Gesamtkirchenverwaltung in Nürnberg berufen. In der neuen Gemeinde kam nun vielerlei auf mich zu. Mein Vorgänger im Pfarramt, Kirchenrat Lic. Dr. Hans Kreßel, war zwar auf der einen Seite ganz für die Gemeinde dagewesen, hatte sich auf der anderen Seite aber vielen wissenschaftlichen Aufgaben hingegeben. Aus seiner Feder stammen ausgezeichnete Veröffentlichungen. Er war Löhe-Forscher und hat über den bayerischen Pfarrer Wilhelm Löhe, den Diakonissenvater von Neuendettelsau, viel geschrieben. Vor allem hat sich Kreßel mit der fränkischen Kirchengeschichte beschäftigt. Viele Veröffentlichungen erschienen in Jahrbüchern oder als selbständige Bände. Daneben hat er interessante Vorträge gehalten, z.B. über Albrecht Dürer oder den berühmten Pfarrer Werner, der ein Zeitgenosse Dürers war. Nebenbei hatte Hans Kreßel lange Zeit auch einen Lehrauftrag im liturgisch-homiletischen Bereich an der Universität Erlangen. Dieser außerordentlich fleißige Mann war aus ganz anderem Holz geschnitzt als ich. Er war stark liturgisch eingestellt, geprägt von der Neuendettelsauer Tradition, außerdem ein Lutheraner im besten Sinne des Wortes. Von daher hatte er ein gewisses Verständnis für den Pietismus, ohne selber Pietist zu sein.

Es war mir wie ein Wunder, daß ich zu seinem Nachfolger gewählt worden bin. Einen kleinen Blick in die Abgründe der Kirchenpolitik gewährt die Vorgeschichte meiner Wahl nach St. Johannis, die ich hier kurz skizziere. Mit fröhlichem und dankbarem Herzen war ich Pfarrer an der Lutherkirche. Manches Mal habe ich mir gedacht: Vielleicht bleibt das deine Lebensaufgabe, Pfarrer auf dem Hasenbuck zu sein. Der Umgang mit den schlichten Leuten dort war mir besonders wertvoll. In der Luthergemeinde lebten vor allem Arbeiterfamilien, Angestellte und kleinere Beamte. Es gab in unserer Gemeinde wenige Akademiker oder Leute, die zu den »oberen Zehntausend« zählten. Da ich selber aus dem Arbeitermilieu kam, wußte ich mich mit diesen Menschen besonders verbunden.

Im Frühjahr 1968 kam der damalige Nürnberger Kreisdekan, Oberkirchenrat Dr. Eugen Giegler, zu mir ins Pfarrhaus. Lange erörterten wir die Frage, ob ich mich nicht bereit finden könne, mich um die erste Pfarrstelle in Nürnberg-St. Johannis zu bewerben. Ich hatte keine große Neigung dazu. Die Größe dieser Gemeinde war mir ebenso bekannt wie ihre vielschichtige personelle Zusammensetzung. Neben ausgesprochenen Arbeitervierteln gab es dort regelrechte Beamtenviertel; viele Akademiker zählten zu der Gemeinde, vor allem Ärzte, denn zum Gemeindegebiet von St. Johannis gehören die großen Nürnberger Krankenanstalten, die Klinik Hallerwiese und das Cnopf'sche Kinderspital.

Dr. Giegler sagte: »Es haben sich viele nach St. Johannis beworben, darunter sind auch einige, die ich nicht gerne auf dieser Pfarrstelle sehen würde.« Es gab ja damals eine gewisse Polarisierung in der Pfarrerschaft zwischen einer modernistischen Richtung und einer mehr konservativ-bibeltreuen Richtung. Ich habe nie ein Hehl daraus gemacht, daß ich zu der pietistisch-bibeltreuen Gruppierung, die in Nürnberg immer sehr klein gewesen ist, gehöre.

Die Pfarrstelle in Nürnberg-St. Johannis war im kirchlichen Amtsblatt vier Wochen lang ausgeschrieben. Am Tag vor Ende der Bewerbungsfrist habe ich mich mit dürren Worten beim Landeskirchenrat in München um diese Pfarrstelle beworben. Dann kamen turbulente Ereignisse. Der Nürnberger Dekan hatte einem anderen Pfarrer bereits die Pfarrstelle versprochen. Nun stand ich im Weg. Mein Kreisdekan sagte zu mir: »Heimbucher, wenn du dich meldest, dann kann man an dir nicht vorübergehen, und dann wirst du auch auf den Dreiervorschlag gesetzt werden.« Nach dem bayerischen Kirchenrecht werden dem Kirchenvorstand drei Pfarrer vorschlagen. Aus dem Dreiervorschlag hat dann der Kirchenvorstand einen Pfarrer zu wählen. Der Dekan sah nun die Felle für seinen Kandidaten davonschwimmen und versuchte, mich auf allerlei Weise von meiner Bewerbung abzubringen. Das geschah u.a. auch so, daß an einem Samstagvormittag, während ich über meiner Predigtvorbereitung saß, ein Anruf des Personalreferenten aus dem Landeskirchenrat in München kam, der mich fragte, ob ich meine Bewerbung für die Pfarrstelle in St. Johannis nicht zurückziehen wolle, ob ich sie unbedingt aufrecht erhalten wolle. Ich bejahte das. Der Oberkirchenrat am anderen Ende der Leitung wurde unfreundlicher, aber ich begegnete ihm mit der schroffen Feststellung: »Herr Oberkirchenrat, ich habe mich um diese Pfarrstelle jetzt beworben; ich habe diese Entscheidung vor Gott getroffen. Bei mir geht es nicht nach der Weise, rein in die Kartoffeln, raus aus den Kartoffeln. Ich bleibe bei meiner Bewerbung. Die Entscheidung liegt ja nun beim Landeskirchenrat, mich auf den Dreiervorschlag zu setzen oder nicht.« Mit einem Gemurmel am anderen Ende der Leitung war das Gespräch dann schnell zu Ende. So zog ich meine Bewerbung nicht zurück, und man setzte meinen Namen tatsächlich auf den Dreiervorschlag, der dem Kirchenvorstand vorgelegt wurde. Vor dem erweiterten Kirchenvorstand – 29 Personen – mußte der Dekan die Kandidaten einzeln aufrufen, damit sie sich kurz vorstellten. Mich nahm er als ersten, weil er wohl dachte, daß dies für den zweiten oder dritten Kandidaten Vorteile bringen würde. Dann kam die Wahl. Von den 29 Kirchenvorstehern haben mich 25 gewählt. Zwei von denen, die mich nicht gewählt hatten, sind mir nachher gute Freunde geworden. Eine davon war die Oberschwester der Klinik Hallerwiese, die mir zu einer mütterlichen Freundin wurde, gerade in der Zeit, als meine Mutter einige Male in der Klinik lag.

Der Dekan war mit dieser Entscheidung überhaupt nicht einverstanden. Zu einem Eklat kam es dann bei meiner Amtseinführung in der Gemeinde. Der Dekan hielt eine äußerst merkwürdige Ansprache vor der in großer Zahl erschienenen Gemeinde. Ich legte meiner Einführungspredigt das Wort aus dem Hebräerbrief zugrunde: Laßt uns aufsehen auf Jesus, den Anfänger und Vollender des Glaubens. Mit keinem Wort ging ich auf die seltsamen Bemerkungen des Dekans ein. Einer meiner Freunde aus der Allianz, Rudolf Diezel, damals Schatzmeister unserer Nürnberger Allianz, heute Pastor der Freien evangelischen Gemeinde in Bonn, sagte nachher zu mir: »Es war gut, daß du allein Christus bezeugt hast, damit hast du den Eindruck der Dekansrede völlig ausgewischt.« Aber der Dekan hatte damit noch nicht genug. Bei meiner Vorstellung vor der Gemeinde nach dem Gottesdienst im Rahmen einer kurzen Feier, bei der auch Vertreter der Stadt, der Schulen und des öffentlichen Lebens anwesend waren, machte er noch einmal einige Aussagen, die den Vertrauensmann unseres Kirchenvorstandes außerordentlich geärgert haben. Dr. Nüchterlein, dieser hervorragende Jurist, der nicht nur Oberlandesgerichtspräsident in Nürnberg war, sondern auch in vielen führenden juristischen Gremien mitarbeitete und der vor allem in der bayerischen Landessynode tätig war – er wurde dort der »Verfassungsvater« genannt, weil er die neue bayerische Kirchenverfassung entscheidend geprägt und gestaltet hatte – sagte dann nach der Rede des Dekans: »Herr Dekan, ich bin der Überzeugung, wir haben eine sehr gute Entscheidung getroffen.«

Nun also kam die Gemeindearbeit in Johannis mit vielen, vielen Bauaufgaben. Wir hatten zwar in Johannis zwei Kirchen, die Friedenskirche und

St. Johanniskirche (1377) auf dem St. Johannisfriedhof

die historische Johanniskirche auf dem berühmten Johannisfriedhof, auf dem viele bekannte Persönlichkeiten begraben liegen: Bischöfe und Künstler, Philosphen, Liederdichter; z.B. Albrecht Dürer oder Veit Stoß, Hans Sachs, Willibald Pirckheimer oder Lazarus Spengler, Landesbischof D. Meiser, auch der Philosoph Ludwig Feuerbach, der Maler Anselm Feuerbach, um nur wenige Namen zu nennen. Wir hatten aber in dieser großen Gemeinde kein Gemeindehaus. Wo sollten die Versammlungen der verschiedenen Kreise stattfinden, die ich aufzubauen gedachte? So ließ ich zunächst einige Nebenräume in der Friedenskirche ausbauen, um für Bibelstunde, Frauenkreis, Männerkreis, Jugendkreise entsprechende Räumlichkeiten zu haben. Das war natürlich nur ein Notbehelf. Ich dachte daran, ein Gemeindehaus an die Friedenskriche in Johannis anzubauen und konnte den Kirchenvorstand dafür gewinnen. Der Leiter des Liegenschaftsamtes der Stadt Nürnberg, Dr. Kreßel, ein Sohn meines Vorgängers, war im Kirchenvorstand und trieb tatkräftig die Planung für dieses Gemeindehaus mit voran. So konnten wir schließlich ein stattliches Gemeindehaus am Palmplatz einweihen. Landesbischof Hermann Dietzfelbinger hat die Festpredigt zur Einweihung gehalten.

Chor und Hauptaltar (Stilkreis Veit Stoß) der St. Johanniskirche

In dieser Zeit war auch die St. Johanniskirche gründlich zu renovieren angesichts des Albrecht-Dürer-Jahres 1971. Der 500. Geburtstag des berühmten Malers sollte groß gefeiert werden. Die Johanniskirche sollte so renoviert werden, daß ihre Innenausstattung mit vielen großartigen Kunstwerken wieder das Aussehen erhielt, das sie im 15. Jahrhundert hatte. Viele Sitzungen fanden mit dem Architekten, den Kirchenbauämtern und dem Landesamt für Denkmalspflege in München statt. Alte Stiche waren zu begutachten, um die Renovierung auch getreu dem historischen Vorbild durchzuführen.

Dazu kam die gründliche Erneuerung unseres Kindergartens. Ich hatte die Aufgabe, einen zweiten Kindergarten mit 120 Plätzen in der Nähe der Nürnberger Krankenanstalten zu bauen. Dieser Kindergarten sollte besonders für Kinder des Pflegepersonals am Krankenhaus eingerichtet werden. So war ich mit vielen Bauaufgaben eingedeckt. Daneben ging es natürlich auch um den inneren Aufbau der Gemeinde. Ich bin heute noch dankbar dafür, daß die Friedenskirche und die St. Johanniskirche fast an jedem Sonntag voll besetzt waren mit Menschen, die das Evangelium hören wollten. Daraus erwuchs eine große Bibelstunde. Wir hatten in der Gemeinde sechs Bibelstunden, ich hatte zwei davon, am Dienstagsnachmittag für die älteren Gemeindeglieder, am Abend für Berufstätige und jüngere Menschen. Mit großer Dankbarkeit darf ich sagen, daß zu den beiden Bibelstunden jede Woche zwischen zwei- und dreihundert Männer und Frauen kamen. Es war ein schönes Miteinander mit den Pfarramtsangestellten, dem Kirchenvorstand, der Gemeindehilfe und mit vielen anderen treuen Mitarbeitern in Nürnberg-St. Johannis.

Eine besondere Freude war es, das Dürer-Jubiläumsjahr mit zu gestalten. Auf dem St. Johannisfriedhof ist Albrecht Dürer begraben. Dürers Haus liegt hinter dem Tiergärtnertor innerhalb der Altstadt unterhalb der alten Kaiserburg, in St. Johannis hatte er seinen Garten. Dürer hatte mancherlei Beziehungen zu dieser Vorstadt, Motive aus St. Johannis wie etwa die Kleinweidenmühle hat er gemalt. Im Dürer-Jahr kamen dann auch Delegationen aus aller Welt, die das Dürergrab besuchen wollten. Der Pfarramtsführer von St. Johannis mußte diese Gruppen begrüßen und ihnen auch manches erläutern. Natürlich hat St. Johannis auch selber im Dürer-Jubiläumsjahr allerlei Veranstaltungen durchgeführt. So hat mein Vorgänger Dr. Hans Kreßel am Jubiläumstag eine Festpredigt in der Friedenskirche gehalten. Die Gemeinde hat am Grab Dürers einen kleinen Gedenkakt veranstaltet, bei dem ich die Ansprache hielt. Es war mir auch eine Freude, als der Vorstadtverein St. Johannis eine eigene Dürerfeier in der St. Johanniskirche abhielt und der Vorstand mich bat, bei dieser Feier den Festvortrag zu halten. Ich habe mich dieser Aufgabe gerne unterzogen, habe Dürers Leben noch einmal durchforscht, mich in einige seiner Bilder besonders hineinvertieft, vor allem in die »vier Apostel« oder in das Bild »Ritter

Chor der Friedenskirche mit dem Hauptaltar aus dem ehemaligen Augustinerkloster

zwischen Tod und Teufel«, und dann versucht, Dürer vor allem auch als Christenmenschen vor der großen Zuhörerschar lebendig werden zu lassen.

Ich war gerne in St. Johannis und gedachte auch, dort zu bleiben. Freilich war der Dienst auch mit einigen Schwierigkeiten verbunden. Es war die Zeit der Studentenrevolte. Auch in St. Johannis gab es einige Studenten, vor allem Theologiestudenten, die zur Kirchengemeinde gehörten, die mit meinem Kurs in der Gemeindearbeit nicht einverstanden waren. Ich versuchte mit diesen Leuten ins Gespräch zu kommen, aber es war schwer, sie

von meiner inneren Haltung der Bibel- und der Bekenntnistreue zu überzeugen. Am Heiligen Abend nach der Einweihung unseres Gemeindehau-
ses kam es zu einem kleinen Aufstand. In unserem Gemeindehaus sollten
nun auch allerlei weltliche Veranstaltungen, Faschings-und Tanzveranstal-
tungen, abgehalten werden, denen ich nicht zustimmen konnte. Ich war
gewissensmäßig gehalten, hier auch vor dem Kirchenvorstand ein eindeuti-
ges Nein zu sagen und stellte mich auf den Standpunkt: Wir haben dieses
Gemeindehaus eingeweiht unter der Losung: »An diesem Ort soll Gott
wohnen und seine Ehre großgemacht werden. Es soll ein Haus der Sammlung der Gemeinde sein, ein Haus, in dem das Wort Gottes verkündigt
wird.« Das heißt beileibe nicht, daß in diesem Haus nicht auch die Freude
wohnen dürfe, aber es könne nicht einfach zu politischen, zu weltlichen
und zu fragwürdigen Faschingsveranstaltungen mißbraucht werden. Die
Theologiestudenten nahmen das zum Anlaß, mir Engstirnigkeit vorzu-
werfen und verteilten unmittelbar vor dem großen Gottesdienst am Heiligen Abend 1970 vor der Kirche Flugblätter, auf denen sie mich der Intole-
ranz bezichtigten. Ich war dankbar dafür, daß ich den Christvesper-Got-
tesdienst um 17 Uhr ungestört halten konnte, und nicht im Gottesdienst
selber – wie es ja damals öfter vorkam – Störungsversuche unternommen
wurden. Die Gemeinde stand in überwältigender Mehrheit zu mir, so daß
dieser Studentenspuk nach einiger Zeit aufhörte.

Das Amt, das ich mir nicht gesucht habe

– Eine schwere Entscheidung –

Nun aber kam im Jahre 1970 der Präses des Gnadauer Verbandes, Pfarrer Hermann Haarbeck, der Direktor der Evangelistenschule Johanneum in Wuppertal-Barmen gewesen ist, auf mich zu und fragte mich, ob ich nicht sein Nachfolger als Vorsitzender des Gnadauer Verbandes werden könnte. Meine Antwort war natürlich zunächst: Nein. Ich war ja erst zwei Jahre in der Gemeinde und hatte versprochen, ihr treu zu bleiben, Nebenämter aufzugeben, um mich ihr ganz widmen zu können. Und nun plötzlich so ein schwerwiegender Ruf! Daß ich Hermann Haarbeck zunächst absagte, hatte seinen Grund auch darin, daß ich Gnadau kaum kannte. Als Pfarrer hielt ich zwar Gemeinschaftsstunden in Nürnberg und darüber hinaus und kannte etwas die Gemeinschaftskreise. Aber meine geistliche Heimat war der CVJM. Ich war Pietist, aber Gesamt-Gnadau über den Rahmen meiner engeren Heimat hinaus war mir nicht bekannt.

Hermann Haarbeck kannte mich von verschiedenen Begegnungen her. Wir waren miteinander auf der Tersteegen-Konferenz in Essen gewesen und gehörten seit einigen Jahren zum Hauptvorstand der Deutschen Evangelischen Allianz. Wir waren uns bei Allianzkonferenzen begegnet, gerade auch in Nürnberg. Ich hatte Hermann Haarbeck im Jahre 1968 als Hauptredner zur Nürnberger Allianzkonferenz geholt, bei der Europäischen Allianzkonferenz 1969 war er ebenfalls dabei. Nun hatte er mich als seinen »Kronprinzen« ausersehen. Er hielt es für gut, wenn ein jüngerer, in einer Landeskirche beheimateter Pfarrer gleichsam »von außen« nach Gnadau hineinkäme und nicht ein »Insider« die Führung des Gnadauer Verbandes übernehmen würde. Hermann Haarbeck war von schwerer Krankheit gezeichnet und spürte, daß er nicht mehr die Kraft hatte, das Amt des Präses wahrzunehmen. So war er entschlossen, seine Amtszeit nicht mehr über 1971 hinaus zu verlängern. Er hörte sich meine Einwände gegen eine Berufung nach Gnadau an. Dann nahm er Verbindung mit meinem Landesbischof auf. Im Laufe des Jahres 1970 lud Hermann Dietzfelbinger Hermann Haarbeck und mich nach München zu einem Gespräch ein. Hermann Dietzfelbinger wollte unbedingt, daß ich Gemeindepfarrer in Nürnberg bleiben sollte. Was er mir damals in Gegenwart von Hermann Haarbeck gesagt hat, möchte ich an dieser Stelle nicht weitergeben, weil es mir von manchen böswilligen Leuten als Hochmut ausgelegt werden könnte. Dietzfelbinger fragte, ob ich mir vorstellen könnte, die Gemeindearbeit mit dem Vorsitz in Gnadau zu vereinigen. Ich hatte meine Bedenken dagegen, denn auch ich war bereits gesundheitlich angeschlagen. Ich sah die vielen, vielen Aufgaben in der Gemeindearbeit. Daneben hatte ich noch eine reiche Seelsorge, die weit über die Grenzen der Gemeinde hinausging und viel Zeit in Anspruch nahm. Diese Seelsorge – vor allem an seelisch gestörten und kranken Menschen – ist mir gleichsam als Vermächtnis meines väterlichen Freundes Hermann Galsterer übergeben worden. In den Jahren 59/60 habe ich selber eine harte psychische Krise mitgemacht und mich in dieser Zeit mit psychischen Störungen und Erkrankungen besonders befaßt. Menschen spürten das vielleicht aufgrund meiner Verkündigung und kamen nun in meine Sprechstunde. So war ich auch in der Seelsorge stark gefordert. Und wer etwas vom seelsorgerlichen Umgang mit psychisch gestörten oder kranken Menschen weiß, der weiß auch, daß gerade diese seelsorgerlichen Gespräche unendlich viel Zeit und Kraft erfordern.

Und nun auf der anderen Seite Gnadau! Ich wußte nicht, was in Gnadau auf mich zukommen würde. Hermann Haarbeck hat damals sicher die Aufgaben etwas heruntergespielt, um mich zu gewinnen. Zwar war ich damals schon der Überzeugung, daß man sich im Grunde nur einer Aufgabe ganz hingeben und verschreiben kann und sich nicht in tausend Aktivitäten da und dort zerreißen soll. Daß ich diesem Grundsatz, auch als Gemeindepfarrer, nicht treu geblieben bin, gehört mit zu den tragischen Verstrickungen des Lebens, denn die vielen Nebenämter haben auch viel Zeit und Kraft in Anspruch genommen. – So stand ich nun vor der Wahl, Gemeindepfarrer zu bleiben oder den Vorsitz in Gnadau zu übernehmen. Dietzfelbinger bedrängte mich nicht, aber Hermann Haarbeck bat mich inständig, mich doch im Jahre 1971 bei der Mitgliederversammlung des Gnadauer Verbandes, die im Johanneum stattfinden sollte, zur Wahl zu stellen. Meine Mutter war völlig gegen die Übernahme eines neuen Amtes. Als ich sie über die Verhandlungen informierte, bedrängte sie mich ihrerseits, doch »nur« Gemeindepfarrer zu bleiben und keine weiteren Aufgaben zu übernehmen. Auch sie erinnerte mich an mein Versprechen dem Kirchenvorstand gegenüber und machte mir die Aufgaben in der Gemeinde wichtig und groß. »Du mußt für die Menschen hier in Johannis da sein und für die vielen, die dich in der Seelsorge aufsuchen und dich brauchen. Du darfst nicht wieder, wie früher, so viel durchs Land reisen.« Freilich, in meiner früheren Zeit als Gemeindepfarrer war ich im wesentlichen zu Evangelisationen und Bibelwochen unterwegs an Orten im Raum der bayerischen Landeskirche. Über die Grenzen Bayerns kam ich relativ selten hinaus, es sei denn zu den Allianz-Hauptvorstandssitzungen, ab und zu zur Tersteegen-Konferenz in Essen oder zu CVJM-Treffen im Bundesgebiet. Als Vorsitzender Gnadaus würde ich in der ganzen Bundesrepublik und darüber hinaus unterwegs sein müssen. Meine Mutter warnte mich, auch im Blick auf meine gesundheitliche Situation und im Blick auf die Gemeindesituation. Sie sagte: »Ich wäre todunglücklich, wenn du dieses Amt annehmen würdest.«

Ich war meiner Mutter nicht sklavisch ergeben. Oft waren wir verschiedener Meinung, aber ich habe auf ihr Wort gerne gehört, denn sie war meine treueste Ratgeberin bis zu dem Tag, da sie nicht mehr sprechen konnte. So war für mich die Situation außerordentlich schwierig. Ich stand zwischen Gemeinde und Gnadau. Die Mitgliederversammlung 1971 im Johanneum rückte heran. Haarbeck rechnete fest mit meinem Kommen. Ich zweifelte. In den letzten Tagen vor der Mitgliederversammlung, die jedes Jahr in der zweiten vollen Februarwoche stattfindet, beschloß ich, nicht nach Wuppertal zu fahren und mich nicht zur Wahl zu stellen. Drei oder vier Tage vor der Mitgliederversammlung rief mich mein Freund Paul Deitenbeck an. Ich habe diesen Mann als ein Original Gottes kennengelernt, im Hauptvorstand der Allianz, auch bei verschiedenen Konferenzen und anderen Gelegenheiten. Paul Deitenbeck hatte natürlich auch davon gehört, daß ich mich zur Wahl als Präses stellen sollte, und er bejahte das voll und ganz. Er kannte Gnadau und meinte, ich wäre dafür der richtige Mann. Ich war davon überhaupt nicht überzeugt. Er sagte damals am Telefon:

»Kurt, du mußt zur Mitgliederversammlung fahren. Ich beschwöre dich, fahre hin. Wenn du nicht Präses werden sollst, dann wirst du auch nicht gewählt werden. Wenn Gott will, daß du Präses des Gnadauer Verbandes wirst, dann wirst du gewählt und dann darfst du dich dieser Berufung nicht entziehen.« Es gab dann noch ein längeres Gespräch am Telefon über diese Frage. Paul Deitenbeck legte mich einfach fest. Als ich mich von meiner Mutter verabschiedete, um nach Wuppertal zu fahren, sagte sie zu mir: »Aber daß du mir ja nicht als Präses dieses Verbandes zurückkommst!« Die Sitzung war spannend. Ich kannte kaum jemand in diesem Kreis. Nun saßen da die Väter Gnadaus, strenge Gesichter, gütige Gesichter: An der Stirnseite des Tisches saß der Inspektor des Schleswig-Holsteinischen Verbandes, Alfred Korthals. Als ich ihn anschaute, ist mir fast das Herz in die Hosentasche gefallen. Was muß das für ein gestrenger Herr sein! Seine Blicke schienen mich zu durchbohren. Wie habe ich mich in diesem Mann getäuscht! In den Jahren danach ist er mir ein väterlicher Freund geworden. Heute lebt er im Ruhestand in Kiel. Ab und zu schreibt er mir einen seelsorgerlichen Brief. Ich habe mir alle diese Briefe aufgehoben. Sie machen Mut zum Glauben und Mut zum Dienst, sie sind wegweisend. Ich kann an diesen Mann, vor dem ich damals Angst hatte, nur in großer Dankbarkeit denken. Dann war da Rektor Jakob Schmitt aus dem Siegerland, ein Mann von über ein Meter neunzig Größe. Wenn er das Wort nahm, war es immer gefüllt mit geistlichem Gehalt. Er war ein echter »Schriftgelehrter« im Reiche Gottes. Oder da saß Oskar Thümmich aus Berlin. Eine in jeder Hinsicht gewichtige Gestalt – er war schon so gekleidet, daß man ihm den Generaldirektor von außen ansah. In seiner Wortwahl sehr zurückhaltend, aber in seinen Reden sehr bestimmend. Er war wohl von seinem Beruf her gewohnt, apodiktisch und eindeutig zu reden, so daß man in Abwandlung eines bekannten Wortes sagen konnte: »Thümmich locutus, causa finita«. Ich denke an Väter wie den gütigen Vorsitzenden des altpietistischen Gemeinschaftsverbandes, Pfarrer Imanuel Grözinger, den ich vor mir sehe, und viele andere. Die Mitgliederversammlung 1971 war außerordentlich gut besucht. Es ging ja um die Neuwahl des Präses. Jeder Verband, der zu Gnadau gehörte, war vertreten.

Für die Wahl waren drei Kandidaten vorgeschlagen: Johannes Berewinkel, der Nachfolger Haarbecks als Direktor des Johanneums war, Missionsdirektor Pfarrer Lienhard Pflaum aus Bad Liebenzell und ich. Einige meiner bayerischen Freunde hatten sich vor der Wahl gegen mich ausgesprochen. Der Inspektor des bayerischen Verbandes meinte, ich wäre nicht geeignet, denn ich hätte wohl auch nicht die theologische Qualität für dieses Amt, wie sie meine Vorgänger, besonders Walter Michaelis und Hermann Haarbeck, gehabt hätten. Der Inspektor hat später bei mir Abbitte getan. Unserer Freundschaft hat das bis heute keinen Abbruch getan. Ich schätze ihn.

Die drei Kandidaten mußten sich vor der Wahl einzeln der Mitgliederversammlung vorstellen und aus ihrem Leben und Dienst berichten. Berewinkel und Pflaum konnten das in einer großartigen Weise. Sie waren ja schon länger in der Mitgliederversammlung und kannten die Brüder. Ich habe wahrscheinlich in meinem ganzen Leben keine so kümmerliche Vorstellung gegeben wie in jener Stunde. Aufgeregt dachte ich die ganze Zeit: Hoffentlich bekommst du nicht im nächsten Augenblick einen Herzinfarkt. Mein Herz schmerzte. Ich stotterte, meine Worte kamen nicht fließend heraus. Ich konnte auch nur ganz wenig sagen. So schloß ich meine Vorstellung schließlich ab und dachte: Deine kümmerliche Vorstellung hat nun wahrscheinlich endgültig die gesamte Mitgliederversammlung davon überzeugt, daß du der ungeeignetste Kandidat bist. Eine Pause wurde eingelegt, ich verließ das Johanneum und ging im Nordpark, einem wunderschönen Gelände, das sich hinter dem Johanneum erstreckt, ein paar Minuten spazieren, um mich wieder zu beruhigen und Sauerstoff zu tanken. Da kamen zwei ältere Brüder hinter mir her. Es waren die Vertreter der Süddeutschen Vereinigung: der wackere, großartige Inspektor Georg Müller und Johann Tittelmeier. Der eine hakte sich auf der einen Seite, der andere auf der anderen Seite bei mir unter, dann sagten sie zu mir, obwohl sie mich nicht persönlich kannten: »Bruder Heimbucher, stelle dich zur Wahl! Ziehe ja nicht zurück!« Nun mußten wir wieder zurück ins Johanneum. Die drei Kandidaten wurden in einen Nebenraum gebeten, weil noch einmal vor der Wahl über sie gesprochen werden sollte. Pflaum, Berewinkel und ich hatten in einem kleinen Bibliotheksraum ein sehr brüderliches Gespräch miteinander. Ich sagte zu den beiden anderen: »Liebe Brüder, ich werde nachher im Plenum meine Kandidatur zurückziehen, ich halte mich für völlig ungeeignet.« Daß ich vor diesen gestandenen Männern und Brüdern Angst hatte, habe ich damals nicht zum Ausdruck gebracht. Ich sagte aber noch: »Die Wahlhandlung wird vereinfacht, wenn nur zwischen zwei gewählt werden muß; ich ziehe zurück.« Folgender Wahlmodus war vereinbart: Die drei Kandidaten standen auf der Liste, jeder konnte einem seine Stimme geben. Im ersten Wahlgang scheiterte der, der die wenigsten Stimmen bekam. Dann sollte in einem zweiten Wahlgang zwischen den beiden anderen gewählt werden und derjenige Präses werden, der die Mehrheit der Stimmen erhielt. Schließlich wurden wir drei wieder ins Plenum gerufen. Wir wurden noch einmal gefragt, ob wir uns auch zur Wahl stellen würden. Berewinkel bejahte, Pflaum bejahte. Die Frage wurde an mich gerichtet. Ich sagte: »Liebe Herren und Brüder, wir hatten jetzt ein eingehendes brüderliches Gespräch. Ich habe mich entschlossen, meine Kandidatur zurückzuziehen. Das hat zwei Gründe; 1. ich halte mich für das Amt nicht geeignet und 2., ich möchte die Wahlhandlung vereinfachen.« Diese kurze Erklärung schlug wie eine Bombe ein. Sofort erhob sich Hermann Haarbeck. Er hielt eine etwa zehnminütige Ansprache, die nur an mich gerichtet war. Ich dachte, ich müßte in diesen Minuten in den Erdboden versinken. Er führte u.a. aus: »Wir haben nun viele Gespräche miteinander gehabt, wir haben uns hier geeinigt, dich als Kandidaten auf die Liste zu setzen. Du hattest zunächst ein Ja. Willst du nun Gott ausweichen? Willst du der Entscheidung der Brüder ausweichen? Willst du einen eigenen Weg gehen?« Ich weiß nur noch, daß jeder Satz Haarbecks wie ein Hammerschlag bei mir eingeschlagen hat.

Entgegen meiner Gepflogenheit habe ich nach seiner Rede etwas getan, was ich sonst selten tue. Als er seine Rede mit den Worten abschloß: »Willst du nun die Rücknahme deiner Kandidatur aufheben und dich zur Wahl stellen im Gehorsam gegen Gott und uns, die Brüder?«, konnte ich nicht anders, ich mußte ja sagen. Es fiel mir unendlich schwer. Ob es richtig gewesen ist, dieses Ja zu sagen, darüber habe ich auf meinem bisherigen Gnadauer Weg immer wieder nachgedacht.

Die Wahlhandlung begann: Oskar Thümmich war Wahlleiter - geheime Wahl - dann die Stimmenauszählung: Bruder Pflaum und ich hatten je

18 Stimmen, Bruder Berewinkel 13. Zwischen Pflaum und mir mußte der zweite Wahlgang stattfinden. Mir war nun schlagartig klar – denn so viel hatte ich in wenigen Stunden in Gnadau begriffen –, daß die Wahl auf mich fallen würde, daß die, die Johannes Berewinkel gewählt hatten, wahrscheinlich nicht Lienhard Pflaum wählen würden. Es ging damals ein Riß durch Gnadau, der bestimmte norddeutsche Verbände von bestimmten süddeutschen Verbänden zwar nicht trennte, aber doch eine gewisse Distanz hatte eintreten lassen. Vielleicht war es auch eine Distanz, die sich zwischen dem »alten« Pietismus, der sich in verschiedenen Verbänden Gnadaus dokumentiert, und dem Neupietismus, der in Gnadau ebenfalls stark vertreten ist, ergeben hat. Und so kam es dann auch: Ich bekam im zweiten Wahlgang die Mehrheit der Stimmen und war damit als Präses gewählt. Nach der Bekanntgabe des Wahlergebnisses, nachdem ich mein Ja gegeben hatte, bat ich beten zu dürfen. Das war mir das wichtigste und erste Anliegen nach meiner Wahl, jetzt meinen Herrn anzurufen und ihm dieses neue Amt und diesen neuen Weg anzubefehlen, ihm auch die beiden Brüder anzubefehlen, die ja auch mit der Wahl gerechnet hatten, und alle Brüder, die in der Mitgliederversammlung beisammen waren. Nach diesem Gebet wurden mir dann die Glückwünsche ausgesprochen und Gottes Segen für diese Aufgabe gewünscht. Ich möchte an der Stelle noch anmerken: Dieses Amt in Gnadau habe ich mir nicht gesucht, die Entscheidung dafür ist mir sehr schwer gefallen, an ihr habe ich über Jahre hinweg ungeheuer schwer getragen. Ich werde das später noch zu berichten haben. Als ich meine Wahl dem Landeskirchenrat in München mitteilte, erhielt ich von dem Stellvertreter des Bischofs, der zugleich Personalreferent war, folgenden umseitigen Brief.

Es ist in meinem Leben so gewesen, daß ich drei Dienstplätze hatte, die ich nicht wollte. Und alle Dienstplätze in der Gemeinde Jesu, die ich heimlich wollte, für die ich mich geeignet hielt, habe ich nie bekommen. So macht das Gott. Ich wollte nie als Vikar nach Nürnberg-Lichtenhof. Die Gründe dafür habe ich in früheren Kapiteln geschildert. Ich wollte auch nicht als Pfarrer nach St. Johannis. Die Arbeit dort war mir zu groß. Ich wollte auch nicht Präses des Gnadauer Verbandes werden. Immer bin ich auf Dienstplätze geführt worden, vor denen ich Angst hatte, Dienstplätze,

Evang.=Luth. Landeskirchenrat

8 München 37, Postfach

Mellerstraße 13

Fernsprecher 5 59 51
Ortskennzahl 08 11
Telex 52 96 74

2. April 1971

Aktenzeichen ....

(Bei Antworten bitte angeben)

Herrn
Pfarrer Kurt Heimbucher

85 N ü r n b e r g

Am Johannisfriedhof 32

Sehr geehrter, lieber Amtsbruder!

Herr Landesbischof hat mir Ihren an ihn gerichteten Brief
vom 19.Februar zur Kenntnis gegeben. Mit seinem Einverständnis
möchte ich Ihnen dazu sagen, daß wir uns über Ihre Wahl zum
Präses des Gnadauer Verbandes sehr gefreut haben. Wir halten es
für eine gute und wichtige Sache, daß Ihnen diese Aufgabe über-
tragen wurde und werden deshalb Sie nach Möglichkeit bei der
Wahrnehmung dieser Aufgabe unterstützen. Auch für den Gnadauer
Verband ist es sicher hilfreich, wenn an seiner Spitze ein Mann
steht, der den Rückhalt einer im Bekenntnis fester gegründeten
Kirche hat. Wir meinen deshalb, daß Sie die Ihnen übertragene
Aufgabe guten Gewissens und freudig übernehmen dürfen. Aller-
dings müßten wir auch Wert darauf legen, daß die Ihnen vom
Gnadauer Verband zugesagten Hilfen gegeben werden, damit durch
Ihre Überbeanspruchung die Ihnen anvertraute Gemeinde nicht Scha-
den leidet.

Mit guten Wünschen für Ihren Dienst, insbesondere für die
bevorstehende Karwoche und das Osterfest, grüßt Sie amtsbrüder-
lich

Ihr

(Riedel)

118

bei denen ich immer der Überzeugung war: Den Aufgaben, die dort auf dich zukommen, bist du nicht gewachsen. Mit Johannes Berewinkel und Lienhard Pflaum verbindet mich seit dem Jahre 1971 eine innige Freundschaft. Ich habe das großartig gefunden, wie diese beiden Männer die Wahlniederlage (wenn man in geistlichen Gremien überhaupt so sprechen darf) innerlich verkraftet haben. Sie sind seit 1971 im Gnadauer Vorstand zusammen mit mir tätig. Es hat mit den beiden Brüdern im Laufe dieser Jahre nie eine Trübung des persönlichen Verhältnisses gegeben. Wir konnten uns immer in brüderlicher Offenheit und Wahrhaftigkeit begegnen und haben gemeinsam und mit den andern zusammen den Weg Gnadaus durch die Zeit gesucht. Ich möchte an der Stelle diesen beiden Brüdern für ihre geistliche Haltung, die sie damals und bis heute an der Tag gelegt haben, von ganzem Herzen danken.

Bis heute bin ich darüber erstaunt, daß die Mitgliederversammlung damals – vor allem diese gereiften geistlichen Väter, von denen ich einige nannte, dabei könnte ich ja noch mehr nennen, z.B. Fritz Hubmer vom Württembergischen Brüderbund oder Paul Schwidurski aus Niedersachsen, Hans-Jochen Grundke oder Emanuel Scholz – mir als dem Unbekannten das Vertrauen gegeben hat. Vor der Wahl im Jahre 1971 waren unter den Mitgliedern dieses Gremiums viele Gespräche über den Nachfolger Haarbecks geführt worden. Da gab es z.T. auch kuriose Dinge: Einer der prägenden Männer der Mitgliederversammlung, ein Preuße von echtem Schrot und Korn, war Konsistorialrat Gustav Winner, der vor der deutschen Niederlage 1945 in dem großen Diakonissenhaus »Kinderheil« in Pommern tätig war und in der ostdeutschen Gemeinschaftsbewegung eine große Rolle spielte. Er war jetzt eine der prägenden, dickköpfigen Gestalten im Gnadauer Bereich in der Bundesrepublik Deutschland. Man erzählt sich vom ihm folgende Geschichte: Als die Gespräche über die Nachfolge Haarbecks in der Mitgliederversammlung lebendig hin und her gingen, wurde natürlich auch »Politik« gemacht. Die Mitgliederversammlung 1970 fand in Bad Harzburg statt, wo Winner auch wohnte. Er rief immer wieder Brüder aus der Mitgliederversammlung in sein Zimmer, um mit ihnen über den künftigen Präses zu sprechen. Dabei wurden natürlich auch bestimmte Namen gehandelt. Der meine war nicht dabei, denn Winner kannte mich damals gar nicht. Und so bat er auch den Schatzmeister Erich Selzer und den Architekten und Baumeister Helmut Wauschkuhn zu einem vertraulichen Gespräch. Beiden saß der Schalk im Nacken. Sie waren fröhliche Leute. Wauschkuhn und Winner hatten viel in »Kinderheil« zusammengearbeitet, sie kannten sich durch und durch. Als sie zu dreien im Zimmer saßen, tat Helmut Wauschkuhn so, als würde er mit seiner Hand etwas unter dem Tisch befestigen. Als das Gespräch beendet war, sagte Wauschkuhn: »Was du uns jetzt erzählt hast, lieber Gustav, das haben wir alles aufgenommen; wir haben nämlich eine ›Wanze‹ unter deinem Tisch angebracht, und wir werden nachher deine diplomatischen Schachzüge der Mitgliederversammlung vorspielen.« Winner fiel schier in Ohnmacht. Händeringend bat er die beiden Brüder, das doch ja nicht zu tun. Und er würde auch sofort seine Privatgespräche einstellen und nicht weiter diplomatisch taktieren, sie sollten ihm nur in die Hand versprechen, daß sie diese »Aufnahme« nicht ablaufen lassen. Natürlich hatte Helmut Wauschkuhn keine »Wanze« angebracht. Aber Gustav Winner war kuriert, und dieser Strang der »Geheimdiplomatie« war jedenfalls gekappt.

Es war wohl auch das Vertrauen der Mitgliederversammlung zu Hermann Haarbeck, daß ich gewählt wurde. Manche Brüder werden gesagt haben: »Wir wollen dem schwerkranken Haarbeck seinen Wunsch erfüllen«, und manche werden gesagt haben: »Wenn Haarbeck Heimbucher vorschlägt, dann wird das nicht der allerschlechteste Vorschlag sein.« So also wurde ich Präses in Gnadau.

Nach der Wahl habe ich dann die Mitgliederversammlung verlassen. Ich bat Hermann Haarbeck zuvor, diese Mitgliederversammlung noch zu leiten, in der Gemeinde gab es genug zu tun: Ich hatte am gleichen Tag abends noch Konfirmandenunterricht zu halten, am darauffolgenden Tag standen einige Beerdigungen an. Am Wochenende war ich zum Predigtdienst eingeteilt.

Eines ist mir bei der Erinnerung an diese Wahl besonders wichtig: Es gab danach in der Mitgliederversammlung keine Vorbehalte gegen mich. Auch nicht bei denen, die mich nicht gewählt hatten. Ich möchte das an einer kleinen Begebenheit verdeutlichen. Der von mir sehr geschätzte Diakonissenpfarrer Hans-Jochen Grundke aus Bad Gandersheim schrieb mir nach der Wahl einen Brief. Da hieß es: »Ich habe Sie nicht gewählt, aber nun sind Sie gewählt. Sie sind nun der Präses des Gnadauer Verbandes. Sie sollen wissen, daß ich ganz hinter Ihnen stehe, und daß Sie jederzeit und in allen Dingen mit mir rechnen können.« Solche Stimmen gab es mehr. Das war eine Ermutigung, den Weg zu gehen, auf den ich nun gewiesen worden bin.

Nun kam ich nach Nürnberg zurück. Ich konnte die Wahl ja nicht als Geheimnis für mich behalten. Paul Deitenbeck war begeistert, als er davon erfuhr; meine Mutter war zutiefst erschüttert. Sie hatte wohl jetzt schon eine Ahnung, was auf mich zukommen würde. Sie ahnte wohl auch, daß sie bald nicht mehr Mutter einer Gemeinde sein würde, was sie so gerne gewesen ist, sondern abseits vom Gemeindeleben ein doch relativ einsames Leben führen würde, wie es ja dann auch gekommen ist. Meine Mutter ist immer ein außerordentlich kontaktfreudiger Mensch gewesen. Sie brauchte Menschen um sich, sie suchte das Gespräch mit Menschen. Leider war sie in diesen Gesprächen oft zu offen. Manches Mal habe ich zu ihr gesagt: »Mutter, du trägst dein Herz auf der Zunge.« Aber so war sie eben. Man wußte, wie man mit ihr dran war. Sie war für die Gemeinde da. Sie machte Besuche und lud Gemeindeglieder ins Pfarrhaus ein. Nichts ist ihr zuviel gewesen. Sie brauchte den Austausch mit Menschen. Ein Leben des Alleinseins konnte sie sich schwer vorstellen.

Natürlich war auch große Betroffenheit bei meinem Kirchenvorstand in Nürnberg-St. Johannis. Die Brüder und Schwestern des Kirchenvorstandes respektierten meine Entscheidung, aber sie begrüßten sie im letzten Grunde nicht. Sie wußten, daß dieses neue Amt viel Kraft und Zeit erfordern würde. In den Kirchenvorstehern in Nürnberg-St. Johannis habe ich in den drei Jahren, in denen ich beide Ämter, Pfarramtsführer und Gnadauer Präses, nebeneinander bekleidete, immer eine große Unterstützung gefunden. Ich denke an Dr. Nüchterlein, der mir immer mit Rat und Tat zur Seite stand, obwohl er selber über Mangel an Arbeit nicht klagen konnte. Manches Mal bin ich in seinem Dienstzimmer im Justizpalast in Nürnberg gewesen. Wir haben Kirchenvorstandsitzungen und Gemeindefragen vorbesprochen. Ich denke an Fritz Farnbacher, einen hohen Beamten in der Justizverwaltung, den ich schon lange vom CVJM her kannte, der mir immer ein getreuer Weggenosse war, in dessen Haus ich immer Heimat hatte. Ich denke an Leni Müller, die leitende Schwester in der Klinik Hallerwiese, die mir zur Seite stand. Ich denke an Dr. Kreßel, der mir als Baufachmann sehr viel abgenommen hat, und so könnte ich einen nach dem anderen aus dem Kirchenvorstand aufzählen. Besonders muß ich an der Stelle auch einige Brüder erwähnen, ohne deren Einsatz ich den Dienst in Gnadau nicht drei Jahre neben der Gemeinde hätte tun können. Das waren vor allem Pfarrer Wolfgang Scheunemann und Pfarrer Adolf Pfeiffer. Ich denke an sie in großer Ehrerbietung, besonders an Adolf Pfeiffer. Dieser Mann ist die Treue in Person gewesen. Er war der älteste in unserem Pfarrerkreis. Wir waren zunächst vier, dann fünf Pfarrer und zwei Vikare. Die beiden Krankenhauspfarrer gehörten auch zu unserem Kreis. Adolf Pfeiffer war die Seele unseres Kreises. Er konnte ausgleichen. Ich übertrug ihm die Aufgabe, die Gottesdiensteinteilung vorzunehmen. Die Amtsbrüder mußten alle Rücksicht auf mich nehmen, weil ich oft an Sonntagen zu Konferenzen und Tagungen unterwegs gewesen bin und dann nicht im Turnus eingeteilt werden konnte. Amtshandlungen mußten für mich übernommen werden, vor allem viele, viele Beerdigungen. In St. Johannis hatte ich Hunderte von Beerdigungen zu halten. Es gehörte mit zu den Aufgaben des ersten Pfarrers, daß er im Turnus mit dem zweiten Pfarrer die Kremationsfeiern auf dem Westfriedhof zu halten hatte. Wegen des großen Einzugsbereichs waren pro Woche oft bis zu 20 Einäscherungsfeiern zu halten. Manchen Vormittag verbrachte ich ausschließlich mit diesen Diensten. Daß die Amtsbrüder hier immer wieder eingesprungen sind, danke ich ihnen, sonst hätte ich den Dienst in Gnadau überhaupt nicht übernehmen können. Scheunemann und Pfeiffer haben das ohne Murren getan. Ich denke aber auch an Wolfgang Menke und Helmut Weidinger, an Alfred Gloßner und Matthias Oursin, die Vertretungen übernahmen, wenn ich nicht in der Gemeinde sein konnte.

Präses des Gnadauer Verbandes

Es galt nun, sich im Gnadauer Verband einzuarbeiten. Das geschah vor allem dadurch, daß ich viele Gespräche mit Hermann Haarbeck, meinem Vorgänger, und dem damaligen Gnadauer Generalsekretär, Heinrich Uloth, führte. Auch mit anderen leitenden Brüdern aus verschiedenen Verbänden und Werken führte ich Gespräche, um mich über den Weg, die Aufgaben und die Aufträge Gnadaus zu informieren. Daneben las ich Schriften und Bücher über die Geschichte Gnadaus. In relativ kurzer Zeit hatte ich mir eine gewisse Kenntnis über die Geschichte Gnadaus und einen Überblick über den gegenwärtigen Stand der Arbeit in den verschiedenen Bereichen verschafft. Aber auf Grund dieser Kenntnisse wuchs in mir auch immer mehr der Gedanke, daß in Gnadau unendlich viele Aufgaben anzupacken sind. Zeitweise überkam mich der Gedanke, ob die Gnadauer Gemeinschaftsbewegung nicht eine auslaufende Bewegung sei, d.h. ob ihre Zeit von Gott her gesehen nicht vorüber sei. Die Gnadauer Bewegung also eine sterbende Bewegung? Ich wollte mich nicht an die Spitze einer Bewegung stellen, mit der es bergab ging. Nun aber merkte ich, daß in den verschiedenen Gnadauer Verbänden und Werken doch ein reges geistliches Leben vorhanden war, daß trotz mancher lokaler Ausnahmen auf's Ganze gesehen keine Alters- und Verkrustungserscheinungen vorhanden waren. Ich hielt es für wert, mich dieser Bewegung hinzugeben, die neuen Herausforderungen zu sehen und anzupacken. Das brachte mich in ein Dilemma mit der Gemeindearbeit. Ich konnte nicht hundertprozentig Gemeindepfarrer und hundertprozentig Gnadauer Präses sein. Das geht über eines Menschen Kraft. So überlegte ich mir eines Tages: »Welchen Weg willst du zukünftig weiter gehen. Ziehst du dich in die Gemeinde zurück oder gehst du ganz nach Gnadau?« Das waren zunächst nur Gedanken, die mich ganz persönlich beschäftigten. Ich teilte meinem Landesbischof mit, in welch einer Klemme ich mich befand. Schließlich schrieb ich im Jahre 1973 dem Gnadauer Vorstand einen Brief, daß es mir nicht möglich sei, die Doppelbelastung eines Gemeindepfarramtes in der Großstadt und des Gnadauer Vorsitzes weiter durchzuhalten. Bei meinen Vorgängern war das ja anders.

Der Reichsgraf von Pückler war ein freier Mann, Theodor Haarbeck war theologischer Lehrer und konnte auch weitgehend über seine Zeit verfügen. Walter Michaelis ging frühzeitig in den Ruhestand aus der Gemeindearbeit heraus und war dann ganz für Gnadau tätig, und mein Vorgänger Hermann Haarbeck hatte als Direktor des Johanneums auch die Möglichkeit, größere Freiräume zu haben, denn er konnte seinen Unterricht gelegentlich ausfallen lassen oder mit anderen Lehrkräften tauschen. Ich war der erste Gnadauer Präses, der als Gemeindepfarrer fest in einer Großstadtarbeit engagiert war. So teilte ich dem Gnadauer Vorstand mit, daß ich mich wieder in die Gemeinde zurückziehen wolle, daß ich die Doppelbelastung nicht aushalte und das Amt nicht weiterführen könne. Zu meinem großen Erstaunen bat mich die Mitgliederversammlung, die im Jahre 1973 in Bad Gandersheim tagte, hauptamtlich den Dienst in Gnadau zu übernehmen. Ich erbat mir Bedenkzeit, denn mir war bewußt, was das für mich und nicht zuletzt auch für meine Mutter bedeutete. Hermann Dietzfelbinger sagte in jener Situation zu mir: »Gehen Sie nicht aus der Gemeinde, denn Sie brauchen unbedingt ein Nest.« Er wollte damit zum Ausdruck bringen, ich sei ein Mensch, der eine geistliche Heimat brauche, der umgeben sein müsse von Brüdern und Schwestern und in einer ganz konkreten Umgebung und Gemeinde beheimatet sein müsse. Hermann Dietzfelbinger hatte mit dieser Feststellung im Grunde genommen recht gehabt. Er kannte mich vielleicht an manchen Stellen besser als ich mich selber. Ich habe mir dann ein Jahr Zeit gelassen, meine Entscheidung zu treffen. Erst als die Mitgliederversammlung im Februar 1974, in Wildberg im Schwarzwald tagend, mich noch einmal einstimmig zum hauptamtlichen Dienst berief, habe ich meine Zusage gegeben und die Gemeindearbeit verlassen, um fortan hauptamtlich im Gnadauer Verband meinen Dienst zu tun. Das hatte natürlich einige Folgen. Als Gemeindepfarrer hatte ich meine Dienstwohnung, mein eigenes Pfarrhaus. Wir mußten uns nun ein neues Zuhause suchen. Es war mir aber eine Bestätigung, daß Gott diesen Weg in den hauptamtlichen Dienst Gnadaus wollte, da genau zu dieser Zeit, als wir die neue Wohnung brauchten, uns ein Einfamilienhaus im Norden Nürnbergs, in der Peter-Ulsch-Straße, in ruhiger Lage direkt am großen Park des Marienberges, zur Miete angeboten wurde.

Meine Mutter und ich sind in dieses Haus, das wir als Geschenk aus Gottes Hand genommen haben, im Jahre 1974 eingezogen.

Ein Problem im Blick auf meinen hauptamtlichen Dienst in Gnadau bestand insofern, als Gnadau finanziell sehr schwach gestellt war. So war zunächst die Frage, wie ein hauptamtlicher Präses bezahlt werden konnte. Praktisch bestand der Etat des Gnadauer Verbandes nur aus den sehr kleinen Beiträgen, die die Mitgliedsverbände leisteten. Das waren nicht einmal 20 000 DM im Jahr. Davon konnte man natürlich keinen hauptamtlichen Mitarbeiter bezahlen. Die Mitgliedsverbände haben sich entschlossen, ihre Beiträge entsprechend zu erhöhen, und durch die vielen Dienste im Lande, für die ich ja nun zur Verfügung stand, war es dann doch möglich, das Präsesgehalt aufzubringen.

Ich habe in diesen ersten Jahren meiner Gnadauer Zeit Einladungen zu vielerlei Diensten erhalten: Evangelisationen und Bibelwochen, Konferenzen und Jahresfeste, Mitarbeitertagungen und Predigerrüsten. Mein Terminkalender war randvoll. Ich war gerade auch in den ersten Jahren meines hauptamtlichen Dienstes fast ununterbrochen unterwegs. Das hatte zur Folge, daß meine Mutter einmal die schmerzliche Bemerkung mir gegenüber machte: »Du läßt mich ständig allein, du wirst sehen, du kommst einmal nach Hause und ich lebe nicht mehr.«

Im Jahre 1971 hatte ich die erste Gnadauer Pfingstkonferenz in Frankfurt zu leiten. Die Pfingstkonferenz ist neben der Mitgliederversammlung die Hauptveranstaltung des Gnadauer Verbandes. Ich wollte schon in den Jahren vor meiner Berufung einmal zu dieser Pfingstkonferenz nach Frankfurt fahren. Das war aber immer daran gescheitert, daß ich in der Woche nach Pfingsten eine Freizeit für junge Menschen hielt. So kam ich 1971 zur ersten Gnadauer Pfingstkonferenz, die ich nun auch zugleich zu leiten hatte. Es war schon etwas merkwürdig: Niemand war da, der mich begrüßte oder einführte. Ich bin eigentlich nie in das Amt des Präses offiziell eingeführt worden. Hermann Haarbeck war zu dieser Zeit zu Diensten in Bad Liebenzell. Andere Brüder fühlten sich nicht bevollmächtigt, meine Einführung vorzunehmen oder mich wenigstens der Konferenz vorzustellen. Es war am Dienstagabend, 19.30 Uhr. Ich saß in der ersten Reihe. Hinter mir saßen die Konferenzbesucher im großen Saal des Dominikanerklosters in Frankfurt. Mir blieb nichts anderes übrig als anzufangen. Ich ging zum Rednerpult und sagte zu der Versammlung: »Grüß Gott, ich bin der neue Gnadauer Präses, ich heiße Kurt Heimbucher, ich habe jetzt offenbar die Aufgabe, diese Konferenz zu eröffnen und zu leiten und will das hiermit tun.« Ich bin also wie ein Nichtschwimmer ins Wasser gesprungen und habe versucht zu schwimmen. Das ist mir dann schließlich auch gelungen. Die Gnadauer Pfingstkonferenzen, die etliche Jahre in Frankfurt stattfanden, wurden immer schwächer besucht. Mich beschäftigte die Frage, wie es mit dieser Gnadauer Pfingstkonfernz weitergehen sollte. Von den Protokollen früherer Konferenzen her war klar, daß die Pfingstkonferenz nie eine Massenkonferenz gewesen ist. Sie hatte ihren besonderen Charakter, im Grunde sollte sie eine Lehrkonferenz sein, die sich mit biblisch-theologischen oder praktisch-theologischen Fragen beschäftigte. So kamen zu dieser Konferenz nur Interessierte, Prediger und Pfarrer aus den verschiedenen Verbänden, theologisch gebildete Laien, die als Mitarbeiter in den Verbänden tätig waren. Trotzdem hatte ich den Eindruck, die Gnadauer Pfingstkonferenz geht zahlenmäßig zurück. Deswegen überlegte ich mit dem Vorstand, ob die Konferenz nicht an einen anderen Ort verlegt und anders strukturiert werden sollte. Frankfurt hatte ja auch nicht das große Einzugsgebiet an Gemeinschaftsleuten, die etwa an den Abenden die Konferenz noch besuchen konnten. Andererseits wurden die Konferenzen in Deutschland auch immer mehr. Neben der Pfingstkonferenz gab es die vielen regionalen Glaubenskonferenzen in der Bundesrepublik. Da waren die Allianzkonferenzen, die Gemeinschaftskonferenzen, die Predigerrüsten der Verbände und der entsprechenden Ausbildungsstätten. Prediger und Laien waren zu vielen Konferenzen eingeladen. Konnte die Gnadauer Pfingstkonferenz noch eine »Marktlücke« füllen? Der Gnadauer Vorstand beschloß dann auf meinen Vorschlag hin, im Jahre 1977 mit der Gnadauer Pfingstkonferenz nach Siegen umzuziehen. Der Vorsitzende des Siegerländer Gemeinschaftsverbandes, mein Freund Adolf Kühn, hatte die innere Freiheit, uns in dem großen Vereinshaus »Hammerhütte« in Siegen aufzunehmen. Das war nicht ganz einfach, denn in der Hammerhütte und im Siegerland finden ebenfalls viele Konferenzen statt: die Aussendungsfeier der Deutschen Zeltmission, die Konferenz der Süd-Ost-Europa-Mission, die Deutsche Allianzkonferenz, die jährlichen Konferenzen des Gemein-schaftsverbandes oder die Kreisfeste des Siegerländer CVJM-Verbandes. Die Hammerhütte war also mit Groß-Konferenzen bereits sehr stark bela-stet, aber die Siegerländer Brüder hatten die Freiheit, die Gnadauer Konfe-renz ab 1977 in der Hammerhütte aufzunehmen. Bis heute ist es eigentlich nicht so recht gelungen, die Konferenz wieder auf den Kurs einer Lehrkon-ferenz zu bringen. Sie ist jetzt jahrelang ein Zwischending zwischen einer Lehrkonferenz und einer Glaubenskonferenz. Sie hat sich aber zahlenmä-ßig wieder erholt. Wir haben bei den Konferenzen auch immer versucht, Referenten einzuladen, die zu der gewählten Thematik ein wegweisendes und helfendes, mutmachendes und lehrhaftes Wort hatten.

Als wir die Pfingstkonferenz nach Siegen verlegten, hatten wir ihr das Thema gegeben: »Gott für die Welt – wir sagen es weiter«. Ich war der Überzeugung, diese erste Konferenz in Siegen müsse nun einen bestimm-ten Schwerpunkt, auch von den Referenten her, setzen. So lud ich gegen manche Stimmen aus den eigenen Reihen zu jener ersten Siegener Konfe-renz den bekannten Theologieprofessor Dr. D. Helmut Thielicke aus Hamburg als Hauptreferenten ein. Manche Brüder aus unserem Bereich hatten Bedenken: »Thielicke ist doch kein Pietist. Kann er auf einer Gna-dauer Pfingstkonferenz sprechen« Hat er sich nicht im Bekenntniskampf der Gemeinde zu sehr zurückgehalten?« Es gab allerlei Einwände und Fra-gen. Aber ich konnte mich durchsetzen und schrieb an Helmut Thielicke. Womit ich fast nicht gerechnet hatte, traf ein: Er sagte zu. Wir hatten die Konferenz inzwischen auch terminlich auf Donnerstagabend bis Sonntag verlegt, um auch Brüdern und Schwestern, die im Berufsleben stehen, die Möglichkeit zu geben, an der Konferenz teilzunehmen. Es gab damals auch welche, die sagten: »Wie kannst du Helmut Thielicke zur Konferenz einladen, weißt du denn nicht, daß er für einen Vortrag ein ›Thiel‹ ver-langt? Wir sind doch nicht in der Lage, solche Honorare zu zahlen!« (Ein ›Thiel‹ entsprach 1000 DM). Wie sehr hatten sich die Brüder in Helmut Thielicke getäuscht! Als Helmut Thielicke seinen Dienst bei uns beendet hatte, und ich etwas am Zagen war, wer ihn jetzt nach seinem Honorar fra-gen würde, da hat es schließlich unser Schatzmeister getan. Helmut Thie-licke sagte zu ihm: »Ich habe hier erlebt, wie Ihre ganze Arbeit von den

Opfern Ihrer Mitglieder und Freunde lebt, von solch einer großartigen Arbeit will ich keinen Pfennig Honorar. Wenn Sie in der Lage sind, mir die Fahrtkosten zu ersetzen, dann bin ich dankbar dafür, aber sonst nehme ich von Ihnen keinen Pfennig.« Es ist mir dabei wieder deutlich geworden, wie manches Mal Gerüchte in die Welt gesetzt werden, die Menschen belasten, und sich dann herausstellt, daß sie ganz anders sind, als sie von manchen in der Öffentlichkeit dargestellt werden.

Die Pfingstkonferenz 1977 war, wohl auch, weil der Name Thielicke anzog, stark besucht. Es kamen auch viele Pfarrer. Helmut Thielicke hat bei dieser Pfingstkonferenz einen ausgezeichneten Dienst getan. Er war ja, so möchte ich ihn einmal bezeichnen, ein Evangelist auf höherer Ebene. Er konnte das Evangelium Menschen sagen, an die wir Gemeinschaftsleute schwer herankommen. Er wurde zu Vorträgen vor Politikern geholt, vor Wirschaftsleuten, vor Ärzten und Juristen, und er hat eigentlich das Evangelium nie verleugnet. Unvergessen ist ja auch seine Rede, die er einmal am 17. Juni, dem deutschen Gedenktag an das Jahr 1953, im Bundestag gehalten hat. Helmut Thielicke ist auch einmal als Kandidat für das Amt des Bundespräsidenten in der Diskussion gewesen. Er konnte biblische Geschichten so erzählen, daß gerade auch gebildete Menschen hinhörten. Ich denke auch daran, wie er zunächst in der Stuttgarter Stiftskirche und dann später als Professor im Hamburger Michel Gottesdienste gehalten und den Menschen das Evangelium nahegebracht hat. Thielicke war ein Theologe von hoher Begabung, auf der anderen Seite aber war er auch ein evangelistisch begabter Mann. In Siegen sprach er über die Frage, wie wir unseren Zeitgenossen das Evangelium in der rechten Weise sagen können. Sein Vortrag war ein Christuszeugnis und ließ das Ringen darum erkennen, daß der Zeitgenosse sich nicht verschließt, sondern sich dieser Botschaft öffnet. Freilich hat Helmut Thielicke mich bei dieser Konferenz noch in einen leichten Schrecken versetzt. Als er am Donnerstag kam und wir am Abend noch gemütlich im Hotel »Koch's Ecke« beisammensaßen, sagte er zu mir: »Bruder Heimbucher, ehe ich morgen mit meinem Vortrag beginne, muß ich mir in zehn bis fünfzehn Minuten eine Sache vom Herzen reden, die mir schon lange auf dem Herzen liegt. Jetzt habe ich einmal die Gelegenheit dazu.« Ich fragte ihn erstaunt und erschrocken, was er denn zu sagen gedenke? Er antwortete: »Ich muß mir einmal vor den Pietisten vom Herzen reden, wie sie mit der sogenannten modernen oder modernistischen Theologie umgehen. Sie wissen, ich huldige nicht der modernistischen Theologie und gehöre nicht in diese Reihe, aber ich bedauere es doch oft, wie leichtfertig gerade auch aus pietistischen Kreisen und aus Kreisen der Bekenntnisbewegung über Menschen geurteilt wird, und wie ungerecht dann solche Urteile oft ausfallen. Da muß ich morgen vormittag zur Einführung einige Worte sagen, einiges klarstellen, und doch auch um mehr brüderliche Zurückhaltung bitten, es sei denn, man wäre über diese theologischen Entwürfe des Modernismus so informiert, daß man wirklich sachgerecht dazu etwas sagen könne.« Ich bat Helmut Thielicke händeringend, das nicht zu tun. Die Hammerhütte wäre ein gefährlicher Ort. Bei vielen Zuhörern würden die Türen zugehen; sie würden das Folgende nicht mehr hören, sondern bei den einleitenden Bemerkungen hängen bleiben. Aber Thielicke blieb unerbittlich. Er sagte zu mir: »Sie werden sehen, mein Vortrag nachher wischt die ersten 15 Minuten wieder weg, aber ich muß gewissensmäßig einmal ein Wort zu dem sagen, was mich eben jetzt umtreibt.« Es half alles nichts, Thielicke ließ sich nicht umstimmen. Als er am nächsten Morgen ans Rednerpult ging, saß ich wie auf einem heißen Ofen. Was würde jetzt kommen, wie würde es ankommen? Thielicke ging mit einem strahlenden Lächeln an das Rednerpult, das doch sonst nur strengen und strammen Pietisten vorbehalten war. Er begann mit seinen Vorbemerkungen. Ich merkte förmlich, wie in der großen Versammlung in der Hammerhütte Staunen und Entsetzen um sich griff. Wollte Thielicke die moderne Theologie verteidigen? War es seine Absicht, die Zuhörer hier auf die moderne Theologie einzuschwören oder sie einfach heilsam oder unheilsam zu schockieren? Nach 12 Minuten etwa brach Thielicke ab und wandte sich der Thematik zu. Er sprach dann so großartig, daß ich tatsächlich das Einleitende vergessen habe. Aber es gibt natürlich ganz strenge und äußerst »hellhörige« Pietisten, die das, was Thielicke nachher als Christuszeugnis vom Neuen Testament her unter uns ausgebreitet hat, nicht mehr im Gedächtnis hatten, sondern an den ersten 10 Minuten hängengeblieben waren.

Thielicke war gerne unter uns. Er verabschiedete sich von mir nach seinem zweiten Vortrag und bemerkte: »Ich hätte nicht gedacht, daß es in Deutschland so einen unverkrampften, fröhlichen Pietismus gibt, wie ich ihn hier auf dieser Konferenz erlebt habe.« Wir hatten auch in den Pausen mancherlei Gespräche, waren fröhlich beieinander und haben uns auch nicht gescheut, dem ersten Glaubensartikel zu huldigen. Es war die einzige persönliche Begegnung, die ich mit Helmut Thielicke hatte. Ich habe von seinen Büchern viel empfangen und habe besonders während der Studentenrevolte Ende der 60er, Anfang der 70er Jahre seinen Mut bewundert.

Diese erste Pfingstkonferenz in Siegen 1977, die das Thema »Evangelisation« hatte, fand dann ihre Fortsetzungen bis heute, wobei zu bemerken ist, daß gerade die Pfingstkonferenz 1988 einen besonderen Akzent hatte. Da feierten wir ja den 100. Geburtstag des Gnadauer Verbandes.

Mit den Fragen um die Gnadauer Pfingstkonferenz bin ich nicht fertig. Sie muß wahrscheinlich zukünftig einen ganz neuen Weg einschlagen. Es wird nötig sein, daß diese Konferenz viel stärker Ergebnisse zeitigt, die dann auch zur Basis des Gemeinschaftslebens durchschlagen. Bisher trifft sich ein Kreis von Brüdern und Schwestern. Die Konferenz wird ein wenig im Gnadauer Gemeinschaftsblatt nachbesprochen, aber die zum Teil wichtigen Thematiken verpuffen doch dann eigentlich, ohne daß sie Auswirkungen für das Gemeinschaftsleben hätten. Hier muß ganz neu nachgedacht werden, wie die Gnadauer Pfingstkonferenz fruchtbar werden kann für den Gesamt-Gnadauer-Verband, vor allem eben auch für die Arbeit vor Ort.

Eine weitere wesentliche Frage hat mich umgetrieben: Kann Gnadau eigentlich auf die Dauer ohne eine Zentrale bleiben? In früheren Veröffentlichungen und beim Studium der Protokolle der Mitgliederversammlungen aus den 20er und 30er Jahren entdeckte ich immer wieder, daß die Väter sich mit der Frage beschäftigt haben. Ein so großer Dachverband kann nicht ohne einen Mittelpunkt sein. Eine Zentrale zu schaffen war aber aus finanziellen Gründen früher nicht möglich gewesen. In der Zeit nach dem Ersten Weltkrieg waren die wirtschaftlichen Verhältnisse schwierig. Im Dritten Reich war es aus politischen Gründen nicht möglich, eine Zentrale zu erstellen. Und auch nach dem Zweiten Weltkrieg konnte man an solch ein Projekt nicht herangehen. Ich war fest entschlossen, eine Gnadauer

Zentrale zu schaffen. Wir hatten alles an verschiedenen Orten. Das Archiv des Verbandes war im Johanneum im Wuppertal. Die Geschäftsstelle und der Verlag waren in Denkendorf bei Stuttgart. Die Abrechnungsstelle war beim Schatzmeister, der im Herborner Raum wohnte. So brachte ich den Gedanken einer Zentrale im Gnadauer Vorstand und in der Mitgliederversammlung ein und fand dort Zustimmung. Wir waren uns darüber im klaren, daß eine Gnadauer Zentrale in der Mitte der Bundesrepublik Deutschland liegen sollte, möglichst nicht im Raum einer Großstadt, aber doch mit guter Verkehrsanbindung. Das waren unsere Vorstellungen. Wir entwikkelten auch ein Raumprogramm, was in der Zentrale alles untergebracht werden müßte. Vielleicht wäre es möglich, so überlegten wir, ein entsprechendes Haus, das zum Kauf anstand, irgendwo in der Mitte der Bundesrepublik zu erwerben. Wir haben dann drei Brüder mit der Suche beauftragt: zwei Architekten, also Fachleute in diesen Fragen, und unseren Schatzmeister. Der eine Bruder war Karl Born. Er lebte in Dillenburg, war viele Jahre im Stadtrat tätig und war Vorsitzender des Herborn-Dillenburger Gemeinschaftsverbandes. Der andere war Kurt Twelker, Architekt in Kassel, Vorsitzender des Blauen Kreuzes. Er hat viele Häuser im Bereich des Gnadauer Verbandes gebaut, vor allem auch für das Blaue Kreuz. Auch über den christlichen Raum hinaus war er ein bekannter Architekt. Unser Schatzmeister, Erich Selzer, war Fabrikant, der sich vor allem für die finanzielle Seite des Projektes einsetzte, und schon begann, einen Betrag für die Gnadauer Zentrale zu sammeln. Eines Tages informierte Karl Born den Vorstand, daß in Dillenburg das »Hotel Dillenburg« zum Verkauf anstand, weil es nicht mehr rentabel weiterzuführen war. Karl Born, dem unser Raumprogramm vorlag, setzte sich mit Kurt Twelker in Verbindung. Die beiden Brüder besichtigten dieses »Hotel Dillenburg« und waren der Meinung, daß nicht sehr viele bauliche Veränderungen vorgenommen werden müßten, um unser Raumprogramm dort verwirklichen zu können. In der Zentrale sollte ein Sitzungssaal sein, verschiedene Büros sollten untergebracht werden; eine Wohnung für den Sekretär, der die Geschäftsstelle und die Zentrale leiten sollte, war ebenso erwünscht. Weiter sollten eine Wohnung für ein Hausmeisterehepaar vorhanden sein sowie einige Zimmer, in denen Brüder und Schwestern wohnen konnten, die zu Sitzungen in die

Zentrale kamen. Diese Möglichkeit bot das »Hotel Dillenburg«. Der Vorstand besichtigte das Objekt und war ebenfalls der Meinung, man sollte einen Kauf ernsthaft in Erwägung ziehen. Viele Besprechungen folgten; mit der Hotelbesitzerin mußte Einigkeit über den Verkaufspreis erzielt werden. Schließlich wurden wir uns einig und kauften das Hotel. Es war erfreulich und bewegend, wie die Gnadauer Verbände und Werke und vor allen Dingen auch viele Gnadauer Brüder und Schwestern auf diesen Kauf reagierten. Sie spendeten reichlich, so daß wir bald schuldenfrei waren. Es ist mir immer wieder deutlich geworden: Wenn konkrete Projekte vor der Tür stehen, dann sind unsere Brüder und Schwestern auch zu großen finanziellen Opfern bereit. Das kann man nur dankbar konstatieren.

Heute ist in unserer Zentrale all das untergebracht, was wir uns vorgenommen hatten. Inzwischen haben wir an die Zentrale auch noch einen stattlichen Teil angebaut, der einen kleinen Sitzungsraum, unsere Bibliothek und unser Archiv enthält. Es ist deutlich geworden, daß ein Archiv und eine Bibliothek nicht in Kellerräumen untergebracht werden können, vor allem, weil die Kellerräume des Hotels in keiner Weise ausreichten, Archiv und Bibliothek aufzunehmen. Das meiste war in Kisten und Kartons verpackt und wäre wohl mit der Zeit vermodert und zugrunde gegangen. Unschätzbare Dokumente, gerade was das Archiv anlangt! Aber auch im Blick auf die Bibliothek: Schriften, Broschüren, Bücher, die nie mehr gedruckt werden, Briefwechsel, Protokolle aus den früheren Zeiten, die ein für alle Mal dahin gewesen wären, wenn wir sie jetzt nicht in geeigneten Räumen hätten unterbringen können.

Es ging nun auch darum, einen Geschäftsführer oder einen Sekretär für die Zentrale zu finden. Neben dem hauptamtlichen Präses sollten nun ein hauptamtlicher Sekretär und eine hauptamtliche Sekretärin angestellt werden. Wieder stellte sich mancher die Frage: Wer soll das bezahlen? Mein Vorschlag, der dann auch bis heute realisiert worden ist, lautete, einmal jährlich einen »Gnadauer Jahresgruß« an die Gemeinschaftsgeschwister im Lande zu versenden. In diesem Jahresgruß wird über die Arbeit informiert und um eine Jahresgabe für Gnadau gebeten. Aufgrund dieses Jahresgrußes kamen und kommen jährlich so viele Gaben zusammen, daß wir unsere Arbeit in der Zentrale im jetzigen Umfang mit den jetzigen Mitarbeitern durchführen können. Unsere Brüder und Schwestern im Land haben uns bis heute nicht im Stich gelassen.

Wer sollte Sekretär oder Geschäftsführer werden? Johannes Berewinkel machte mich im Jahre 1976 auf einen jungen Prediger aufmerksam, der im Johanneum seine Ausbildung bekommen hatte und nun im zweiten Jahr in Braunschweig als Gemeinschaftsprediger seinen Dienst tat. Johannes Berewinkel meinte: »Nach allem, wie ich diesen jungen Mann kennengelernt habe, könnte er in die Aufgabe eines Gnadauer Sekretärs hineinwachsen und diese auch voll erfüllen.« Er nannte mir seinen Namen: Theo Schneider. Ich kannte den Vater dieses jungen Mannes. Er war Gemeinschaftsprediger im bayerischen Gemeinschaftsverband. Wir waren uns einige Male begegnet. Auch Theo Schneider kannte ich etwas, weil er zeitweise sozusagen der Privatchauffeur des Direktors des Johanneums gewesen ist. Da ich in den ersten Jahren als Gnadauer Präses öfter ins Johanneum kam, und von dort aus mit Johannes Berewinkel zu manchen Sitzungen und Tagungen fuhr, lernte ich Theo Schneider etwas näher kennen. Ich sagte damals zu Johannes Berewinkel: »Ich könne mir gut denken, daß dieser junge Prediger in Frage käme, aber können wir ihn nach so kurzer Zeit von Braunschweig wegholen?« Am 2. November 1976 habe ich einen folgenschweren Brief nach Braunschweig geschrieben und Theo Schneider vorgeschlagen, unser Gnadauer Sekretär zu werden. Der Brief begann: »Lieber Bruder Schneider! Seien Sie nicht erstaunt, wenn Sie von mir einen Brief bekommen, der eine ganz handfeste Einladung ausspricht.« Bruder Schneider hat am 25. November zurückgeschrieben, erstaunt natürlich, daß wir ihn als Gnadauer Sekretär haben wollten. Er hat aber meine Einladung zu einem Gespräch angenommen: »Ihre Anfrage hat mich sehr beschäftigt, und ich möchte Ihnen mitteilen, daß ich zu eingehenden Gesprächen über diese Aufgabe bereit bin . . .« Das Gespräch fand, so weit ich mich erinnern kann, in Frankfurt statt.

Es war aber nun die Aufgabe, den Vorsitzenden und den Inspektor des Hannoverschen Gemeinschaftsverbandes dafür zu gewinnen, Theo Schneider für die Aufgabe im Gnadauer Verband freizugeben. Theo Schneider tat in Braunschweig einen ausgezeichneten Dienst. Er hatte Zugang zu den Menschen und war von jungen und alten Gemeinschaftsgliedern akzeptiert. Der Hannoversche Gemeinschaftsverband wollte diesen hoffnungsvollen Mann natürlich unter keinen Umständen freigeben. Wie sollten die leitenden Brüder des Verbandes davon überzeugt werden, daß wir in Gnadau auch einen begabten Mann für das Amt des Sekretärs nötig haben? Gespräche mit dem Verband folgten. In der Verbandsleitung gab es eine nicht geringe Verstimmung – die allerdings längst ausgeräumt ist –, daß wir den jungen Bruder in die Zentrale nach Dillenburg holen wollten. So konnte Theo Schneider seinen Dienst als Gnadauer Sekretär antreten. Er hatte im Grunde genommen keinen Vorgänger. Seine große Chance war, daß er weitgehend nach seinen Vorstellungen die Geschäftsstelle aufbauen konnte. Er hat die Chance in jeder Weise großartig genützt. Wir fanden eine Sekretärin, die aus Gemeinschafts- und CVJM-Kreisen des Siegerlandes kam, Karin Brücher, die sich geschickt und fleißig einarbeitete und mit Theo Schneider die Geschäftsstelle aufbaute. In der Familie Krenz aus Hannover bekamen wir schließlich auch eine Hausmeisterfamilie – Gemeinschaftsleute, die es so einrichteten, daß der Ehemann noch seinem Beruf nachgehen konnte, und Frau Krenz für die Ordnung in unserem Hause sorgte. Sie hat Besucher und Gäste nicht nur leiblich versorgt, sondern auch der Sauberkeit des Hauses immer vorbildlich Rechnung getragen.

Der Mittelpunkt der Zentrale ist jedoch Theo Schneider geworden, der voll in die Arbeit hineingewachsen ist und heute als Generalsekretär die Fäden des Gnadauer Verbandes in der Hand hat. Mir war es wichtig, daß Theo Schneider das Vertrauen aller Verbände und Werke in Gnadau gewinnt. Als er zu uns kam, habe ich ihm gesagt: »Bruder Schneider, es gibt in Gnadau die verschiedensten Werke und Verbände mit verschiedensten Prägungen und Akzentsetzungen. Diese Verbände und Werke werden von sehr verschiedenartigen Menschen geführt und geleitet. Versuchen Sie, mit allen ein Vertrauensverhältnis aufzubauen und schlagen Sie sich nicht auf eine Seite. Es ist ja so, daß wir alle unsere Prägung haben, und uns von daher dieser oder jener Bruder oder jene Schwester näher stehen als andere.« Theo Schneider hat es in einer sehr geschickten Weise verstanden, mit allen Brüdern und Schwestern in Gnadau in ein echtes Vertrauensverhältnis zu kommen. Inzwischen ist Bruder Schneider so in die Arbeit hineingewachsen, daß er zu vielen Diensten im Lande unterwegs ist, zu Bibelwochen und Vorträgen, vor allem auch zu Jugendfreizeiten. Zwischen ihm und mir hat sich eine beglückende Arbeitsteilung ergeben. Aber es ist nicht nur die Arbeit, die uns eint – zusammen mit seiner Frau ist er mir in herzlicher Freundschaft verbunden, die sich auch in schweren Zeiten bewährt hat.

Hans-Joachim Martens, Vorsitzender des Evangelisch-Kirchlichen Gnadauer Gemeinschaftswerks in der DDR; Theo Schneider, Generalsekretär des Gnadauer Verbandes; Kurt Heimbucher

Wichtig war mir in der großen Gnadauer Gemeinschaftsbewegung, das Bewußtsein der Zusammengehörigkeit zu stärken. Mein Vorvorgänger in Gnadau, Pastor Dr. Walter Michaelis, der dem Verband fast 40 Jahre lang vorstand, hat oft darunter gelitten, daß einzelne Verbände nur ihren eigenen Kirchturm sahen. Er hat manchesmal ausgerufen: »Gnadau, du brauchst mehr Korpsgeist!« Das empfand ich auch. Die Verbände standen nebeneinander, manchesmal auch mißtrauisch gegeneinander. So war meine Frage: Wie kann das Bewußtsein der Zusammengehörigkeit in Gnadau aufgebaut und gestärkt werden? Die jährlichen Mitgliederversammlungen reichen dazu nicht aus. Man sieht sich einmal im Jahr für ein paar Tage, die Tagesordnung gibt, mit Ausnahme der Essenspausen, kaum Gelegenheit zu persönlichen Gesprächen. Zunächst überlegte ich: In Gnadau gibt es Schwerpunkte; Aufgaben müssen neu angepackt werden; der Vorstand ist nicht in der Lage, in wenigen Sitzungen im Lauf des Jahres die Gnadauer Schwerpunkte und die heutigen Herausforderungen gründlich zu durchdenken, um der Mitgliederversammlung dann auch beschlußreife Konzepte vorzulegen. So reifte der Gedanke, Arbeitskreise für verschiedene Schwerpunkte einzusetzen: - einen Arbeitskreis für Evangelisation, einen Redaktionskreis für das Gnadauer Gemeinschaftsblatt, einen Arbeitskreis für Gemeinschaftspflege und Diakonie, einen Arbeitskreis für den Dienst an Kindern, einen Arbeitskreis für die Jugend, den wir dann Gnadauer Jugendforum genannt haben, einen theologischen Beirat - Gnadau hatte ihn früher schon, aber er war eingeschlafen -, einen Arbeitskreis für äußere Mission. So installierte ich in Gnadau die verschiedensten Arbeitskreise und richtete auch jährlich eine mehrtägige Inspektorenkonferenz ein. Die Inspektoren sind sozusagen die »Vorarbeiter« in den Verbänden und Werken. Sie müssen die praktische Verbandsarbeit tun. Ich überlegte: Es ist doch wichtig, daß sie einmal im Jahr neben der Mitgliederversammlung zusammenkommen, um praktische Arbeitsfragen miteinander zu bedenken. Es war mir auch wichtig, in die Arbeitskreise, die zwischen acht und achtzehn Personen umfassen, Brüder und Schwestern aus den verschiedensten Gnadauer Verbänden und Werken zu berufen, so daß sie sich auf verschiedenen Ebenen - wie Pfingstkonferenz, Mitgliederversammlung, Inspektorenkonferenz, Arbeitskreise - immer wieder begegnen. Die menschliche Begegnung ist ja durch nichts zu ersetzen. Hier lernt man im gegenseitigen Austausch auch die Gedanken und Meinungen des anderen kennen. Hier lernt man sich schätzen und miteinander umzugehen. Ich bin heute der Überzeugung, daß die Einrichtung dieser Arbeitskreise dazu beigetragen hat, daß der Blick für das Gesamte der Gnadauer Arbeit klarer und weiter geworden ist. Sicher wird es immer Verbände und Personen geben, die ihr Eigenleben führen, aber im Laufe der Jahre ist doch dieses Bewußtsein: wir gehören zusammen und wir müssen Aufgaben gemeinsam anpacken, gewachsen. Wir müssen im Pietismus einen gewissen Subjektivismus, einen Individualismus, einen unheilvollen Separatismus und Partikularismus überwinden. Wir können den Herausforderungen unserer Zeit und Welt, die zunehmend antichristlich wird, im Grunde genommen nur in einer konzertierten Aktion der Gläubigen begegnen. Und es ist meine Meinung bis heute, daß Gnadau sich seiner geistlichen Kraft erst noch recht bewußt werden muß. Mitte der 70er Jahre wurde mir deutlich, daß im Pietismus immer auch die Beschäftigung mit der Pädagogik eine große Rolle spielte. Besonders inspirierte mich dabei die Auseinandersetzung mit August Hermann Francke, dem Hallenser Theologieprofessor, der auf dem Gebiet des Schulwesens bahnbrechend tätig war. Francke ist in der Kirchengeschichte oft sehr oberflächlich behandelt worden. Man hat lange nicht erkannt, welche Dynamik in seinem Erziehungskonzept steckt, wie progressiv es ist! Und Francke war beileibe nicht der einzige, der sich im Pietismus um die Pädagogik bemühte.

Anläßlich der Mitgliederversammlung unseres Verbandes im Jahre 1978 bat ich Prof. Dr. Gerhard Ruhbach, den Kirchengeschichtler aus Bethel, uns einen Vortrag über »Glaube und Erziehung im frühen Pietismus« zu halten. Dieser Vortrag Ruhbachs und ein Bericht von Rektor Otto Schaude über die Freie evangelische Schule in Reutlingen und deren Konzept führten dazu, daß 1978 ein Gnadauer pädagogischer Arbeitskreis ins Leben gerufen wurde. Es war mir wichtig, angesichts widersprüchlicher pädagogischer Konzepte in unseren Tagen gläubige Pädagogen aus den Reihen der Gemeinschaftsbewegung aufzurufen, in die Diskussion mit einer »Erziehung aus dem Evangelium« einzugreifen. Eine Umfrage in den Gnadauer Werken machte deutlich, daß in der Gemeinschaftsbewegung auch heute, wie früher, viele Männer und Frauen aus den verschiedensten pädagogischen Bereichen beheimatet sind. Sollten diese Brüder und Schwestern ihr Wissen und ihre pädagogische Erfahrung nur für sich behalten? Sollten sie »nur« in den Gemeinschaften mitarbeiten oder nicht auch in einem weiteren pädagogischen Umfeld versuchen, ihren Einfluß geltend zu machen?

Der Gnadauer pädagogische Arbeitskreis, der mehrmals im Jahr tagt, hat eine Reihe von Initiativen ergriffen, z.B. Pädagogentage, Pädagogenfreizeiten, vor allem auch Angebote für Studenten. Er gibt eine Heftreihe »glauben – lehren – erziehen« heraus, die zu wichtigen pädagogischen Fragen Stellung nimmt. Er erarbeitet Material für den Religionsunterricht. Er beschäftigt sich mit dem Thema »Pietismus und Kultur«. Eine große Hilfe ist es, daß Realschullehrer Dieter Velten halbtags vom Hessischen Kultusministerium für die Koordination dieser Aktivitäten freigestellt worden ist. Sowohl in der Pädagogenarbeit wie auch im Dienst an den Kindern ist seine Mitarbeit unverzichtbar.

Im Laufe der Jahre haben sich in verschiedenen Bundesländern regionale Arbeitskreise gebildet. In der Pädagogik geht es vor allem um die künftige Generation. Es ist nicht gleichgültig, von wem unsere Jungen und Mädchen beeinflußt werden. Christen dürfen das Feld der Schule nicht einfach preisgeben. Wir müssen uns mit unserem Konzept nicht verstecken, als wären wir die letzten Überreste einer vergangenen Zeit. Welche pädagogischen Experimente wurden in den letzten Jahrzehnten auf dem Rücken unserer Kinder ausgetragen! Wie hat man Kinder um eine echte Erziehung und Bildung da und dort jahrelang betrogen! Wie lautlos haben manche Schreier von gestern und vorgestern ihre Konzepte, wenn man denn von solchen überhaupt sprechen konnte, begraben müssen!

Wir sind nicht von vorgestern, wenn wir eine »Erziehung aus dem Evangelium« proklamieren. Nirgends wird das Kind ernster genommen als im Evangelium. Nirgendwo erfährt der Mensch einen größeren Freiraum zum Leben – allerdings in Verantwortung vor Gott und den Menschen – als bei Jesus Christus, der das Evangelium in Person ist.

Zur Stärkung dieses Zusammengehörigkeitsgefühles und zum Aufbau dieses Bewußtseins: »wir sind miteinander unterwegs«, sollten dann auch drei Kongresse dienen, die erstmals in der Geschichte Gnadaus als Delegiertenkongresse mit besonderen inhaltlichen Schwerpunkten in den 80er Jahren durchgeführt wurden.

Der erste Gnadauer Kongreß 1981 in Gunzenhausen stand unter dem Thema: »Schritte zur Mitte«. Die Mitte ist für uns Jesus Christus. Ich gab als Zielvorstellung aus, daß der Kongreß etwa 2000 Teilnehmer haben sollte, davon sollten die Hälfte junge Leute sein, die andere Hälfte vornehmlich Brüder und Schwestern im mittleren Lebensalter, also zwischen 35 und 55 und auch ältere. Es ging mir bei diesem ersten Kongreß darum, die junge und die mittlere Generation, die eine besondere Brückenbauerfunktion hat zwischen Jung und Alt, unter den einen Auftrag, den Jesus Christus uns gegeben hat, zusammenzuführen. Die Generationen sollten sich begegnen. Ich empfand es schmerzlich, daß es in manchen Gnadauer Bereichen ein Auseinanderleben von Jung und Alt gab. Die ältere Generation hatte ihre Vorstellungen im Blick auf die Arbeit. Sie war weithin auf bestimmte fromme Gleise eingefahren und in manchen Fragen sehr unflexibel geworden. Das gilt beileibe nicht für das Ganze Gnadaus, aber es gilt doch für manche Regionen und Bereiche. Die junge Generation, die stürmisch nach vorne wollte, wandte sich ab, ging teilweise ihre eigenen Wege. Was konnte getan werden, um ein neues Vertrauen zwischen Jung und Alt zu schaffen? Ein Meilenstein sollte dieser Kongreß werden. Die Teilnehmer sollten dann Multiplikatoren sein, die in ihren Verbänden das weitergaben, was sie gehört und erlebt hatten. Wir führten den ersten Kongreß in Gunzenhausen, in Mittelfranken, auf dem Gelände des Diakonissen-Mutterhauses Hensoltshöhe durch. Dort waren die entsprechenden Räume, besonders auch die große Zionshalle. Dort hatte man auch im Gelände die nötige Stille zum Hören, zum Gespräch, zum Gebet und zur persönlichen Stille. Ich war überrascht, wie dieser Kongreß von den Verbänden und Werken angenommen worden ist. Wir waren über 2000 Delegierte. Und es war auch gelungen, etwa 50 % jüngere und 50 % ältere Brüder und Schwestern zum Kongreß zu bringen. Dankbar konnte ich nur beobachten, wie die Generationen miteinander ins Gespräch kamen, gerade auch in den Seminaren, in ganz konkreten Fragestellungen der Seelsorge, der missionarischen oder der diakonischen Arbeit und der gesellschaftlich- politischen Verantwortung. Das war der erste Gnadauer Kongreß 1981.

Als jener Kongreß zu Ende war, kam ein Prediger auf mich zu und sagte spontan: »Bruder Heimbucher, das kann aber nur die erste Halbzeit gewesen sein, jetzt muß, wie bei einem Fußballspiel, die zweite Halbzeit in absehbarer Zeit folgen.« Die Vorbereitungen für diesen Delegiertenkongreß, die in unserer Geschäftsstelle mit ihrer »Minibesatzung« geleistet wurden, hatten natürlich ungeheuer viel Kraft und Arbeit gekostet. Es mußten 2000 Leute untergebracht werden. Dafür waren Hotels und Gaststätten im Umkreis von etwa 40 Kilometern von Gunzenhausen anzumieten. Omnibusse mußten organisiert werden, die die Teilnehmer abends in die Quartiere und vormittags zur Hensoltshöhe brachten, die Programme mußten vorbereitet werden, dazu die Arbeitshefte und und . . . Viele, viele Aufgaben waren zu erledigen. Deswegen waren wir in der Geschäftsstelle nach dem

Kongreß zunächst etwas müde, aber dennoch war auch uns deutlich: Es muß eine Fortsetzung folgen. Übrigens sei hier nur andeutungsweise vermerkt, daß unser Gnadauer Generalsekretär bei jedem Kongreß eine organisatorische Meisterleistung vollbracht hat. Sicher hatte er in den Sekretärinnen Karin Brücher und Heidrun Diehlmann fleißige und gescheite Mitarbeiterinnen zur Seite. Auch haben manche Brüder und Schwestern mitgeholfen. Aber die Hauptlast der Arbeit und vor allem der Verantwortung lag doch auf Theo Schneider.

So schrieben wir für das Jahr 1984 den Kongreß »Schritte zu den Menschen« im Ruhrgebiet, in Essen, aus. Jetzt wollten wir nicht an einen Ort der Stille, sondern mitten in den Ballungsraum des Ruhrgebietes hinein. »Schritte zu den Menschen« als Thema machte deutlich: Es ging besonders um die Frage der Evangelisation. Wenn in Gunzenhausen vor allem das Jugendforum für die Vorbereitung verantwortlich war, wurde der zweite Kongreß nun vorbereitet von Brüdern aus den Gemeinschaftsverbänden der Ruhrgebietsregion. Wir bauten den Kongreß in Essen so auf, daß er täglich zwei Teile hatte. Am Vormittag waren wir alle im Grugagelände zusammen, zuerst in der großen Grugahalle zu einer gemeinsamen Bibelarbeit, dann gingen wir auseinander zu vier parallelen Veranstaltungen. Nach dem gemeinsamen Mittagessen in einer der Grugahallen brachten Omnibusse die Kongreßteilnehmer zu etwa 70 Stellen im Ruhrgebiet zu verschiedensten evangelistischen Aktionen: Straßeneinsätze, Hausbesuche, Einsätze in Altenheimen und Krankenhäusern, evangelistische Abende. Daneben gab es Gesprächsabende mit Gemeinschaften unter der Frage: Wie können wir hier als kleine Gruppe in einer großen Stadt unseren evangelistischen Auftrag wahrnehmen?

Die Kongreßteilnehmer waren sehr gefordert. Die Einsatzgruppen in den 70 Orten waren verbandsmäßig gemischt, so daß in einem Ort ein paar Altpietisten mit ein paar Schleswig-Holsteinern, ein paar Berliner mit ein paar Bayern beisammen waren. Das diente dem gegenseitigen Kennenlernen und zur gegenseitigen Vertrauensbildung. Wann hat es das in Gnadau schon gegeben, daß sich so viele aus den verschiedenen Regionen begegnet sind? Der Kongreß 1984 in Essen hat jedenfalls eine Reihe von Impulsen für die evangelistische Arbeit gegeben, vor allem die Fragestellung neu aufgeworfen, die ich schon bei der Mitgliederversammlung 1978 thematisierte: Wie können wir unserem evangelistischen Auftrag vor allem in der Großstadt gerecht werden?

Der Kongreß 1984, der auch in der Öffentlichkeit stark beachtet worden ist, endete mit dem »Gemeindetag unter dem Wort«, zu dem etwa 50 000 Menschen zusammenströmten. Über diesen Gemeindetag habe ich an anderer Stelle schon berichtet.

Der dritte Delegiertenkongreß Gnadaus im Jahre 1987 war der kleinste, aber vielleicht der intensivste. Er stand unter dem Thema »Schritte zu den Kindern«. Ich erwähnte schon, daß der Dienst an den Kindern in unserer Gesellschaft heute für uns eine besonders wichtige Aufgabe ist. Der »Arbeitskreis zum Dienst an den Kindern« hat diesen Kongreß unter der Leitung von Theo Schneider und Dieter Velten vorbereitet. 700 Mitarbeiter und Mitarbeiterinnen aus der Kinderarbeit Gnadaus waren eingeladen. Der Kongreß fand in der Stadthalle in Dillenburg statt. Der Dienst an den Kindern wurde in grundsätzlichen Vorträgen, in einer Reihe von Seminaren sowie in praktischen Darstellungen den Teilnehmern nahegebracht. Gerade das Echo auf diesen Kongreß war überwältigend. Die drei Kongreßbücher, die jeweils kurz nach den Kongressen erschienen und die Hauptvorträge, Bibelarbeiten, Seminarvorträge enthielten, waren bald vergriffen. Das gibt zu der Hoffnung Anlaß, daß die Kongresse auch in den Gemeinschaften und Jugendkreisen nachgearbeitet wurden. Die Bücher enthalten eine Fülle von Informationen, Impulsen und geistlichen Einsichten.

So versuchten wir, auf der Ebene der Kongresse Brüder und Schwestern in bestimmten Aufgabenstellungen zusammenzuführen. Wir dürfen uns nicht auf alten Lorbeeren ausruhen. Gnadau hat eine reiche Segensgeschichte. Wir können Gott danken für unsere geistlichen Väter und Mütter. Ob ich an Elias Schrenk denke, den Bahnbrecher der Evangelisation in Deutschland, an Mutter Eva, die sich besonders heimatloser Kinder angenommen hat, an Theodor Christlieb, den Theologieprofessor: Wir haben großartige Väter und Mütter, deren Erbe wir für heute fruchtbar machen müssen! Wir dürfen nicht in eine geistliche Stagnation verfallen, denn Stillstand bedeutet Rückschritt; vielmehr haben wir immer neu zu fragen: »Herr, was willst du, daß wir heute tun sollen?« Und wir haben die Herausforderung in unserer Gesellschaft anzunehmen und nach vorne zu gehen. Die praktischen Einsätze, die evangelistischen Aktivitäten, haben jedenfalls dazu geführt, daß Gnadau zusammengewachsen ist.

Es müßte noch erzählt werden von mancherlei Klausurtagungen, die wir im Gnadauer Bereich mit 30 bis 40 Brüdern und Schwestern hatten: über Fragen der charismatischen Bewegung, der Prophetie, des Verhältnisses von Kirche und Gemeinschaftsbewegung. Dabei haben uns manche Brüder wertvolle Dienste getan. Ich denke vor allem an die Klausurtagung in Wildberg über die Prophetie, wo Walter Tlach, Otto Michel und Erich Beyreuther wegweisende Vorträge im Blick auf das Alte Testament, das Neue Testament und die Kirchengeschichte gehalten haben.

Erwähnenswert sind sicher auch die Gespräche, die der Gnadauer Verband im Laufe der letzten Jahre mit Vertretern des Rates der Evangelischen Kirche in Deutschland geführt hat. Es war im Gnadauer Bereich immer eine spannungsgeladene Frage: Wie ist das Verhältnis der Gemeinschaftsbewegung zu den Landeskirchen und speziell zur Evangelischen Kirche in Deutschland? Die Väter, die den Gnadauer Verband gegründet haben – das darf nicht vergessen werden –, haben immer wieder ihre innerkirchliche Stellung betont. Und der Gnadauer Verband ist ja auch aus verschiedenen Erweckungsbewegungen innerhalb der Landeskirchen hervorgegangen. In diesen Erweckungsbewegungen waren nicht nur Theologen führend tätig, sondern auch »Laien«. Aber die Erweckungen spielten sich im Raum der evangelischen Landeskirchen ab. Vor allem ab der Jahrhundertwende stand Gnadau immer wieder vor der Frage: Kann die Gemeinschaftsbewegung in den Landeskirchen bleiben oder soll sie eine eigene Freikirche werden? Diese Frage stellen in erster Linie neupietistische Verbände, die unter dem Einfluß der angloamerikanischen Heiligungs- und Erweckungsbewegungen entstanden sind und auch unter darbystischen Einflüssen standen. Diese Frage kam aber auch immer wieder in den Gegenden Deutschlands, besonders im Osten Deutschlands, auf, in denen die offizielle Kirche zur Gemeinschaftsbewegung eine ablehnende, ja, man könnte vielleicht sogar sagen, eine feindselige Haltung eingenommen hat. Der Gnadauer Verband hat der Versuchung, Freikirche zu werden, bis heute widerstanden und hat seine innerkirchliche Stellung durchgehalten.

Besonders schwierig waren – ich will daran nur kurz erinnern – die Verhältnisse nach dem Ersten Weltkrieg, als die Kirche an ihrer alten Gestalt nach dem Zusammenbruch des Kaiserreiches nicht mehr festhalten konnte. Die Kirche mußte sich 1919 eine neue Gestalt geben. Sie brauchte eine neue Verfassung. Die Frage war damals: Soll Gnadau einen eigenen Weg gehen oder weiterhin im Raum der Kirche bleiben? Walter Michaelis, der 1919 wieder zum Präses Gnadaus gewählt worden war – er war es schon von 1906 bis 1911 gewesen –, beschloß mit verantwortlichen Brüdern, in der verfassunggebenden Kirchenversammlung der altpreußischen Union mitzuarbeiten. Damit war das Signal gesetzt: Wir halten der Kirche trotz vieler Enttäuschungen an ihr, mit ihr und in ihr, die Treue. Es war dann auch von seiten der Kirche ein Zeichen, daß sie Pastor Dr. Walter Michaelis im Jahre 1919 zur Eröffnung der verfassunggebenden Kirchenversammlung die Predigt im Dom in Berlin übertragen hat. In dieser Predigt hat Michaelis ein gewaltiges Christuszeugnis abgelegt. Die Gnadauer Väter hatten in der verfassunggebenden Kirchenversammlung allerlei Wünsche an die Kirche gerichtet. Es ist kein Ruhmesblatt der Kirche, daß sie auf keinen einzigen dieser Wünsche, etwa ein Entgegenkommen in der Parochial- oder in der Abendmahlsfrage, eingegangen ist. Trotzdem ist Gnadau damals in der Kirche geblieben.

Ich denke an eine weitere schwierige Situation. Ein führender Mann im Gnadauer Verband war Friedrich Heitmüller aus Hamburg mit der Gemeinschaftsarbeit am Holstenwall, einer der großen Gnadauer Arbeiten im damaligen Deutschland. Es kam in den dreißiger Jahren zu schweren Auseinandersetzungen zwischen Heitmüller und Michaelis in der Kirchenfrage. Heitmüller hatte sein kämpferisches Buch geschrieben: »Die Krise der Deutschen Gemeinschaftsbewegung«, in dem er heftige Kritik übte an dem Weg der Gemeinschaftsbewegung. Er war der Überzeugung, die Gemeinschaftsbewegung müsse einen eigenen Weg gehen. Michaelis und Heitmüller konnten in dieser Frage nicht zusammenfinden. Michaelis war der Überzeugung: Gott hat uns unsere Berufung in der Kirche gegeben, und es wäre Ungehorsam gegen Gott, diesen Weg zu verlassen. Heitmüller war anderer Überzeugung. So kam es schließlich zum Bruch zwischen diesen beiden bedeutenden Persönlichkeiten. Die Gemeinschaftsarbeit am Holstenwall in Hamburg wurde zur Freien evangelischen Gemeinde.

Es ist auch daran zu erinnern, daß z.B. der Schleswig-Holsteinische Gemeinschaftsverband an Michaelis und an den Gnadauer Vorstand herantrat mit der Vorstellung: Wir möchten gerne Mitglied im Gnadauer Verband bleiben, aber unseren Verband so strukturieren, daß die Gemeinschaften Freie evangelische Gemeinden werden, also freikirchlich sind. Michaelis und der Gnadauer Vorstand haben das abgelehnt und erklärt: »Wenn die Gemeinschaften in Schleswig-Holstein Freie evangelische Gemeinden werden, ist das mit einer Mitgliedschaft in Gnadau nicht zu vereinbaren und der Verband muß aus Gnadau ausscheiden.« Ich könnte noch weitere Beispiele nennen, an denen das spannungsgeladene Thema Gnadau-Kirche deutlich wird. Diese Spannung hat bis heute nicht nachgelassen. Wir haben in Gnadau einen großen Block kirchentreuer Gemeinschaftsleute und auf der anderen Seite einen kleineren Block kirchendistanzierter Gemeinschaftsleute. Die einen bejahen die innerkirchliche Stellung voll und ganz, die anderen stellen immer wieder die Frage: »Müssen wir nicht einen anderen Weg gehen?« Und es gibt heute auch eine Reihe von Gemeinschaftsleuten, die ihren Kirchenaustritt bereits vollzogen haben. Diese Spannung zwischen Kirche und Gemeinschaftsbewegung hat dazu geführt, daß der Rat der Evangelischen Kirche in Deutschland an den Gnadauer Vorstand herangetreten ist mit der Frage, ob nicht gemeinsame Gespräche geführt werden könnten, damit auf diesem Wege Mißverständnisse ausgeräumt, gegenseitige Beschwernisse ausgesprochen und, wenn möglich, gegenseitige Hilfestellungen gegeben werden.

Ich erinnere mich mit gemischten Gefühlen. Einerseits denke ich gerne an diese Gespräche zurück, weil wir sie in einer außerordentlich brüderlichen Atmosphäre führen konnten. Ich denke aber auch beschwert an manche dieser Gespräche zurück, weil wir in der Sache oft hart gegeneinander standen und eigentlich nicht vorwärts gekommen sind. Trotzdem möchte ich schlaglichtartig von diesen Gesprächen berichten, in denen es ja nicht nur um das Verhältnis zwischen Kirche und Gemeinschaftsbewegung ging, sondern vor allem auch um die Frage, warum wir Pietisten und Gemeinschaftsleute uns heute mit der Kirche so unendlich schwer tun. Konkret angesprochen wurden die Mitgliedschaft der Evangelischen Kirche in Deutschland im Weltrat der Kirchen in Genf, die Verbindungen der Evangelischen Kirche in Deutschland mit der römisch-katholischen Kirche, die Problematik des Kirchentags mit seinem nahezu uferlosen Pluralismus auf vielen Gebieten des kirchlichen Lebens.

Im Gespräch mit D. Helmut Claß beim Festakt zum 100jährigen Bestehen des Gnadauer Verbandes

Die Initiatoren der Gespräche waren Anfang der 70er Jahre der Landesbischof der Württembergischen Kirche, D. Helmut Claß, und der Präses der Westfälischen Kirche, D. Hans Thimme, gewesen. Beide schätze ich sehr. Helmut Claß ist ein Pietist. Dazu hat er sich auch immer bekannt. Hans Thimme kommt aus dem Ravensberger Erweckungsgebiet. Auch er hat immer wieder betont, wie sehr er sich den Erweckten und Pietisten zu-

145

gehörig fühlt. Ich habe die Bischöfe immer wieder hart kritisiert, weil sie in ihren Kirchen nicht einen härteren Kurs gefahren sind gegenüber Entwicklungen und Erscheinungen, mit denen wir als Pietisten nie unseren Frieden schließen konnten und mit denen wir innerlich nie fertig geworden sind. Ich habe im Laufe der Zeit sehen gelernt, daß unsere Bischöfe sich in der Leitung einer Kirche in einer außerordentlich schwierigen Situation befinden. Kein Bischof wollte es riskieren, daß die Kirche, der er vorzustehen hatte, auseinanderbrach und damit in schwerste Kämpfe verwickelt worden wäre. Jeder Bischof hatte das Bestreben, zusammenzuhalten. Ob es immer richtig war, ist eine andere Frage. Aber wer wie ich in Gnadau fast 18 Jahre über 50 Verbände und Werke zusammenzuhalten hatte, die ja auch alle ihre Eigenarten und Prägungen haben, der weiß, wie man darunter leidet, wenn etwas auseinanderzubrechen droht. Freilich ist das Zusammensein der über 50 Verbände und Werke im Gnadauer Bereich noch etwas anderes als das Gebilde einer Landeskirche. Die Verbände und Werke, die in Gnadau zusammengeschlossen sind, sind sich doch in den letzten Grundlagen eins: im Blick auf die Einzigartigkeit und Einmaligkeit des einen Heilandes und Herrn Jesus Christus, im Blick auf die Autorität der Bibel, im Blick auf die Zielsetzungen und Grundlagen der Evangelisation und der Diakonie, der Mission usw. Während in den Landeskirchen ja schon, wenn es um das Bibelverständnis oder das Christusverständnis geht oder um Evangelisation und Mission, die einzelnen Gruppen stark auseinanderlaufen. Ich habe es an Hermann Dietzfelbinger erlebt, wie er versuchte, in der bayerischen Landeskirche auseinanderstrebende Flügel zusammenzuhalten. Er ist daran fast zerbrochen; anderen Bischöfen ist es ähnlich ergangen. Helmut Claß und Hans Thimme sind viel kritisiert worden, daß sie zu viele Zugeständnisse machten, daß sie zu kompromißbereit wären, daß sie zu weich wären, andererseits wird man beiden Männern nicht absprechen können, daß sie in Treue das Christuszeugnis ausgerichtet haben und das Beste für Kirche und Volk gewollt haben. Ich habe diese beiden Männer kennengelernt als Brüder, mit denen man jederzeit in Offenheit und Ehrlichkeit über alle anstehenden Fragen sprechen konnte. Die Gespräche, die wir meist in Frankfurt hatten, begannen immer mit Andacht und Gebet und endeten damit. Ich denke neben Helmut Claß und Hans Thimme an

Männer wie Helmut Hild und Karl Immer, an Bischof Harms, Professor Esser und andere, die regelmäßig an den Gesprächen, die wir meist zweimal im Jahre hatten, teilnahmen.

Ich war im Jahre 1979 als berufener EKD-Synodaler dabei, als Helmut Claß, der scheidende Ratsvorsitzende der Evangelischen Kirche in Deutschland vor der Synode in Berlin-Spandau seinen abschließenden Rechenschaftsbericht gab. Er sagte dort u.a.: es gebe drei Gesprächsforen, die besonders wichtig seien, und er bat, diese weiterzuführen. Er nannte unter den dreien die Gespräche des Rates der Evangelischen Kirche mit dem Gnadauer Verband. Es hat dann in der Zeit, als Landesbischof D. Eduard Lohse Ratsvorsitzender der EKD war, in unserer Zentrale in Dillenburg nur ein Gespräch gegeben. Seitdem Bischof Dr. Martin Kruse Ratsvorsitzender der EKD ist, hat bisher im Dezember 1986 ein Gespräch in Hannover stattgefunden. Es hat aber einige Klausurtagungen gegeben zwischen einem größeren Kreis von Brüdern aus Gnadau und den Referenten, meist Oberkirchenräten, aus den Gliedkirchen der EKD, zu denen das Referat »Gemeinschaftsbewegung« gehört. Gerade in diesen Klausurtagungen wurde das Verhältnis zwischen Kirche und Gemeinschaftsbewegung erörtert. Es ging dabei vor allem um eine Frage: Wie groß kann der Freiraum eines großen Werkes in der Kirche sein – Freiraum, der nicht gegen die Kirche, sondern für sie genutzt werden soll? Dankbar denke ich hier an Oberkirchenrat Ernst Lippold aus dem Kirchenamt der EKD in Hannover, der in allen diesen Gesprächen uns ein verständnisvoller und brüderlicher Partner gewesen ist.

Die vielen Gespräche, in Gnadauer Klausuren, in Klausuren mit den Referenten der Gliedkirchen der EKD, die mancherlei Gespräche auf der Ebene des Rates der EKD mit dem Vorstand des Gnadauer Verbandes über die Frage des Verhältnisses zwischen Kirche und Gemeinschaftsbewegung haben schließlich dazu geführt, daß der Gnadauer Verband im Rahmen einer außerordentlichen Mitgliederversammlung im November 1987 ein Positionspapier verabschiedet hat, in dem er sein Selbstverständnis zu klären versucht und sein Verhältnis zur Evangelischen Kirche in Deutschland heute bestimmt. Es ist für mich eine schmerzliche Erfahrung gewesen, daß bei dieser außerordentlichen Mitgliederversammlung, bei der ich mich voll engagierte, dieses Positionspapier nicht einstimmig verabschiedet werden konnte. Ein Gnadauer Verband stimmte gegen das Papier, zwei enthielten sich der Stimme; im übrigen wurde jedoch mit einer überwältigenden Mehrheit von 48 Verbänden und Werken dieses Positionspapier angenommen und auch von den allermeisten innerlich akzeptiert. Die Stellung Gnadaus zur Kirche ist die, daß Gnadau eine innerkirchliche Bewegung bleiben will und im Augenblick nicht daran denkt, eine Freikirche zu werden. Freilich können wir heute keine Positionspapiere für die Zukunft verfassen. Wir stehen in einer Umbruchsituation. Die Volkskirche befindet sich in der Krise. Die Zahlen der Kirchenaustritte sprechen eine beredte Sprache. Andererseits wird niemand die Prognose wagen können, daß die Landeskirchen völlig am Ende seien. Was Gott mit den Landeskirchen vorhat, wissen wir nicht. Er kann auch in den Landeskirchen noch einmal einen geistlichen Aufbruch, eine Erweckung, schenken. Wer will Gott wehren? Wer könnte mit Bestimmtheit sagen, daß die Zeit der Landeskirchen endgültig vorbei ist? In dieser Umbruchsituation kann man nicht auf Jahre hinaus Positionen festlegen und Pläne schmieden, sondern man muß auf Gottes Weichenstellungen achten. Das wird immer nur im Hören auf das entscheidende Wort der Schrift, im Rückblick auf die Entscheidungen der Väter und im gegenseitigen Austausch der Brüder und Schwestern geschehen können.

Ich bin so gern in Österreich

Eine besondere Liebe habe ich zu Österreich. Zum Gnadauer Verband ge-
hören auch zwei kleine Gemeinschaftsverbände in unserem Nachbarland.
Außerdem habe ich viele Freunde in der Alpenrepublik. Diese Liebe zu
Österreich hat ihren letzten Grund darin, daß mir im März 1945 zwischen
Klagenfurt und Villach der lebendige Christus begegnet ist. In den 50er
Jahren hielt ich dann mit unserem CVJM manche Freizeiten in diesem
Land. Aber die engsten Beziehungen zu Österreich entwickelten sich
durch Georg Kragler, den früheren Bundessekretär des bayerischen
CVJM, der mich bat, bei den Scharnsteiner Freizeiten mitzuarbeiten. Ich
muß hier etwas weiter ausholen. Im Jahre 1928, in meinem Geburtsjahr,
fand in dem Dorf Scharnstein, in der Nähe des Traunsees, eine erste Bauernburschen-Bibelfreizeit statt. Der österreichische Jugendpfarrer Eder
und Pfarrer Fischer aus Thening bei Linz hatten von den gesegneten Bau-
ernburschen-Bibelfreizeiten in Bayern gehört, die der CVJM dort durch-
führte. Leiter dieser Freizeiten waren der Bundespfarrer Georg Kornacher
und der Bundessekretär Georg Kragler. So riefen Eder, der spätere erste
Bischof von Österreich, und Fischer die beiden Brüder nach Österreich
mit der Bitte, in Scharnstein eine Bibelfreizeit durchzuführen. Sie wollten
junge Bauernburschen dorthin einladen. In Scharnstein hatte ein deutscher
Admiral eine Villa gebaut, der er den Namen »Vor Anker« gab. Als er dort
einziehen wollte, verstarb er an den Folgen eines Schlaganfalls. Schon während des Baus hatte er die Villa testamentarisch dem Diakonissen-Mutter-
haus Gallneukirchen als Erholungsheim vermacht. In dieser Villa sollte also die erste Bauernburschen-Bibelfreizeit in der ersten Januarwoche 1928
stattfinden. Etwa 30 junge Männer kamen. Gott schenkte es, daß alle zum
lebendigen Glauben an Christus kamen. Sie wurden aktive Glieder ihrer
Kirchengemeinden, hielten Verbindung miteinander und trafen sich jährlich in Scharnstein zur Freizeit. Im Dritten Reich, als Österreich von Hitler
annektiert worden war, mußten diese Freizeiten aufhören. Es verlief sich
alles. Kragler heiratete in Stuttgart, Kornacher war längst gestorben, Eder
war Bischof von Österreich geworden. In den 50er Jahren hat Kragler sich

wieder aufgemacht, um die Brüder der ersten Freizeit aufzusuchen. Zum größten Teil waren sie Landwirte in Oberösterreich, die ihre Vierkanthöfe inmitten großer Äcker hatten – Land, das oft schon jahrhundertelang im Familienbesitz war. Kragler fand die Brüder, die ab 1928 bei den Freizeiten waren. Mitte der 50er Jahre lud er die »Erstlinge«, die Freizeitteilnehmer von 1928, die fast alle noch lebten, wieder zu einer Freizeit nach Scharnstein ein. Und sie kamen fast alle. Bei diesen Freizeiten nach dem Krieg überlegte man nun, ob man nicht die Söhne der Väter zu Jungmännerfreizeiten einladen sollte. Anfang der sechziger Jahre,- ich war Gemeindepfarrer in Nürnberg – bat mich Kragler inständig, bei einer Jungmänner-Bibelfreizeit in Scharnstein die Bibelarbeiten zu halten. Ich übernahm diesen Dienst und hatte beglückende Begegnungen mit jungen Menschen in Scharnstein. Von da an ist meine Verbindung zu diesen Brüdern, die heute gestandene Ehemänner und Familienväter sind, nicht mehr abgerissen. Wenn ich an die Brüder der ersten Generation denke, die also 1928 dabei waren – etliche davon leben noch, wie z.B. der liebe Wilhelm Angermeier in Oberbuch, in der Nähe von Linz, der seinen großen Vierkanthof längst einem seiner Söhne übergeben hat – dann erinnere ich mich lebhaft an den vor einigen Jahren verstorbenen Paul Schmaranzer aus Bad Goisern. Er war 1928 dabei gewesen. Im Lauf der Jahre ist er mir wie ein Vater geworden. Manches Mal hat er mir seine Lebensgeschichte in kurzen Zügen erzählt, oder sie auch vor Versammlungen zeugnishaft weitergegeben. Er war kein großer Redner, aber das, was er sagte, hat doch jeden tief beeindruckt. Paul Schmaranzer ist als Kind armer Eltern groß geworden. Er hat sich als junger Mann seinen kärglichen Lohn als Waldarbeiter verdient. Pfarrer Eder tat in der evangelischen Gemeinde in Gosau seinen Dienst. Er kannte Paul Schmaranzer, er hatte ihn konfirmiert. Pfarrer Eder setzte sich dafür ein, daß Paul Schmaranzer zur ersten Freizeit nach Scharnstein 1928 fahren konnte. Paul hatte kein Geld und hielt nicht viel von frommen Dingen. Eder sagte: »Wenn du nach Scharnstein fährst, bezahle ich es dir.« Paul Schmaranzer nahm das an. In den Tagen der Freizeit wurde Christus der Herr seines Lebens. Pauls Leben wurde völlig neu. Als er nach Hause kam, ging er zu seinem Pfarrer, erzählte ihm von seinem Erleben und sagte: »Herr Pfarrer, ich werde jetzt wöchentlich von meinem Lohn etwas zu Ihnen bringen, das sparen Sie für mich. Dann komme ich nicht in Versuchung, es auszugeben, und dann wollen wir sehen, was ich in einigen Jahren mit dem Ersparten anfangen kann.« Pfarrer Eder war damit einverstanden und richtete für Paul ein Konto ein. Kragler hat uns oft den Satz gesagt: »Wer innerlich hochkommt, der kommt auch äußerlich hoch.« Man kann diesen Satz sicher nicht pressen, aber ein Körnlein Wahrheit enthält er. So ging es auch mit Paul Schmaranzer. Er lernte einen Beruf als Holzarbeiter und Schreiner und konnte sich ein kleines Sägewerk kaufen. Inzwischen ist daraus ein großes Werk in Bad Goisern geworden, das Pauls Sohn leitet, der ebenfalls in Scharnstein zum Glauben gekommen ist und mit dem ich herzlich verbunden bin.

Paul Schmaranzer – er war längst Sägewerkbesitzer, ein angesehener Bürger im Salzkammergut, verheiratet, hatte Kinder – bekam eines Tages die Nachricht, daß Bischof Eder schwer an Krebs erkrankt sei und von der Anfechtung umgetrieben werde: »Hast du eigentlich einen Menschen in den Himmel gebracht?« Oder mit anderen Worten ausgedrückt: »Ist durch deinen Dienst ein Mensch ein Eigentum Jesu geworden?« Als Paul Schmaranzer das hörte, ließ er alles liegen und stehen, zog sein Sonntagsgewand an und fuhr nach Wien ins Krankenhaus. Er ging schnurstracks in das Krankenzimmer seines ehemaligen Pfarrers, des jetzigen Bischofs. Als er am Krankenbett saß, sagte er zu ihm: »Herr Bischof, ich habe von Ihrer schweren Erkrankung und von Ihren großen Anfechtungen gehört; ich bin gekommen, um Sie zu trösten. Wenn es gar kein anderer wäre, ich bin der eine, den Sie in den Himmel gebracht haben.« Und dann erzählte Paul Schmaranzer, wie ein seliges Lächeln über die Züge des sterbenden Bischofs ging und sich die beiden Männer fest die Hand gedrückt haben. Das war für den sterbenden Bischof der Trost in seinen Anfechtungen, denn Paul, den er als jungen Waldarbeiterbub nach Scharnstein geschickt hatte, war der eine, zumindest einer, den er in den Himmel gebracht hatte.

Ich könnte von anderen Männern und Frauen erzählen. Eine der originellsten Frauen, die von den Scharnsteiner Frauen-Freizeiten nicht wegzudenken ist, war die Diakonisse Helene Kalkhauser aus Gallneukirchen. Sie war eine Wienerin, die noch im hohen Alter ihren Wiener Charme versprühte. Wenn sie erzählte, konnte sie nicht enden. Georg Kragler mußte sie oft unterbrechen. Sie konnte biblische Frauenbilder darstellen wie ich es selten gehört habe. Was hat diese Frau auf den verschiedenen Stationen, vor allem in der Arbeit in Kärnten, mit Jesus erlebt!

Während der Bauernburschen-Freizeiten der 60er Jahre, an denen ich öfter teilgenommen habe, um die Bibelarbeiten zu halten, bin ich besonders in Verbindung gekommen mit Helmut Angermeier, dessen Vierkanthof zwischen Eferding und Alkoven an der Bundesstraße von Passau nach Linz liegt. Wie oft bin ich im Laufe der Jahre in diesem gastlichen Haus eingekehrt! Der Astnerhof in Oberösterreich ist mir zu einer zweiten Heimat geworden. Helmut Angermeier hat die Leitung der Scharnsteiner Arbeit übernommen und sie nach Gnadau geführt. An diesem Mann ist mir immer bedeutsam gewesen, wie ein Christ auch öffentliche Verantwortung wahrnehmen kann und soll. Helmut Angermeier hat viele Verbindungen in Österreich. Er gehört nicht nur dem Kirchenvorstand seiner Gemeinde an, sondern hat eine wichtige Funktion in der österreichen Synode. Er gehört zum theologischen Ausschuß. Wenn dort die Theologieprofessoren und andere Theologen miteinander gescheit diskutieren, dann fährt Helmut Angermeier als Landwirt oft dazwischen und sagt: »Für euch Theologen ist alles ein Problem, dabei ist doch ois so einfach . . .« Neben diesen Ämtern in der Gemeinschaftsbewegung und in der Kirche trägt er z.B. im genossenschaftlichen Bankwesen in Linz und in Eferding Verantwortung. Er arbeitet in den Gallneukirchner Anstalten mit und bekleidet ein wichtiges Amt in der Verbandsarbeit der österreichischen Landwirtschaft. So nimmt er als Christ neben den kirchlichen Ämtern »weltliche« Verantwortung wahr. Seine großartige Frau ist eine Künstlerin im Malen und außerdem eine Meisterin im Kochen.

Wie oft bin ich in Scharnstein bei Männer- und Frauentreffen, Jungmänner- und Mädchenfreizeiten gewesen, wie oft in Thening, einem Dorf in Oberösterreich mit einer großen evangelischen Kirche, in der im Sommer jeden Jahres der Scharnsteiner Tag abgehalten wird, an dem sich Christen vor allem aus Oberösterreich unter Gottes Wort sammeln!

Aber nicht nur Oberösterreich ist mir vertraut und lieb geworden, auch andere Gegenden Österreichs bedeuten mir viel. Ich denke z.B. an Kärnten, an den Christlichen Missionsverein für Österreich, einen kleinen Ge-

Zweite Reihe, fünfter von links: Georg Kragler, neben ihm Kurt Heimbucher

meinschaftsverband, der durch die energische Gräfin Elvina de la Tour nach der Jahrhundertwende ins Leben gerufen worden ist. Wenn man das Bild dieser Frau betrachtet, sieht man ihre Augen sprühen vor Aktivität und Willenskraft. Sie hat in Kärnten eine Reihe diakonischer Werke ins Leben gerufen. Die Treffener Anstalten in der Nähe von Villach gehen auf sie zurück, in denen Behinderte und Kinder, Jugendliche und Alte untergebracht sind. Sie hat die Bibelboten aus Ostpreußen nach Kärnten geholt, die ohne Lohn auf die Bauernhöfe ziehen mußten, um dort Bibelstunden zu halten. Diese Bibelboten lebten von dem, was ihnen die Bauern an Nahrung mitgegeben haben. Schließlich hat diese Gräfin auch dafür gesorgt, daß der Missionsverein ins Leben gerufen wurde. Dieser Gemeinschaftsverband arbeitet vor allem im westlichen Kärnten in drei Gebieten: im Liesertal, im Gailtal und im Villacher Bezirk. Gerne fahre ich nach Kärnten zu den Konferenzen in Seeboden am Millstätter See. Wie schön ist dieses Land! Der weite, große See und darum die herrlichen Berge, deren Kuppen oft mit Schnee bedeckt sind. Es ist auch immer ein besonderes Erlebnis, wenn junge und alte Brüder und Schwestern aus den Bergdörfern zu den Konferenzen kommen, um Gottes Wort zu hören.

In besonders Erinnerung sind mir zwei evangelische Wochen, die ich in den Stadtsälen in Hermagor gehalten habe. Bei der ersten konnten nach meinem Vortrag Fragen gestellt werden. Ich war überrascht, wie aus dem überfüllten Saal immer wieder neue Fragen kamen und wie Menschen die Antworten gerne und willig aufgenommen haben. Bei diesen evangelischen Wochen waren viele Katholiken anwesend, auch der katholische Pfarrer, aber auch Repräsentanten des Bundeslandes, der Bürgermeister, der Bezirkshauptmann und wie diese Würdenträger in Österreich alle heißen. Es ist mir immer ein Anliegen, gerade auch vor Männern und Frauen, die in der öffentlichen Verantwortung stehen, das Evangelium eindeutig zum Ausdruck zu bringen, und ich glaube nicht, daß es »gemacht« ist, wenn solche Personen dann nach einer Veranstaltung ihren herzlichen Dank aussprechen für das, was sie gehört haben. Unvergeßlich bleibt auch die Gnadauer Mitgliederversammlung, die wir im Februar 1981 zum ersten Mal in Österreich gehalten haben. Gemeinsam reisten wir mit dem Zug nach Kärnten. In Dortmund und Wuppertal stiegen die ersten zu, weitere in Frankfurt, Nürnberg und München. 1981 wurde das 200. Jubiläum des Toleranzpatentes Kaiser Josephs II. gefeiert, in dem er den Evangelischen eine relative Freiheit in seinem Landes gewährte. Der österreichische Bischof Oskar Sakrausky war damals unter uns und hielt einen bewegenden Vortrag über die Geschichte der Evangelischen in Österreich. Ich habe zum Abschluß jener Mitgliederversammlung auf dem Rojachhof – einem großen Hotel in der Nähe von Seeboden – einen Vortrag gehalten über den Nürnberger Kaufmann Johann Tobias Kießling, der am gleichen Tag wie ich, allerdings schon im Jahre 1743, geboren wurde. Er hatte eine besondere Liebe zu Österreich.

104 mal ist er von Nürnberg nach Österreich gewandert oder gefahren. Er hatte in Österreich Geschäfte abzuwickeln, war auf den großen Märkten in Oberösterreich, in Kärnten und in der Steiermark, aber sein Hauptanliegen war, die Evangelischen in Österreich zu stärken. Er brachte unzählige Bibeln, Bibelteile, Erbauungs- und Andachtsbücher nach Österreich. In Verbindung mit der Christentumsgesellschaf in Basel hat er in

ganz Europa, aber auch in Amerika, Geld gesammelt für die Österreicher, damit sie Schulen und Bethäuser bauen konnten. Ich habe diesen Vortrag über Johann Tobias Kießling zu Ehren und in Erinnerung an Georg Traar gehalten, den Wiener Superintendenten, der 1981 schon nicht mehr unter den Lebenden war. Meine Studien über Johann Tobias Kießling haben es mit sich gebracht, daß seine Person mich immer stärker faszinierte. So habe ich damals auch gebeten, eine »Johann Tobias Kießling-Gesellschaft« im Rahmen des Gnadauer Verbandes zu gründen, die sich für die Gemeinschaftsarbeit in Österreich nach verschiedenen Seiten hin verantwortlich wissen soll, vor allem auch im finanziellen Bereich. Gerade die Kärntner Arbeit braucht finanzielle Unterstützung, denn die Brüder und Schwestern dort können die Beträge, die für die Besoldung der Prediger nötig sind, alleine nicht aufbringen. Ich bin dankbar, daß meine Anregung vor wenigen Jahren Wirklichkeit geworden ist. Die »Johann Tobias Kießling-Gesellschaft« besteht. In ihrem Kuratorium sind Brüder aus der Bundesrepublik und aus Österreich, die für die Gesellschaft werben und die die eingehenden Gelder verwalten. Die Mitgliederversammlung Gnadaus beschließt dann jeweils, wofür die Gelder eingesetzt werden. Es erscheint mir wichtig, diese Arbeit in der österreichischen Diaspora zu fördern. Die Gemeinschaftsarbeit in Österreich hat noch ein weites Feld, das bearbeitet werden kann, und ich bedaure, daß gerade in Österreich manche religiöse und christliche Einzelgänger etwas aufbauen wollten, ohne die Situation zu kennen, und die dann oft mehr Schwierigkeiten als Segen in dieses Land gebracht haben.

Erinnerungen verbinden sich mit St. Pölten, wo die Familie Krömer wohnt. Dr. Otto Krömer, ein angesehener Jurist, ist mir zu einem persönlichen Freund geworden. Wir haben uns zum ersten Mal im Hause von Wilhelm Busch in der Wallotstraße 13 in Essen kennengelernt. Krömers haben Busch oft nach Österreich geholt und hatten mit ihm eine herzliche Verbindung. In den Stadtsälen von St. Pölten hielt ich auch vor etlichen Jahren einen programmatischen Vortrag zum Reformationsfest über das Thema: »Ist die Reformation überholt?« Am nächsten Morgen machten dann Krömers und ich eine wunderschöne Fahrt in die Wachau an die »schöne blaue Donau«. Über der Donau erhebt sich majestätisch das Benediktinerstift Melk, und im Schatten von Melk ist Stift Dürnstein, direkt an der Donau liegend, gewachsen. Unvergeßlich auch der Besuch der Kirche in Mauer bei Melk! Der gotische Flügelaltar erinnert lebhaft an Arbeiten von Tilman Riemenschneider. Bei vielen Diensten in Österreich haben mir die Freunde dort die Schönheiten ihrer Heimat gezeigt, ob ich in Kärnten war oder in der Steiermark, in Niederösterreich oder Tirol, in Wien, Salzburg oder in Oberösterreich, wo ich mich besonders oft aufgehalten habe.

Wie gerne bin ich in Wien! Diese Stadt erzählt von einer reichen Geschichte und birgt unendlich viele Schönheiten in sich. Die Schlösser Schönbrunn und Belvedere laden mit ihren prächtigen Gärten zu einem Besuch ein. Ich denke an die berühmten Museen. Im Kunsthistorischen Museum habe ich Originale meines Landsmannes Albrecht Dürer bewundert. Viele Holländer, deren Malerei ich besonders liebe, und dabei wieder besonders Peter Brueghel, konnte ich in Augenschein nehmen. Und dann der Besuch der spanischen Hofreitschule! Der Bummel durch die Hauptgeschäftsstraßen um den Stephansdom! Und dann der herrliche Blick über die Stadt vom Kalvarienberg aus – da drüben fließt die Donau, das Riesenrad vom Prater grüßt. In Wien wurde Geschichte gemacht und es erzählt eben auch von dieser reichen Geschichte.

Öfter war ich im Winter für eine Woche im Burgenland. Georg Kragler und Christoph Kurz, die beiden CVJMer, hatten auch dort mit einer Freizeit- und Evangelisationsarbeit begonnen. Pfarrer Dopplinger hatte sie nach Markt-Allhau gerufen, wo sein ältester Sohn Pfarrer gewesen ist. Wie waren die Wochen in Markt-Allhau anstrengend und schön zugleich! Sie wurden so gehalten, daß immer am Vormittag für Männer im Gemeindesaal eine ausführliche Bibelarbeit zu halten war. Nach dem Mittagessen ging es in eins der umliegenden Dörfer, die zur Kirchengemeinde gehören. Dort wurde mit dem Posaunenchor geblasen, wenn es die winterliche Witterung zuließ, und es wurden Zeugnisse gegeben. Dann war nachmittags wieder für die Männer ein Vortrag zu halten. Nach dem Abendessen war dann die Evangelisationsveranstaltung.

Als die große Kirche in Markt-Allhau noch keine Heizung hatte und man sie im Winter nicht benützen konnte, mußten die Evangelisationsabende im Gemeindesaal abgehalten werden. Der aber konnte die vielen Menschen nicht fassen. So mußte am Abend zweimal gesprochen werden. Die erste Evangelisationsveranstaltung war um 18.30 Uhr, die zweite um 20 Uhr. Beide Male war der Saal überfüllt. Viele junge Menschen kamen. Nach der zweiten Evangelisationsstunde ging es dann wieder in irgend ein Bauernhaus. Dort versammelte sich noch eine Gruppe von Burgenländern. Es wurden Erweckungslieder gesungen und Zeugnisse gegeben. Meist mußte ich noch ein Bibelwort auslegen und von meinem Leben oder aus der Arbeit berichten. Zu diesen Freizeit- und Evangelisationswochen fuhren Brüder aus Bayern und Oberösterreich mit. Aus diesem Kreis rekrutierte sich ein Posaunenchor und ein Männerchor.

An den Abenden nach der Evangelisationsveranstaltung konnte die Gruppe dann aufgeteilt werden, so daß in vielen Bauernhäusern eine Nachversammlung stattfinden konnte. Daneben wurden natürlich auch immer wieder persönliche, seelsorgerliche Gespräche erbeten.

Der Tag war voll und ganz ausgefüllt. Wenn ich nach einer Woche aus dem Burgenland nach Nürnberg heimfuhr, war ich meistens todmüde. Aber dann konnte ich ja nicht in Urlaub fahren, die Gemeindearbeit ging weiter.

In jenen Winterwochen, die jährlich im Burgenland stattfanden, fanden manche Menschen den Weg zu Jesus. Es war auch immer wieder bewegend, mitzuerleben, wie diese Menschen dort zuhören konnten. Um zu einer Bibelarbeit von 40 Minuten zu kommen, lohnte es sich gar nicht. Sie mußte mindestens 1 1/2 Stunden dauern.

Dort im Burgenland ist mir auch ein Mann begegnet, mit dem ich bis zu seinem Tode, er wurde über 90 Jahre alt, herzlich verbunden war. Wir haben einen reichen Briefwechsel geführt. Es war der Tischlermeister Ernst Guth aus Pinkafeld. Er wurde die »Seele« jener geistlichen Bewegung im Burgenland. Eine Zeitlang ist er Nationalrat im österreichischen Parlament gewesen. Er hatte Verbindung mit bekannten Persönlichkeiten Österreichs. Während seiner Parlamentszeit war er der einzige evangelische Abgeordnete im österreichischen Nationalrat. Von seinen Kenntnisssen und Erfahrungen her hat er mir manche Einblicke in die österreichische Politik und das gesellschaftliche Leben dieses Landes gegeben. Bis nach dem ersten Weltkrieg hat das Burgenland zu Ungarn gehört. Ernst Guth hatte eine enge Verbindung zu diesem Land. Auch die ungarische Mentalität hat er mir in manchen Gesprächen aufgeschlossen. Ernst Guth war ein kindlich-gläubiger Mann. Das Geschäft und die Politik kamen bei ihm an zweiter Stelle. Wichtig war ihm, daß seine Landsleute die Botschaft von Jesus hörten.

... aber auch sehr gern in der Schweiz

St. Chrischona bei Riehen, in der Nähe von Basel gelegen, ist mir auch zu einem Stück Heimat geworden.

Im Jahre 1956 habe ich zum ersten Mal diese Segensstätte kurz besucht. Ich hielt eine Jugendfreizeit im südlichen Schwarzwald in der Nähe von Schopfheim. Als junger Pfarrer hatte ich viel von St. Chrischona gehört, aber ich war noch nie selber dort gewesen. Ein Mitarbeiter dieser Jugendfreizeit fuhr mich an einem Nachmittag nach St. Chrischona. So kam es zur ersten Begegnung. Ich ahnte damals nicht, daß dieser erste Besuch, bei dem ich übrigens keinerlei Bekanntschaft mit leitenden Brüdern des Werkes machte, später zu einer engen Verbindung führen sollte.

Es hat 15 Jahre gedauert, bis ich wieder nach St. Chrischona kam. Im Jahr 1971 war ich zum Präses des Gnadauer Verbandes gewählt worden. Die Mitgliederversammlung, die damals im Johanneum in Wuppertal-Barmen tagte, hatte sich darauf geeinigt, daß die nächste Mitgliederversammlung auf St. Chrischona stattfinden sollte. So fuhr ich im Februar 1972 dorthin. Die Hauptthemen sind mir noch in lebendiger Erinnerung. Es ging um die Frage unseres Verhältnisses zum Weltkirchenrat in Genf im Blick auf Äußere Mission. Professor Dr. Winterhager aus Berlin, ein Kenner der Ökumene-Szene, der eine Reihe von Weltkirchenkonferenzen miterlebt hat, und Professor Dr. Peter Beyerhaus, der Missionswissenschaftler aus Tübingen, waren unsere Referenten. Es war eine anstrengende Mitgliederversammlung. Ich war in Gnadau noch sehr neu. Viele Brüder kannte ich noch nicht persönlich. Aber ich weiß noch, daß der seit 1967 amtierende Direktor Edgar Schmid uns den Aufenthalt zu einem unvergeßlichen Erlebnis machte. Zum ersten Mal lernte ich das Werk kennen: Das Brüderhaus mit dem theologischen Seminar, das Mutterhaus, das Erholungsheim »Haus zu den Bergen«, die große Landwirtschaft, die alkoholfreie Gaststätte »Waldrain« und vor allem die auf dem höchsten Punkt des Berges stehende Kirche von St. Chrischona. Namen wie Friedrich Spittler und Karl Heinrich Rappard wurden mir vertraut, vor allem aber auch die »Chrischona-Mutter« Dora Rappard, die uns wundervolle Lieder geschenkt hat.

Seit dem Jahre 1972 bin ich nun oft und gerne auf St. Chrischona gewesen. Die »Friedau«, das Wohnhaus der Direktorsfamilie, ist mir tatsächlich zu einer zweiten Heimat geworden.

Ich habe auf St. Chrischona Evangelistenkonferenzen miterlebt, die immer im Anschluß an den Einsegnungssonntag im Juli gehalten werden. Als ich selber einmal die Hauptreferate über das Thema »Evangelisation« bei einer Konferenz zu halten hatte, versuchte ich, Gedanken zu einer »Theologie der Evangelisation« zu entwickeln, ein Gegenstand, der mich bis heute beschäftigt.

In einem Jahr hielt ich die »Stillen Tage« zum Beginn des Studienjahres im September. Damals haben wir uns intensiv mit dem heiligen Vaterunser beschäftigt.

Mehrmals habe ich bei der Heiligungskonferenz, die immer Ende Juli/ Anfang August stattfindet, das biblische Wort ausgelegt: Abschnitte aus dem Römerbrief, ein andermal aus dem Philipperbrief, dann aus dem Brief an die Hebräer; ein weiteres Mal aus dem 1. Petrusbrief. Unter dem Thema »Jesus der Seelsorger« besprach ich Geschichten aus den Evangelien.

Es geht mir bei meinen Verkündigungsdiensten vor Gläubigen immer besonders darum, das biblische Wort zum Leuchten zu bringen. Die Textauslegung liegt mir mehr als die Behandlung von Themen. Und wenn im Rahmen einer Konferenz Bibeltexte vorgegeben sind, dann möchte ich sie nicht einfach als Sprungbrett für eine thematische Abhandlung benützen, sondern möchte mich hineinhorchen in das biblische Wort und das der Gemeinde weitersagen, was unser Herr uns durch sein Wort sagen will. Es ist so entscheidend wichtig, daß wir hineinfinden in die biblischen Gedanken und Linienführungen. Oft erschüttert es mich, wie wenig auch gläubige Christen wirklich die Bibel kennen. In Gesprächen mit ihnen geht mir manchesmal auf, wie wenig sie biblisch denken können. Unser »christliches« Denken entspricht oft nicht dem biblischen Denken. Wir haben uns fromme Überzeugungen zurechtgelegt und sind gar nicht mehr bereit, uns vom biblischen Wort korrigieren und verändern zu lassen. Wir Christen sind heute auch häufig so angesteckt vom Denken des Zeitgeistes, wir denken, wie »man« denkt. Wer aber biblisch denken lernt, der muß gegen den Strom schwimmen und das ist unbequem. Ich habe es auch erlebt, und sicher bin ich manchesmal auch dieser Gefahr erlegen, daß wir unsere frommen Gedanken in den Text hineintragen. Er soll sagen, was wir uns zurechtgelegt haben. Damit aber verfälschen wir das Wort Gottes. Die erste Frage bei aller Schriftauslegung muß sein: »Was steht da?« Erst dann kann die Frage gestellt werden, wie dieses Wort in unsere Zeit und Situation hinein gesagt werden kann und muß. Oft aber machen sich Schriftausleger gar nicht mehr die Mühe, danach zu fragen, was denn da eigentlich steht. Es wird keine gründliche Exegese getrieben. Dann kommt es zu flachen Auslegungen. Der Glaube wird nicht wirklich gestärkt und vertieft. Die Auslegung wird langweilig, höchstens dadurch interessant, daß wir sie mit frommen Geschichten garnieren. Wir haben aber den Auftrag, aufgrund des Schriftwortes die gläubige Gemeinde in den »ganzen Ratschluß Gottes« hineinzuführen, wie das Paulus in seiner großen Abschiedsrede vor den Ältesten von Ephesus in Milet sagt (Apg. 20).

Bei den Heiligungskonferenzen bin ich vielen Menschen begegnet. Schön waren immer die Begegnungen mit den Brüdern, die mit am Wort dienten. Ich denke an die Brüder Walter Schaal, Fritz Laubach oder Horst Marquardt, an die Brüder Äschlimann, Wagen oder Haag, Deitenbeck oder Liedholz. Viele andere wären noch zu nennen. Aber auch die Begegnungen mit Konferenzteilnehmern waren mir wichtig. Freilich waren diese Begegnungen oft anstrengend, denn sie waren oft verbunden mit ernsten seelsorgerlichen Gesprächen. Das gehört bei der Heiligungskonferenz zusammen: Verkündigung und Seelsorge. Viele Brüder und Schwestern nehmen das seelsorgerliche Angebot dankbar an. Viele Nöte kommen zum Vorschein. Oft wird die Seelsorge zur persönlichen Beichte. Es gibt auch im Leben der Kinder Gottes so viele Verkehrtheiten, Versagen und Schuld. Wer wollte auf einen Bruder oder eine Schwester einen Stein werfen? Ich kenne mein eigenes Herz.

Schön ist es, daß neben den Versammlungen für die Erwachsenen auch Veranstaltungen für die junge Generation und eine Kinderkonferenz gehalten werden. So werden auch junge Menschen mit dem Wort Gottes erreicht. Manche junge Menschen habe ich bei der Konferenz kennengelernt, über deren geistliche Haltung ich mich herzlich freute.

Der 1. August, der Schweizer Nationalfeiertag, der in unserem Nachbarland in besonderer Weise gefeiert wird, fällt in den Ablauf der Heiligungskonferenz. Auch auf St. Chrischona findet am Abend des 1. August eine Feier statt. Ich freue mich über das Nationalbewußtsein der Schweizer. Bei uns in Deutschland wären heute solche Feiern kaum mehr denkbar. Sicher sind solche nationalen Feiern auch zu hinterfragen, und es gibt auch in der Schweiz Stimmen, die kritisch nach dem Sinn dieses Tages fragen. Und doch, meine ich, wäre es gut, wenn ein Volk sich der Freiheit bewußt ist und vor allem danach fragt, wem es seine Freiheit und überhaupt seine völkische Existenz verdankt. Gerade dieser letzte Gedanke spielt bei den Feiern auf St. Chrischona eine besondere Rolle. Am Abend des 1. August kommen viele Menschen im »Wyhler Loch« zusammen: aus Basel, aus Riehen, aus Bettingen, aus der näheren und weiteren Umgebung. Es sind immer ein paar tausend Menschen, die sich da zusammenfinden. Bei der Feier singt der Brüderchor einige geistliche Lieder. Manchmal versteht sich auch einer der Brüder auf's Alphornblasen. Ein großer Posaunenchor, der aus einer der Chrischona-Gemeinden der Schweiz eingeladen worden ist, spielt geistliche Lieder und Volkslieder. Meist wird auch bei der Feier eine Szene aus Schillers »Wilhelm Tell« aufgeführt, besonders die Szene des »Rütli-Schwures«: Auf jener Waldwiese haben sich am 7. November 1307 die Eidgenossen versammelt, um den »ewigen Bund von 1291« zu beschwören. Aus Schwyz kam Werner Stauffacher mit seinen Männern, aus Uri Walter Fürst mit seinen Getreuen, aus Unterwalden Arnold von Melchthal mit seinen Gefolgsleuten. Im Rütli-Lied heißt es: »Hier standen die Väter zusammen für Freiheit und heimisches Gut und schwuren bei heiligsten Namen zu stürzen die Zwingherrenbrut.« Natürlich wird am Schluß der Feier auch die Schweizer Nationalhymne gesungen. Schließlich wird dann ein großes Feuer entzündet. Großartig ist es, von der Höhe von St. Chrischona aus zu sehen, wie überall auf den Bergen, in der Nähe und in der Ferne, die Freiheitsfeuer entzündet werden. Nach der Feier kann man sich dann an Ständen noch an allerlei Köstlichkeiten laben. Für mich ist diese Augustfeier jedes Jahr neu ein Erlebnis.

Die Gestaltung der Feier wird von den Chrischona-Brüdern vorbereitet. Sie laden auch jeweils einen Redner ein: manchmal einen Theologen, je und dann auch einen Mann, der als Christ in der politischen Arena steht.

Unvergeßlich ist mir die Rede Dr. Kaegis, eines bedeutenden Schweizer Juristen, der ein Freund des Theologieprofesssors D. Emil Brunner in Zürich war.

Der krönende Abschluß der Feier findet dann im kleinen Kreis im Wohnzimmer von Edgar Schmid statt, wenn wir mit dem Referenten über das Gehörte und über die allgemeine Lage sprechen.

Mit vielen jungen Chrischona-Brüdern bin ich zu »Stillen Wochen« zusammengekommen, die ich etliche Jahre auf Bitten und Drängen meines Freundes Edgar Schmid gehalten habe. In der Woche vor der Einsegnung wird für die Abschlußklasse immer eine »Stille Woche« gehalten. Chrischona hat viele wundervolle Häuser in der Bundesrepublik Deutschland und in der Schweiz. Dazu gehört auch ein »Haus der Stille«, das Haus »Sunnebad« auf dem Sternenberg im Züricher Oberland. Dieses Haus lädt schon durch seine Lage zur Stille ein. Es ist umgeben von Wiesen und Wäldern. Man hat einen weiten Blick über das Land und auf die Berge rings umher. Keine Straße führt an dem Haus vorbei. Man hört kein Auto und kaum je ein Flugzeug. Man hört höchstens die Glocken der Kühe, die auf den Wiesen grasen. Das Haus »Sunnebad« ist wirklich eine Segensstätte der Stille. Und die liebe Familie Theobald sorgt auch dafür, daß das Haus entsprechend geführt wird. Zur Einstimmung auf die Einsegnung findet also dort immer die »Stille Woche« statt. Wenn man aus dem Lärm des Alltages kommt, dann ist es gar nicht einfach, zur Ruhe und zur Stille zu kommen. Das gilt besonders für mich. Hier heißt es abschalten und sich umstellen auf einen neuen Rhythmus. Der Tagesablauf in »Sunnebad« ist liturgisch geregelt. Vor dem Frühstück, nach dem Mittagessen und nach dem Abendessen gibt es in der Kapelle des Hauses eine liturgisch geformte Andacht, bei der freilich auch Gelegenheit z.B. zum freien Gebet ist. Vom Aufstehen bis nach dem Frühstück ist Schweigezeit. Man spricht nicht miteinander, auch nicht beim Frühstück. Stattdessen erklingt während des Frühstücks klassische Musik. Das Frühstück wird abgeschlossen, indem der Hausvater oder die Hausmutter eine kleine besinnliche Geschichte vorträgt, die für unser geistliches Leben Bedeutung hat. Meist habe ich dann bei der »Stillen Woche« drei Dienste am Tag. Am Vormittag halte ich eine biblische Besinnung mit anschließendem Gespräch über den jeweiligen Text und einer Gebetsgemeinschaft mit den Brüdern. Am Nachmittag nehme ich meist zu einer Zeitfrage Stellung und am Abend erzähle ich aus meinem Leben, wie Gott mich geführt hat, an welche Dienstplätze er mich brachte, welche Fehler ich machte, wo ich meine dienstlichen Schwerpunkte setzte und vieles andere. Bei diesem Erzählen geht es mir darum, daß die Brüder aus der Praxis für die Praxis lernen. In die »Stille Woche« fällt auch immer ein Sonntag. Da fahren wir alle in eine Chrischona-Gemeinde, gestalten den Gottesdienst und essen dort zu Mittag. Viele feine Zeugnisse von jungen Seminaristen habe ich bei diesen Gottesdiensten gehört. Am Sonntagnachmittag besuchen wir dann gerne eine Sehenswürdigkeit. Besonders in Erinnerung ist mir der Besuch der Kunstsammlung von Reinhardt in Winterthur. Welche Kunstwerke hat dieser Mann nicht alle gesammelt! Unser erster Bundespräsident Theodor Heuss war mit Reinhardt befreundet und hat öfter dessen Kunstsammlung aufgesucht.

Ein junger Kunststudent aus Zürich führte uns durch die Sammlung. Es ist mir unvergeßlich, mit welcher Hingabe dieser junge Mann uns in die Werke einführte und sie erklärte. Ich habe mich bei ihm am Schluß der Führung noch eigens bedankt und ihm Gottes Segen für seinen weiteren Weg gewünscht. Die edle Kunst ist eine großartige Welt. Und es ist eine hohe Gabe, wenn ein Mensch die Fähigkeit hat, anderen Kunst aufzuschließen und sie lebendig werden zu lassen. Das konnte jener junge Mann.

Am Freitag vor der Einsegnung wird die »Stille Woche« beendet. Wir fahren nach St. Chrischona zurück. Am Sonntag ist der Einsegnungstag. Viele, viele Menschen, vor allem die Angehörigen der Brüder, kommen zu dieser Veranstaltung. Die Halle auf St. Chrischona ist dann immer zu klein, um alle Gäste aufzunehmen. Bei der Einsegnung halte ich dann die Predigt und nachmittags bei der Festfeier noch eine kurze Ansprache.

Ehe die Brüder am Montagmorgen den Chrischonaberg nach vierjähriger Ausbildung verlassen, wird vor dem Brüderhaus noch eine kurze Feier gehalten. Der Direktor spricht ein Abschiedswort zu seinen Brüdern. Ein zurückbleibender Bruder richtet ein Wort an die Scheidenden. Dann sagt einer aus der Einsegnungsklasse noch ein Wort zum Abschied. Einige Posaunen blasen. Der Brüderchor der Zurückbleibenden singt den Scheidenden ein Lied. Die ganze Chrischona-Gemeinde ist dann vor dem Brüderhaus versammelt und es gibt ein fröhliches, manchesmal auch ein wenig wehmütiges Händeschütteln. Es geht in den Dienst, in die Bewährung.

Im Laufe der Jahre habe ich viele der Brüder getroffen, mit denen ich zur »Stillen Woche« auf dem Sternenberg gewesen bin. Sie stehen in den verschiedensten Aufgabenbereichen ihren Mann. Manche sind in die Äußere Mission gegangen, andere tun in den Chrischona-Gemeinden in der Schweiz, im Elsaß oder in der Bundesrepublik Deutschland, aber auch in anderen Gnadauer Verbänden und Werken, auch in Freikirchen, einen guten und gesegneten Dienst.

Natürlich haben sich bei den »Stillen Wochen« auch mancherlei persönliche Gespräche ergeben. Daraus sind bis heute brüderliche Verbindungen geworden, für die ich dankbar bin. Mir ist das Gespräch mit unseren jungen Brüdern wichtig. Sie haben ihre Gedanken und Ideen für die praktische Arbeit. Und das ist recht so. Sie sollen nicht uns Ältere kopieren. Sie sollen in ihrer Originalität ihrem Herrn dienen. Wichtig ist nur dies eine, daß wir gemeinsam in der Nachfolge Jesu bleiben.

Es kann gar nicht anders sein: Mit den Brüdern und Schwestern auf St. Chrischona und in anderen Gegenden der Schweiz verbindet mich eine herzliche Freundschaft.

Edgar Schmid, dem Direktor von St. Chrischona, bin ich in tiefer Freundschaft verbunden. Was haben wir nicht alles miteinander erlebt! Edgar Schmid gehört zu den Leuten, mit denen man ungeschützt und offen reden kann, auch über persönliche Nöte, Ängste, Versuchungen und Anfechtungen. Wie viele Nachtgespräche haben wir in seiner wohnlichen Küche miteinander geführt! Und gerade auch die geistliche Gemeinschaft in den »Stillen Wochen« hat unsere geistliche und menschliche Gemeinschaft sehr vertieft. Nicht verschweigen möchte ich, daß Edgar Schmid mir auch viel Gutes getan hat und mich viel Schönes hat erleben lassen. Wenn es irgend möglich war, dann haben wir an gemeinsame Dienste in der Schweiz noch ein paar Tage der Stille und der Erholung angehängt. So fuhr mich Edgar Schmid nach Bern. Wir besichtigten die Stadt. Ich war beeindruckt von dem monumentalen Parlamentsgebäude und der Schönheit der alten Stadt. Wir fuhren miteinander durch die Schweizer Berge, hinauf auf das Schildhorn. Wir wollten einen weiten Blick haben in die Hochgebirgswelt – und als wir mit der Seilbahn oben angekommen waren, war alles im dichten Nebel. Wir fuhren gemeinsam nach Murten und nach Schwyz, um dort das Bundesbrief-Archiv zu besuchen, in dem die ältesten Bundesbriefe der Eidgenossenschaft aufbewahrt werden. Wir fuhren nach Adelboden und nach Zürich, über den St. Gotthard-, den Furka- und den Grimselpaß, über den Susten- und den Nufenenpaß.

Es waren unvergeßliche Erlebnisse, die sich tief bei mir eingeprägt haben. Wie schön ist die Schweiz! Wie sauber ist dieses Land! Die herrliche Bergwelt mit ihren Gletschern, daneben die wundervollen Seen mit den Dörfern und Städten an ihren Ufern. Und dann die geschichtsträchtigen Städte! Wie gerne gehen Edgar Schmid und ich in Basel spazieren, wenn es die Zeit erlaubt. Dann stehen wir oben am Münster an der Brüstung und schauen hinunter auf den Rhein. Wir gehen an der alten Universität vorbei und denken an die vielen Gelehrten, die dort Studenten unterrichtet haben: in der Reformationszeit Erasmus von Rotterdam, in der jüngsten Vergangenheit der Theologe Karl Barth und der Philosoph Karl Jaspers.

Und dann der Basler Marktplatz mit seinem herrlichen Rathaus! Wenn wir mit dem Auto nach Basel fahren, dann kommen wir am Hörnli-Friedhof vorbei, auf dem Karl Jaspers und Karl Barth begraben liegen.

Nicht nur mit Edgar Schmid verbindet mich eine herzliche Freundschaft, sondern mit vielen anderen Brüdern und Schwestern. Ich denke an Klaus Haag und Fritz Äschlimann, an die theologischen Lehrer Dr. Helmut Burkhardt und Paul Breymaier, an Dr. Stöckle, den Vorsteher des Diakonissen-Mutterhauses, und an Hans Bühler, den Leiter der Bibelschule, an Alfred Stäheli, der das »Haus zu den Bergen« leitet, und an die fürsorgliche Schwester Margret. Ich denke gerne an Walter Landolt, dem ich zum ersten Mal bei der »Stillen Woche«begegnet bin, der nun seit Jahren die große Landwirtschaft auf St. Chrischona mit Umsicht leitet, an Theo Rüdiger und an Frl. Schumacher, die Unentbehrliche. Ich denke an alle Mitarbeiterinnen und Mitarbeiter auf St. Chrischona, zu denen ich ein herzliches Verhältnis gefunden habe.

Nicht unerwähnt darf eine Freundschaft bleiben, die mir ebenfalls auf St. Chrischona geschenkt wurde. Jedes Jahr spielt dort bei der Heiligungskonferenz der Lehrer Fritz Harlacher das Klavier oder die Orgel. Seine lie-

Mit Edgar Schmid, dem Direktor von St. Chrischona

be, gütige Frau versieht mit der umsichtigen Helen Schmid, der Frau des Direktors, den Haushalt, um die vielen, vielen Gäste zu versorgen, die während der Heiligungskonferenz im Hause Schmid ein- und ausgehen. Die Harlachers haben drei prächtige Söhne: Martin, den Lehrer, der sich jüngst verheiratet hat, Thomas, der in einem Architekturbüro arbeitet, und Christof, dessen heimliche Liebe die Landwirtschaft ist. Es ist großartig, wenn eine Familie geistlich geschlossen sein darf. Oft habe ich meinem Freund Fritz Harlacher gesagt: »Du kannst Gott nicht genug dafür danken, daß ihr alle fünf miteinander auf dem Weg in der Nachfolge Jesu seid.« Das ist beileibe keine Selbstverständlichkeit. Wie leicht bricht eines der Kinder aus und geht seine eigenen Wege! Wenn Vater Harlacher an der Orgel und Sohn Thomas mit der Flöte gemeinsam musizieren, ist das immer ein besonderer Genuß. Auch mit der Familie Harlacher habe ich manche Fahrt durch die Schweiz unternommen. Als ich vor einigen Jahren im Erholungsheim »Kastanienbaum« am Vierwaldstätter See war, um mich von meiner Herzoperation zu erholen, da haben mich Schmids und Harlachers verwöhnt. Abwechselnd fuhren sie mich ins Tessin, nach Locarno und Lugano oder ins Wallis. Ich konnte immer wieder nur staunen über die Herrlichkeit der Schöpfung Gottes. Welch eine Fülle von Farben und Formen in der Welt der Berge und der Blumen!

Einmal fuhr ich mit Edgar Schmid und seiner lieben Frau nach Grindelwald. Dort fuhren wir mit der Bergbahn auf den Männlichen. Auf der Höhe des Berges angekommen, haben wir uns an diesem wunderschönen Sommertag in das Gras gesetzt und uns leiblich gestärkt. Dann wanderten wir vom Männlichen zur Kleinen Scheidegg. Ein unvergeßlicher Weg! Schnee lag noch rechts und links vom Weg, aber dann kamen wir wieder an Feldern mit herrlich blühenden Alpenrosen vorbei. Und auf dem ganzen Weg hatten wir die majestätische Kette von Eiger, Mönch und Jungfrau vor uns. Auf der Kleinen Scheidegg gönnten wir uns in einer Gaststätte einen Kaffee, dann fuhren wir mit der Bergbahn nach Grindelwald zurück. Auf der Rückfahrt nach Chrischona kehrten wir noch bei einem unserer Brüder in Interlaken ein, der dort ein großes Cafe besitzt. Dankbar fuhren wir nach Hause. Wir konnten Gott nur loben über all dem Schönen, was wir erlebt hatten. Ich dachte dabei an eine Strophe von Gottfried Keller, der ja auch ein Schweizer war: »Trinkt o Augen, was die Wimper hält, von dem goldnen Überfluß der Welt . . .« Was ist das doch für ein Geschenk, daß wir Augen haben, mit denen wir die Schönheiten der Welt sehen dürfen! Was ist das für ein Geschenk, daß wir Ohren haben, um Worte und Töne aufnehmen und verarbeiten zu können! Freilich sehen unsere Augen auch viel Grausamkeiten, viele Nöte, viel Dunkles. Aber das ist doch nur die eine Seite. Es ist schlimm, wenn bei sehenden Augen Menschen doch so blind geworden sind, daß sie das nicht erkennen können, wie Gott sich auch heute in seiner Schöpfung für uns verschwendet. Freilich hören unsere Ohren auch böse und verletzende Worte, schrille Töne, Seufzen und leidvolles Klagen. Aber das ist doch wiederum nur die eine Seite. Wie arm ist der Mensch, der das andere nicht mehr hören kann: Den Lobgesang der Schöpfung, die Harmonie, das gute Wort, den edlen Ton!

Als Christen starren wir doch nicht nur ins Dunkle. Es wäre verhängnisvoll, wenn Christen immer schwarz-weiß malen würden. Nein - unser Christenleben besteht nicht nur aus Leid. Ich weiß um das Leid, weil ich es selber immer wieder erfahren habe. Unser Christenleben besteht aber auch aus Freude. Wir sind nicht nur in eine Welt der Sünde hineingestellt, sondern wir leben in einer Welt, in der die Schöpfung Gottes uns umgibt. Und dazu gehören Berge und Felder, Wälder und Wiesen, Blumen und Steine, Ströme, Seen und Bäche. Dazu gehört auch, was der Mensch mit seiner Begabung geschaffen hat in künstlerischen Werken, sei es in der Baukunst, die wir in unseren Städten bewundern, sei es in der Malerei oder in der Musik.

Ach wie war das schön, als ich in »Kastanienbaum« war und eines Tages Paul Breymaier, mein Freund, mich besuchte! Wir streiften ein wenig durch das wunderschöne Luzern. Dann fuhren wir mit dem Schiff einen ganzen Tag auf dem Vierwaldstätter See. Immer neue Perspektiven tun sich auf. Da ist der Blick auf Luzern mit dem Pilatus. Dann ist vor dem Auge der Bürgenstock, auf dem Konrad Adenauer nach dem Kriege seine ersten Urlaube verbrachte. Auf der anderen Seite grüßt der Rigi. Dann fährt das Schiff Richtung Brunnen und Flüelen und plötzlich ist man umgeben von den schneebedeckten Gipfeln der Hochgebirgswelt, dem Bristen (3072m), dem Uri-Rotstock (2928m), dem Gitschen (2540m) und vielen anderen. Natürlich wird bei so einer Fahrt die Gestalt von Wilhelm Tell lebendig. Wir fahren an der Tells-Kapelle vorbei. Wir sehen die Rütli-Wiese, auf der die Eidgenossen der Urkantone Uri, Schwyz und Unterwalden ihren berühmten Schwur getan haben. Wir kommen nach Altdorf, dem Heimatort Wilhelm Tells. Die Rückfahrt geht an Küssnacht vorbei, wo in der »Hohlen Gasse« Tell den grausamen Landvogt Geßler mit seiner Armbrust erschossen hat. Und während der Fahrt auf dem Schiff ein köstliches Mittagessen und brüderliche Gespräche über persönliche Fragen, über Fragen des Unterrichtes, über die Lage der Gemeinde Jesu und die Situation der Welt, in der wir heute leben. Unvergeßliche Stunden!

Ich liebe die Schweiz. Das ist sicher aus den wenigen Andeutungen dieses Kapitels deutlich geworden.

Wenn ich nach St. Chrischona komme, dann kehre ich immer wieder für stille Minuten in der St. Chrischona-Kirche ein, die in den Jahren 1974/ 1975 gründlich renoviert worden ist. Erstmals urkundlich erwähnt wird dieses Kleinod 1353 als »Tochter« der Pfarrkirche Grenzach. Hier, in dieser kleinen, wundervollen Kirche hat das gesegnete Werk von St. Chrischona 1840 seinen Anfang genommen. Was mich an St. Chrischona immer wieder innerlich berührt, ist die Tatsache, daß dieses Werk durch all die Jahrzehnte hindurch einen klaren geistlichen Kurs gehalten hat. Paul Humburg hat einmal den Satz gesagt: »Ein Werk, wenn es in den Bahnen seiner Berufung bleibt, ist unüberwindlich.« Das muß ich dem Chrischona-Werk bescheinigen, daß es seiner Berufung treu geblieben ist. Darum hat Gott dieses Werk bis heute gesegnet.

Ein Junggeselle ist ein Mensch, dem zum Glück die Frau fehlt . . .

Immer wieder bin ich gefragt worden, warum ich eigentlich nicht verheiratet bin. Manche meinten, sie könnten sich mich als einen guten Ehemann und Vater vorstellen. Ich weiß nicht, ob man da nicht einer Täuschung erlegen ist, möchte aber betonen, daß ich mir eigentlich die Ehe und eine große Familie gewünscht hätte. Ich bin ein Mann, der Kinder liebhat und der gerne eine große Kinderschar um sich versammelt hätte. Manchmal habe ich scherzhaft gesagt, als ich noch jung war: »Ich möchte einmal mindestens elf Buben, die eine Fußballmanschaft bilden. Ich wäre dann ihr Trainer. Dazu hätte ich gerne einige Mädchen, die dann die Verletzten verbinden und versorgen können.« Es ist ganz anders gekommen. Ich habe, das möchte ich hier ausdrücklich sagen, nie in meinem Leben ein Gelübde abgelegt, ehelos zu bleiben, sondern ich war immer offen für Gottes Führung. Führt er mich in die Ehe, dann will ich von ganzem Herzen ein Ja dazu haben. Führt er mich nicht in die Ehe, dann will ich auch dankbar diesen Weg gehen.

Es sind vor allem drei Ereignisse gewesen, die mich vielleicht – ich will an der Stelle sehr vorsichtig sein – gehindert haben, nebst der Führung Gottes selbstverständlich, eine Ehe und Familie zu gründen. Das eine Ereignis war der frühe Tod meines Vaters im Jahre 1952, kurz vor meinem ersten theologischen Examen. Meine Mutter ist früh Witwe geworden, und ich war der Überzeugung, daß ich meine Mutter nie in ein Altenheim »abschieben« dürfe. Man verzeihe diesen etwas respektlosen Ausdruck im Blick auf das Altenheim. Solche Häuser sind nötig, das weiß ich wohl. Aber meine Mutter hatte viel für mich getan. Sie hatte mir durch ihre Berufstätigkeit das Studium ermöglicht. Nun war mir klar, daß ich sie nicht allein lassen dürfte, zumal mein Bruder schon verheiratet war. Es war mir einfach eine abzuleistende Dankesschuld, nun für meine Mutter da zu sein und für sie zu sorgen. Tatsächlich ist es dann aber so gewesen, daß ich nicht für meine Mutter sorgte, sondern sie für mich. Sie hat in vorbildlicher Weise meinen Haushalt geführt. Sie hat mich geistlich begleitet. Sie ist eine gewisse

Korrektur zu mir gewesen, denn wir waren gegensätzliche Naturen. Das ging nicht immer ohne Spannung ab, aber es war auch vieles gesund und heilsam. So lebte ich mit meiner Mutter zusammen bis zu ihrem Tod.

Das zweite Ereignis war: Als ich in den Dienst kam, galt in der bayerischen Kirche noch die Vorschrift, daß man vor dem zweiten theologischen Examen nicht heiraten durfte. Zuerst mußte die zweite Prüfung abgeschlossen sein. Die Vikare mußten mobil sein; erst nach dem zweiten Examen konnte man eine Ehe gründen und irgendwo auf einer Pfarrstelle seßhaft werden. Beim zweiten Examen war ich 27 Jahre alt, man könnte also sagen: im besten heiratsfähigen Alter. Ich hatte mich aber so in den Dienst hineingesteigert, daß einfach keine Zeit für ein privates Leben blieb. Manche mögen diese Aussage für überzogen halten oder mich als hochmütig einschätzen, aber es ist in der Tat so gewesen. Der Dienst in der Gemeinde, der Dienst für meinen Herrn hat meine ganze Kraft in Anspruch genommen, so daß ich mich kaum um private Dinge gekümmert habe. Es war vielleicht auch ein schuldhaftes Verhalten, daß ich, soweit ich mich zurückerinnern kann, in meinen Gebeten Gott kaum jemals um einen rechten Ehepartner angerufen habe. Ich hatte die Gemeinde vor Augen, aber nicht einen Menschen, mit dem ich die Ehe eingehen und eine Familie gründen wollte.

Hinzu kam noch, daß ich im Jahre 1959/60 schwer krank geworden bin. Ich hatte damals eine Bekanntschaft mit einem Mädchen, und es hätte wohl sein können, daß aus dieser Bekanntschaft mehr geworden wäre. Meine Krankheit hat das verhindert. Ich wurde aus dem brausenden Leben herausgeholt, und dann haben die Nachwirkungen der Krankheit sehr lange angehalten. Ich wurde damals auch Diabetiker und hatte mancherlei Herz- und Kreislaufstörungen. Außerdem ging mir immer wieder der Gedanke durch den Sinn: Kannst du es bei deinen gesundheitlichen Belastungen wagen, eine Ehe einzugehen und eine Familie zu gründen? Wirst du nicht deine Kinder aufgrund deiner gesundheitlichen Zustände erblich belasten? Vielleicht waren das Fragen des Unglaubens, denn Gott kann ja alles ändern. Aber dennoch habe ich aus einer gewissen Verantwortung heraus diese Fragen gestellt und ernsthaft bedacht. Ich muß auch sagen, daß Gott mir im Laufe meines Lebens nie eine Frau gezeigt hat, die in mir die Überzeugung bewirkt hätte: Diese oder keine! So kam mir immer wieder der Gedanke, ob es nicht der Wille Gottes sei, daß ich eben ehelos durch mein Leben gehen solle, um ganz für den Dienst meines Herrn da zu sein.

Es haben sich natürlich gerade in dieser Hinsicht in all den Jahren und Jahrzehnten außerordentlich kuriose Dinge ergeben, die ich hier nicht im einzelnen darlegen kann. Manche Mädchen und Frauen haben sich intensiv um mich bemüht. Sie kamen zu mir in die Seelsorge und brachten ihre Probleme oder Nöte vor. Ich beriet sie und betete mit ihnen. Dann baten sie um neue Termine und bald wieder um neue. Ich merkte, daß die Seelsorge abzugleiten drohte vom Geistlichen ins Psychisch-Menschliche. Sie kamen nicht mehr wegen ihrer Probleme, sondern um meinetwillen. Sie wollten mit mir im Gespräch sein und warteten darauf, ob nicht der »Funke« zwischen ihnen und mir überspringen und es zu einer engeren Beziehung kommen würde. Wenn ich das merkte, habe ich die Seelsorge abgebrochen und diese Frauen und Mädchen in die Seelsorge verheirateter oder älterer Brüder oder Schwestern empfohlen. Oft war dann, wie ich mitunter verfolgen konnte, die Seelsorge plötzlich zu Ende. Mir wurde deutlich: Hätten diese Menschen echte Fragen, Probleme und Nöte umgetrieben, dann wären sie meinem Rat, die Seelsorge bei einem anderen forzusetzen, auch gefolgt.

Ich habe Briefe von Frauen und Mädchen bekommen, in denen ich geradezu bedrängt wurde, auf eine Ehe mit ihnen zuzugehen. Ich denke an meine Zeit als Pfarrer, in der eine junge Frau mir Briefe schrieb, daß sie der festen Überzeugung sei, ich müsse ihr Mann werden, und wenn ich darauf nicht eingehe, wolle sie sich das Leben nehmen. Vorher aber werde sie einen Brief an einen Kreis von Menschen schreiben und mir die Schuld an ihrem Selbstmord zuschieben. Natürlich konnte ich mich diesem Druck nicht beugen. Oft habe ich solche Briefe überhaupt nicht beantwortet. Manchesmal habe ich aber auch geschrieben und darauf hingewiesen, daß ich mich keines Vergehens schuldig gemacht habe, daß ich der Betreffenden nie zu nahe gekommen sei, daß ich deswegen überhaupt nicht einsehen könne, mit welcher Begründung sich diese Person Hoffnungen auf eine zukünftige Ehe mit mir machen könne. Ich habe auch Briefe von Frauen oder Mädchen erhalten, in denen diese mir in aufdringlicher und unschöner Weise versicherten, daß sie von Gott die klare Erkenntnis bekommen hätten, meine Frau werden zu sollen, und wenn ich darauf nicht einginge, wäre das Ungehorsam meinerseits gegenüber Gott, der den Segen in meiner Arbeit hemmen und aufhalten würde. Manche schrieben unablässig in ihren Briefen, daß Gott sie immer wieder dessen vergewissert hätte, ich müsse sie heiraten. Wenn überhaupt, so konnte ich nur scherzhaft auf diese absurden Ansinnen antworten: »Sehen Sie, es haben jetzt vier Frauen geschrieben, daß Gott ihnen gezeigt hat, daß ich ihr Mann werden soll, aber nach der Bibel gilt jetzt die Einehe. Ich kann mich doch nicht mit vier gleichzeitig verehelichen, wen soll ich denn jetzt wählen?« Aber natürlich finden solche Argumente bei Menschen, die sich in eine ganz bestimmte Vorstellung verbohrt haben, kein Gehör.

Vielleicht hat mich auf den Weg der Ehelosigkeit auch dieses gebracht, daß ich im Laufe meines Lebens in den Ehen und Familien vieler Reichgottesarbeiter zahlreiche Nöte kennengelernt habe. Zerbrechende Pfarrersehen, unglückliche Predigerfamilien, schlimme Dinge, die da von Menschen erlitten oder auch schuldhaft vom Zaune gebrochen werden. Fest steht, daß die Ehe- und Familiennöte bei Pfarrern und Predigern wie auch in Kreisen gläubiger Christen nicht weniger werden. Wenn ich eine Familie gehabt hätte, wäre der Dienst in dem Maße, wie ich ihn in den letzten zwanzig Jahren zu tun vermochte, nicht möglich gewesen. Vor vielen Jahren habe ich einen lieben alten Freund beerdigt, der hauptamtlich in der Reichgottesarbeit tätig war. Als seine Frau bei mir die Beerdigung anmeldete und wir über den Heimgegangenen sprachen, sagte sie etwas bitter zu mir: »Ich habe einen guten Mann gehabt, aber das muß ich auch sagen: mein Mann hat für alles Zeit gehabt, nur nicht für mich und meine Kinder.« Dieser Reichgottesarbeiter war unermüdlich für seinen Herrn unterwegs gewesen. Er diente im Segen unzähligen Menschen, aber bei der Anmeldung zur Beerdigung wurde erst deutlich, daß er doch über allen seinen Diensten für den Herrn die eigene Familie vernachlässigt hatte. Ich hätte meine Familie, wenn ich sie gehabt hätte, auch vernachlässigen müssen oder den Dienst nicht tun können, in den ich gerufen worden bin. Gerade Kinder brauchen den Vater in ihrem Heranwachsen und Reifwerden. Und eine Frau braucht das Gespräch mit ihrem Mann. Hier muß Partnerschaft in gegenseitigem Verstehen und Vertrauen gelebt werden, sonst ist eine

Ehe gefährdet. Eine Ehe kann auch daran zugrunde gehen, daß die Partner füreinander zu wenig oder kaum Zeit haben. Ich rede dem nicht das Wort, daß ein Reichgottesarbeiter in seiner Familie so aufgehen soll, daß er darüber seinen Dienst schuldhaft vernachlässigt. Aber es muß die rechte Zuordnung von Familienleben und Dienst gefunden werden.

Auch möchte ich hier nicht unerwähnt lassen, daß sich gute gleichaltrige oder väterliche Freunde bemüht haben, mir einen freundschaftlichen Wink zu geben und mich aufmerksam zu machen auf diese oder jene Person. Ich konnte ihren Freundesdiensten nie Folge leisten, denn ich bin der Überzeugung, daß eine Ehe eine ganz persönliche Sache zweier Menschen sein muß. Auch meiner Mutter war daran gelegen, daß ich doch heiratete. Immer wieder hat sie – wohl auch aus mütterlicher Fürsorge – zu mir gesagt: »Was soll denn aus dir werden, wenn ich einmal nicht mehr lebe?« Seltsamerweise hatte ich immer den Gedanken, daß ich vor meiner Mutter sterben würde. Das ist nicht eingetreten. Meine Mutter ist daheim beim Herrn, und ich bin noch auf dieser Welt und schlage mich als Junggeselle unter der Assistenz lieber Menschen so recht und schlecht durchs Leben.

Ich bin mir dessen bewußt, daß eine Ehe viele Probleme mit sich bringt. Das habe ich kurz angedeutet. Es ist schrecklich, wenn die Frau eines Pfarrers eifersüchtig wird, sobald Frauen in die Seelsorge ihres Mannes kommen. Es ist schlimm, wenn eine Frau wenig oder kein Verständnis hat für den Dienst des Mannes, gerade auch, wenn er oft abends unterwegs sein muß. Es ist schlimm, wenn ein Pfarrer seine Frau ständig vernachlässigt, wenn er sie überhaupt nicht teilhaben läßt am Leben der Gemeinde, wenn das Gespräch herüber und hinüber erstirbt. Und wie viele Nöte gibt es in Pfarrer- und Predigerhäusern im Blick auf die Kinder! Wenn Kinder in ihrer Entwicklungszeit sich dem Elternhaus entfremden, wenn sie den Glaubensweg mit den Eltern nicht mitgehen. Wie schmerzlich ist es, wenn Kinder Wege einschlagen, die von den Eltern nicht mehr verstanden oder gutgeheißen werden können. Es gibt ja diesen schrecklichen Spruch, über den ich eigentlich nicht lachen, sondern nur traurig sein kann: »Pfarrers Kinder, Müllers Vieh, geraten selten oder nie.« Gott sei Dank gibt es auch das Gegenteil. Ich habe viele Pfarr- und Predigerhäuser kennengelernt, in denen Vater, Mutter und Kinder an einem Tisch sitzen, wo alles miteinander besprochen wird, wo Eltern ihren Kindern je nach ihrem Alter die Freiheit zum Leben und zur Gestaltung ihres Lebens geben. Hier habe ich wunderbare Erfahrungen machen dürfen im Laufe der Jahre. Aber ich habe beides, Not und Freude, kennengelernt.

Ich will nicht verhehlen, daß auch die Ehelosigkeit ihre großen Probleme mit sich bringt. Gerade beim Älterwerden ist das Alleinsein oft nicht leicht. Früher war das schön, wenn ich von meinen Reisen nach Hause kam; dann war Mutter da, hatte einen Tee gekocht, blieb bis in die Nacht auf und hatte meist noch irgendeine Überraschung im Kühlschrank für mich bereit. Wenn ich jetzt nach Hause komme, spricht mich niemand an, ich muß mich selber versorgen. Alleinsein kann schön sein. Wir brauchen auch immer wieder die Stunden fruchtbarer Einsamkeit. Aber Alleinsein kann auch bedrückend werden. Freilich habe ich viele Freunde in unserem Land, in Österreich, in der Schweiz, wo ich gerne hinkomme und in ihrer Familie mitleben kann. Ich danke meinen Freunden für ihre Einladungen, die sie immer wieder aussprechen, und ich danke ihren lieben Frauen für die köstliche Versorgung, die sie mir immer wieder angedeihen lassen. Es war mir bisher nicht möglich, auch nur annähernd alle Einladungen anzunehmen.

Die Ehelosigkeit bringt auch das Problem mit sich, daß eben die Ergänzung des eigenen Lebens fehlt. Es steckt eine tiefe Wahrheit in der biblischen Aussage aus der Schöpfungsgeschichte, wo Gott der Herr sagt: »Ich will ihm eine Gehilfin machen, die um ihn sei.« Die Frau als Hilfe des Mannes und umgekehrt! Die Frau als Korrektur des Mannes und umgekehrt! Wie viel wäre hier aus der Praxis zu nennen, wo das sich nun bewähren kann, darf und muß. Ich denke z.B. an die Zeit der Krankheit. Da ist es doch einfach köstlich, wenn ein Mensch, mit dem man glücklich leben darf, gegenwärtig ist, einen pflegt, ein gutes Wort sagt, einem über traurige Stunden hinweghilft. Aber das ist nur eine Seite. Korrektur meine ich auch in dem Sinne, daß die Frau die kritischste Zuhörerin unter der Kanzel ist und in Liebe sagt, was nicht recht gesagt war, was vielleicht anders hätte gesagt werden sollen: Hilfe, Ergänzung, Korrektur. Die Frau als der Gesprächspartner des Mannes und umgekehrt. Die Ehe als der Ort, in dem man miteinander über Fragen sprechen kann, die einen bedrängen und bewegen. Ich glaube nicht, daß Gott noch den Weg in die Ehe für mich hat. Rückblickend sehe ich meinen Weg in der Ehelosigkeit und habe diesen Weg angenommen als Gottes Führung. Ich kann auch immer wieder nur darum beten, daß Gott mir die Kraft gibt, diesen Weg durchzuhalten in allen Anfechtungen und Versuchungen, die selbstverständlich nicht ausbleiben.

Ich freue mich an dem großen Freundeskreis, den Gott mir geschenkt hat. Aber ein Freundeskreis kann eine Ehe nicht ersetzen. Als junger Mann habe ich das manchesmal erlebt: Einer meiner besten Freunde heiratete. Wir waren viel beisammen gewesen, hatten über vieles Persönliche und Dienstliche miteinander gesprochen, und dann trat eine Frau in sein Leben. Es war mir immer klar: jetzt mußt du in das zweite oder dritte Glied zurücktreten. Du darfst die Ehe nicht stören. Du darfst den Freund nicht mehr so für dich beanspruchen wie das einmal gewesen ist. Die Freundschaft braucht darüber nicht zu zerbrechen, aber sie tritt gegenüber der Ehe zurück. Das waren manchesmal schmerzhafte Erfahrungen, aber es war auch ein Reifeprozeß meines Lebens. Und in der Tat ist es so gewesen, daß Freundschaften nicht zerbrachen, sondern in manchen Fällen durch die Ehefrau des Freundes eine beglückende Ergänzung, gerade im Gespräch miteinander, gefunden haben. So danke ich Gott auch für diese Führung, nehme die Probleme der Ehelosigkeit an und freue mich an meinen Freunden, mit denen ich verbunden sein darf.

Mein politischer Standpunkt – und die Sache mit dem Bundesverdienstkreuz

Als Christ lebe ich in zwei Welten. Ich bin Bürger eines irdischen Staates und ich bin aufgrund der Erlösung durch Jesus Christus Bürger des Reiches Gottes. Daß ich Bürger des Reiches Gottes bin, verleitet mich nicht dazu, der Welt zu entfliehen und meine Pflichten und Rechte in einem irdischen Staat nicht mehr wahrzunehmen. Ich bin Deutscher; da bin ich geboren, da ist meine Heimat, und ich bejahe das, zu diesem Volk zu gehören. Ich bin als Christ nicht weltflüchtig und verachte diese Welt nicht. Gott hat mich vielmehr in diese Welt hineingestellt, damit ich mich hier bewähre. Wenn ich das so sage, dann heißt das eben konkret, daß ich in einem ganz bestimmten Staatswesen und in einem ganz konkreten Volk beheimatet bin. Freilich sind dieses Volk und der Staat nur etwas Vorläufiges. Das Endgültige ist das Reich Gottes, auf das ich mich freue. Aber diese großartige Zukunftsperspektive auf das Reich Gottes hin und diese einzigartige Gewißheit, jetzt schon Bürger dieses Reiches zu sein, weil ich Christus gehöre, darf mich nicht dazu verführen, das Vorläufige nicht mehr ernst zu nehmen. So will ich mit beiden Beinen in dieser Welt stehen, nicht neben ihr oder gar ein wenig fromm sie überfliegen und überflattern. Ich bekenne mich als lutherischer Christ zu den Konservativen. Dieses Wort »konservativ« ist heute bei manchen unserer Zeitgenossen fast ein Schimpfwort geworden. Man spricht leichtfertig von den »Neokonservativen« und meint das etwas abwertend. Ich bekenne mich in meiner politischen Haltung zu den Konservativen, das heißt für mich, daß ich mich weder als Reaktionär noch als Zukunftsträumer verstehe. Das ist die große, schlimme Verwechslung zwischen »konservativ« und »reaktionär«, die immer wieder leichtfertig unter uns geschieht. Der Reaktionär lebt im Gestern, er gräbt sich in Stellungen ein, will und kann Entwicklungen nicht sehen, die sich im Laufe der Zeit ergeben und die bedacht werden müssen, auch so, daß Altes verändert und erneuert werden muß. Der Reaktionär begreift nicht, daß alte Zöpfe abgeschnitten werden müssen, wenn das nötig geworden ist. Der Reaktionär ist der Ewig-Gestrige. Baron zu Guttenberg hat das Wort geprägt, daß der Konservative zwischen dem Ewig-Gestrigen und dem Ewig-Morgigen steht. Er ist also auch kein Zukunftsillusionist. Heute laufen manche durch unser Volk, die immer von der Zukunft reden und davon, daß alles anders werden muß. Nur können sie nicht sagen, wie das eigentlich zu geschehen hat. Der Konservative steht im Heute, dabei vergißt er das Gestern nicht und er denkt an das Morgen. Es ist ein Verhängnis, wenn wir die Geschichte vergessen, aus der wir kommen. Das führt leicht dazu, daß alte Fehler wiederholt werden. Die Geschichte will eine große Lehrmeisterin für uns sein. Einerseits kann uns das Denken an die Geschichte vor Fehlern bewahren, andererseits aber kommt aus der Geschichte auch ein großes Erbe auf uns zu, das wir nicht vergessen und verleugnen dürfen, sondern immer neu für die Gegenwart fruchtbar machen sollen und können. Also: der Konservative vergißt die Geschichte nicht, aber er denkt zugleich an das Morgen in dem Sinne, daß alles, was wir heute tun, auf das Morgen hin ausgerichtet ist. Wir haben an unsere Kinder und Kindeskinder zu denken, an die kommenden Generationen. Der Konservative kann nicht verantwortungslos in egoistischer Weise das Heute ausschöpfen. Wir haben als Konservative die Überzeugung, daß Bewährtes bewahrt werden muß, daß Neues gewagt werden muß, daß Vergangenes verändert werden muß. Wir halten fest an ganz bestimmten Werten, die uns aus der Geschichte überkommen sind, z.B. am Vaterland, oder an Begriffen, die uns mehr bedeuten als leere Formeln, die Lebenswirklichkeiten, Normen für unser Handeln sind wie Treue, Pflicht, Wahrheit, Ehre, Recht und Freiheit. Wir wehren uns gegen Gleichmacherei unter den Menschen, treten andererseits aber für die Chancengleichheit aller Menschen ein. Als Konservativer plädiere ich für einen starken Staat, für eine wehrhafte Demokratie. Der Staat muß seine Bürger schützen können, er muß für ihre Rechte eintreten. Andererseits hat der Staat aber auch die Aufgabe, die Bürger auf ihre Pflichten hinzuweisen. Hier beobachte ich eine bedrohliche Akzentverschiebung. Es wird in unserem Staat fast nur noch von den Rechten gesprochen. Aus den Rechten werden dann Forderungen abgeleitet, die oftmals einfach utopisch sind. Rechte und Pflichten des Bürgers, beide gehören zusammen. Wer Rechte hat, hat auch Pflichten, und wir haben nie nur Pflichten allein, sondern auch unsere Rechte. Daß die Rechte geschützt werden, daß sie dem Bürger zuteil werden, dafür hat der Staat zu sorgen. Ich bin als Konservativer sozial. Als Arbeiterkind kann ich auch gar nicht anders denken. Ich habe unsoziale Maßnahmen des Staates in der eigenen Familie kennengelernt. Der Konservative aber ist nicht sozialistisch. Er sieht nicht das Kollektiv, sondern den Einzelnen. Das soziale Leben des Einzelnen muß abgesichert werden. Der Einzelne muß sozial so gestellt werden, daß er ein menschenwürdiges Leben führen kann. Denn für den Konservativen steht die Menschenwürde an oberster Stelle. Jeder Bürger des Staates soll teilhaben an der Wohlfahrt und an dem Wohlstand.

Von dieser Grundeinstellung her möchte ich noch einmal die Perioden abschreiten, die ich als fast Sechzigjähriger in meinem Volk miterlebt und zum Teil miterlitten habe. Ich denke zuerst an die Jahre 1928-1933, die Zeit der Weimarer Republik, die ersten fünf Jahre meines Lebens. Ich habe an diese Jahre selbstverständlich keine politischen Erinnerungen. Als junger Mensch habe ich mich viel mit der Weimarer Republik beschäftigt, habe sie aber selber nicht bewußt erlebt.

Die zweite Periode, die ich dann schon bewußter erlebte, waren die Jahre von 1933-1945, also das sogenannte Dritte Reich oder, wie es damals auch genannt wurde, das »Ewige Deutschland«. Meine Erinnerungen an diese Zeit sind durchaus zwiespältig. Auf der einen Seite gab es in jenen Jahren Erlebnisse, an die ich positiv denke. Ich war im Jungvolk, einer Vorstufe der Hitlerjugend. Es kam darauf an, welche »Führer« man dort hatte. Kameradschaft und Freundschaft wurden gepflegt. Wir mußten am Mittwoch und am Samstag, oft auch noch am Sonntagvormittag, »antreten«, d.h. wir mußten die Pflichtveranstaltungen des Jungvolks besuchen. Eingeteilt in bestimmte Einheiten, die Fähnlein hießen oder »Trupp«, hatten wir meistens am Mittwochabend einen Heimabend; am Samstagnachmittag waren vormilitärische Übungen in einem Gelände am Hainberg vor den Toren Nürnbergs angesetzt, und am Sonntagvormittag sahen wir des öfteren Filme, vor allem Propagandafilme. Vieles hat mich als jungen Menschen damals angesprochen, weil eben auch Werte ins Spiel gebracht wurden, die mir nahelagen und die ich von meinem Elternhaus mitbekommen hatte, wie z.B. Treue, Ehre, Fleiß, Wahrhaftigkeit, Vaterlandsliebe.

Andererseits aber denke ich auch mit einem gewissen Grauen an jene

Jahre zurück. Manches, was im Jungvolk passierte, hat mir nicht gefallen. Vor allem habe ich mich daran gestoßen, wenn Vorgesetzte zu unserem Heimabend kamen und anfingen, sich über die Bibel, die Kirche, die Pfarrer lustig zu machen oder sie in einer schlimmen Weise abzuqualifizieren versuchten. Ich war damals noch kein bewußter Christ, aber von der Großmutter und der Mutter her war doch der Same des Wortes Gottes in mein Herz gelegt. Meine Großmutter hat mich schon als Dreijährigen mit in den Kindergottesdienst genommen; das war noch in der Zeit vor dem Dritten Reich gewesen. So hatte ich eine Abneigung gegen diese anti-religiöse Propaganda. Auch die vormilitärischen Übungen sagten mir nicht zu. Vielleicht hatte ich eine Ahnung, daß das alles in einen Krieg einmünden würde. Natürlich lebten wir in Nürnberg während des Dritten Reichs auch mit Juden zusammen. Zwei Häuser neben uns wohnte eine jüdische Viehhändlerfamilie, mit denen uns ein gutes menschliches Verhältnis verband. Es war für uns schon eigenartig, als plötzlich alle Juden auf ihren Anzügen einen gelben Davidsstern tragen mußten. Sie waren Gezeichnete. Sie durften nur noch in bestimmten Geschäften einkaufen. Ich denke an das Lebensmittelgeschäft der Frau Krach, bei der auch wir unsere Lebensmittel einkauften. Diese tapfere Frau hat sich nie gescheut, Juden zu bedienen, obwohl sie bei ihr Geschäftsverbot hatten. Oder ich denke daran: Wenn wir in Anlagen spielten, dann durften Juden nur auf ganz bestimmten »Judenbänken«, die ebenfalls mit dem Davidsstern gezeichnet waren, Platz nehmen. Ich entsinne mich auch noch gut, daß nicht weit von unserem Haus, auf dem Pferdemarkt, eines Tages die Juden, auch die aus unserer Nachbarschaft, zusammengetrieben wurden. Wir haben aus der Ferne beobachtet, wie Lastwagen vorfuhren und die Menschen abtransportierten. Wir wußten nicht wohin. Wir wußten in unserer Familie lediglich, daß es in Dachau bei München ein Interniertenlager gab, in das Kriminelle und »arbeitsscheue Elemente«, wie das damals hieß, eingeliefert wurden. Von anderen Konzentrationslagern war in unserer Familie nichts bekannt. Man wußte auch nicht, was eigentlich in Dachau vor sich ging. Wenn heute Besserwisser, vor allem solche, die nach dem Zweiten Weltkrieg geboren sind, sich zu »Staatsanwälten« über unsere Generation aufschwingen und sagen: »Jeder Deutsche muß gewußt haben, was in den Konzentrationslagern vor sich ging, und wo es überall diese Schreckens- und Todeslager gegeben hat«, dann kann ich an dieser Stelle nur heftig widersprechen. Wir wußten es nicht, und viele unserer Nachbarn, mit denen wir uns darüber unterhielten, wußten es auch nicht. Es lief in Deutschland eine unheimliche, unentschuldbare und unverantwortliche Todesmaschinerie, die, abgeschirmt von der Bevölkerung, ihr unheimliches Vernichtungswerk trieb. Man sollte aber aufhören, alle Deutschen der damaligen Zeit, unsere Väter und Großväter, mit Tatbeständen zu belasten, von denen sie keine Ahnung hatten.

Zwei Erlebnisse aus dem Dritten Reich möchte ich noch besonders schildern. Es war im Jahre 1938 die sogenannte Reichskristallnacht. Auch in Nürnberg wurden die jüdischen Geschäfte und Wohnungen geplündert. Die Synagoge, die an der Pegnitz gegenüber der Heilig-Geist-Kirche stand, wurde angezündet und brannte nieder. Weithin war der Feuerschein dieses brennenden Gotteshauses zu sehen. Meine Mutter hat damals einen Satz gesagt, den ich nicht mehr vergessen habe: »Hoffentlich steht nicht eines Tages unsere ganze Stadt und unser ganzes Land so in Flammen wie jetzt diese Synagoge«. Wie recht sollte sie behalten! Wenige Jahre später war es so weit. 1945 ist Nürnberg und ganz Deutschland untergegangen. Und eine zweite Begebenheit ist ebenfalls noch in meiner Erinnerung. Es war am Anfang des Krieges. Die deutschen Heere zogen siegend vorwärts, im Osten in Polen und dann im Westen in Frankreich. Eine Großkundgebung war auf dem damaligen Adolf-Hitler-Platz, dem heutigen Hauptmarkt in Nürnberg einberufen worden. Nachdem der Gauleiter Streicher, ein sittlich verwahrloster, im Blick auf seine Judenhetze unerträglicher Mensch, abgelöst worden war, regierte über den Gau Franken ein Gauleiter Namens Holz. Er hielt bei dieser Großkundgebung, zu der auch wir als Jungvolk kommen mußten, eine flammende Rede. Ein Satz blieb in meinem Gedächtnis haften. Er sagte unter tosendem Beifall: »Den Ersten Weltkrieg haben wir mit Gott verloren, diesen Zweiten Weltkrieg werden wir ohne Gott gewinnen.« Nach der Kundgebung ging ich nach Hause und sagte zu meiner Mutter, wohl gar nicht wissend, was ich damit zum Ausdruck brachte: »Wir haben diesen Krieg schon verloren.« Ich bin ein Junge von zwölf oder dreizehn Jahren gewesen.

Immer wieder, wenn ich an den schauerlichen, wahnsinnigen Zweiten Weltkrieg zurückdenke, kommen mir manche Fragen. Ich bin als Kriegsfreiwilliger und Offiziersanwärter noch in diesen Krieg gezogen. 1944, als knapp 15jähriger, wurde ich eingezogen, war Flakhelfer, im Arbeitsdienst und dann, am Schluß des Krieges, bei der Gebirgsartillerie in Kärnten. Ich dachte damals, von einer dämonischen Propaganda geblendet, daß es keinen höheren Wert gäbe – und das wurde uns ja auch andauernd eingetrommelt – als das Leben für »Führer, Volk und Vaterland« einzusetzen. Es ist geradezu schrecklich, was eine lügenhafte, aber psychologisch gekonnt aufgebaute Propaganda zu leisten vermag. Das Schlimme an der Propaganda des Dritten Reiches war und ist es auch heute an der Propaganda, daß Lüge als Wahrheit und Wahrheit als Lüge dargestellt wird. Man kann die Dämonie der Propaganda nur in dieser letzten scharfen Zuspitzung zum Ausdruck bringen. Wir haben z.B. als junge Menschen, freilich nicht alle von uns, aber doch ein großer Teil, gegen Ende des Krieges, als längst alles verloren war, noch daran geglaubt, daß Hitler im letzten Augenblick seine Wunderwaffe gegen die vordringenden Truppen des Westens und des Ostens einsetzen würde. Wir haben vergeblich auf diese Wunderwaffe gewartet. Es ist nach dem Kriege bekannt geworden, daß in Deutschland an der Entwicklung einer Atomwaffe gearbeitet worden ist. Aber wie verhängnisvoll wäre das gewesen, wenn Hitler sie hätte einsetzen können!

Eine andere Frage hat mich im Nachtrag zum Dritten Reich immer wieder beschäftigt und tut dies bis heute, wenn ich an die vielen jungen und alten Menschen denke, die im Krieg auf den Schlachtfeldern, in den Bombenkellern, auf den Flüchtlingsstraßen und in den KZ-Lagern grausam und elend umgekommen sind. Unter diesen Umgekommenen sind auch Menschen aus meinem Verwandtenkreis. Die Frage lautet: Mußte dieser Krieg kommen, konnte er nicht verhindert werden? Ich weiß, wie billig diese Frage in vieler Ohren klingt, denn in der Geschichte kann man eben nicht mit »Wenn und Aber« arbeiten. Tatbestände sind gegeben. Man muß sich mit ihnen abfinden. Man muß höchstens zusehen, daß man aus diesen Tatbeständen Lehren zieht, damit solche schauerlichen Dinge sich nie wiederholen. Und doch will die Frage von mir nicht weichen. Ich frage z.B.: Hätten die Engländer und die Franzosen den

Krieg nicht verhindern können? Warum haben sie es zugelassen, daß Hitler sich immer weiter ausbreiten konnte und ein Gebiet nach dem anderen annektierte? Warum sind sie 1938 auf den Obersalzberg gefahren, um mit Hitler ihre Abmachungen zu treffen? Warum hat die katholische Kirche in Gestalt des Papstes nicht eingegriffen, sondern Hitler noch bei den Neujahrsempfängen, als die Reichskristallnacht längst dahinten lag, ihre Aufwartung gemacht? Warum hat man Hitler nicht in die Schranken gewiesen? Warum hat man nicht gesagt: Bis hierher und nicht weiter!? Hier liegt ein schuldhaftes Verhalten, vor allem auch der Westmächte, das man nicht verschweigen sollte. Das gilt auch im Blick auf die Judenfrage. Das Schlimmste, was Hitler und seine Helfershelfer getan haben, war das Verbrechen an den Juden. Die »Endlösung der Judenfrage«, wie sie im Dritten Reich propagiert wurde – ich sage noch einmal: wir erfuhren davon erst nach dem Dritten Reich, als die Dinge aufgedeckt wurden – war eine ganz schlimme Sache. Aber auch hier können sich viele andere Staaten nicht einfach reinwaschen. Manche Staaten haben es nicht erlaubt, daß flüchtende Juden bei ihnen aufgenommen wurden. Sie haben sie an ihren Grenzen zurückgeschickt nach Deutschland und damit in die Vernichtungslager getrieben. Das darf bei einer Geschichtsschreibung über jene böse Zeit nicht vergessen und verschwiegen werden. Diese Schuld der anderen entschuldigt nicht unsere Schuld. Sie vermindert sie auch in gar keiner Weise. Wir haben zu diesem dunklen Kapitel unserer Geschichte zu stehen. Aber es wird erlaubt sein, auf diese Tatbestände, die ich eben angedeutet habe, hinzuweisen.

Wenn ich an das Dritte Reich zurückdenke, dann möchte ich auch immer wieder zum Ausdruck bringen, daß die Geschichte meines Volkes nicht nur die Geschichte jener zwölf Jahre ist. Nach dem Kriege ist man oft der Versuchung unterlegen, die zwölf Jahre so groß zu malen, daß die anderen Jahrhunderte beinahe verdeckt und vergessen worden sind. Deutschland hat eine große und reiche Geschichte, diese ist nicht nur Militär- und Kriegsgeschichte. Sie ist gerade auch eine reiche Geistes- und Kunstgeschichte. Ich will jetzt nicht anfangen, Namen aufzuzählen, stellvertretend nenne ich nur zwei: Martin Luther, Johann Sebastian Bach. Daß zu den großen und bedeutenden Menschen unseres Volkes auch viele deutsche Juden gehörten, will ich nicht verschweigen.

Die dritte Epoche, die ich erlebte, war die nach dem Kriege von 1945 bis 1949. Ich kam im Spätsommer 1945 aus dem Krieg zurück. Die äußere Lage in Deutschland, auch bei uns in Nürnberg, war trostlos. Es lag ja fast alles in Trümmern. Wir hausten in Notquartieren, lebten von Bezugscheinen und Lebensmittelkarten. Wir hatten kaum Heizmaterial und froren im Winter. Ich entsinne mich noch gut, daß meine Eltern, mein Bruder und ich oft in den Wald gefahren sind mit einem klapprigen Leiterwagen, um nach Angabe des Försters »Stöcke« zu graben. Der »Stock« war der Stumpf eines gefällten Baumes einschließlich der Wurzeln. Es hieß damals: Stöcke machen dreimal warm: wenn sie gegraben werden, wenn sie gespalten werden, wenn sie im Ofen stecken.

In dieser äußerlich trostlosen Lage hat in Nürnberg kaum jemand Notiz genommen von den Kriegsverbrecherprozessen, die dann im Jahre 1946 angelaufen sind. Im Justizpalast in Nürnberg, in der Fürther Straße, der unzerstört geblieben war, lief der erste Hauptkriegsverbrecherprozeß, in dem die Größen des Dritten Reiches sich vor dem Tribunal der vier Siegermächte zu verantworten hatten. Einige jener Größen des Nationalsozialismus hatten sich selber das Leben genommen, wie Hitler oder Goebbels. Der Prozeß zog sich über Monate hin. Es ist natürlich die Frage, ob das Tribunal in der rechten Weise zusammengesetzt war. Darüber wird auch heute diskutiert. Es sind ja nicht nur von deutscher Seite unerhörte Verbrechen begangen worden; was an Deutschen in anderen Ländern geschehen ist, ist ebenfalls unheimlich und kann nur mit dem Wort »Verbrechen« bezeichnet werden. Die Kriegsverbrecherprozesse sind sehr einseitig geführt worden. Die Sieger hatten jetzt alle Macht, und der Besiegte bekam sie in unheimlicher Weise zu spüren. Man hat wenig davon gehört, daß die Siegermächte sich auch an ihre Brust geschlagen hätten und ihre Schuld bekannt hätten. Es gab in Nürnberg während der Kriegsverbrecherprozesse keinerlei politische Unruhen. Dazu war das Volk viel zu müde, viel zu abgekämpft, viel zu ausgemergelt. Man war im Grunde genommen froh, daß alles vorüber war. Man war dankbar dafür, daß kein Fliegeralarm mehr gegeben wurde, der einen oft mehrmals in der Nacht aus dem Bett in die Luftschutzkeller getrieben hatte, um vor den schrecklichen Bomben sicher zu sein. Ich entsinne mich, daß ich die Urteilsverkündung des Hauptkriegsverbrecherprozesses an unserem kleinen Volksempfänger verfolgte. Irgendwie war es mir dann doch unheimlich, als immer wieder, nachdem von dem Chefankläger ein Name genannt worden war, die Formulierung folgte: »Death by hanging«, die Todesstrafe, die durch den Strang dann auch vollzogen wurde. Auch die Hinrichtung der »Größen« des Dritten Reiches geschah, ohne daß die Bevölkerung davon besondere Notiz genommen hätte. Der Justizpalast war natürlich von amerikanischen Truppen mit Panzern stark abgesichert.

Es ging dann in den Jahren 1945-1949 in Nürnberg an den Wiederaufbau. Die Währungsreform war noch nicht durchgeführt, man lebte kümmerlich, hungerte und fror, wenn man nicht Beziehungen zum Schwarzmarkt hatte oder Verwandte und Bekannte in ländlichen Gegenden, von denen man Lebensmittel im Tausch gegen Textilien bekam. Wir konnten das nicht, denn erstens hatten wir nicht viele Bekannte auf dem Lande und zum andern hatten wir auch nichts mehr, was wir zum Tausch anbieten konnten. Unsere Wohnung mit der gesamten Einrichtung war ein Raub der Flammen geworden.

Was mir aus jenen ersten Jahren nach dem Kriege noch mit einem bitteren Nachgeschmack erinnerlich ist, ist jene unwürdige Entnazifizierungswelle, die nun rollte. Fast jeder Deutsche, der im Dritten Reich auch nur eine kleine Funktion in der Staatsmaschinerie hatte, wurde entnazifiziert. Dabei kühlten vor allem auch fragwürdige Persönlichkeiten ihren Mut. Ich möchte sie nicht deutlicher charakterisieren. Im Zuge der Entnazifizierung sind manche kleinen Leute, die auch im Dritten Reich ihre Pflicht getan, aber nie ein Verbrechen begangen hatten, unter die Räder gekommen. Es hat damals Männer und Frauen gegeben, die sich der Mitarbeit nicht entzogen, aus Idealismus mitgearbeitet, Gutes getan und nie ein Verbrechen begangen haben. Jetzt kamen sie plötzlich vor willkürliche »Spruchkammern«, die sehr fragwürdige und oft ungerechte Urteile gefällt haben. Auch mein Vater mußte vor solch eine Spruchkammer. Er kam leidlich davon. Soweit ich mich erinnere, mußte er eine kleine Geldbuße entrichten. Das fiel uns damals natürlich entsprechend schwer. Aber die Entehrung, vor einer solchen Spruchkammer erscheinen zu müssen und sich von fragwürdigen Gestalten aburteilen und abqualifizieren lassen zu müssen, hat mein Vater nicht verkraftet. Nach vielen Krankheiten und depressiven Störungen ist er im Jahre 1952 mit 48 Jahren gestorben.

Ich denke an eine weitere Periode, die ich sehr bewußt erlebte und in bescheidenem Maße auch mitgestaltete. Es sind die Jahre von 1949 bis 1970. 1946 wurde der erste bayerische Landtag gewählt; die Bundesrepublik war noch nicht ins Leben gerufen – am Grundgesetz wurde noch gearbeitet. Im Jahre 1949 waren dann die ersten Bundestagswahlen. Die Bundesrepublik Deutschland war ins Leben gerufen. Zwei Männer kämpften damals um die Führung in einem demokratische Deutschland. Auf der einen Seite stand Konrad Adenauer, der eine neue Partei, die CDU, mit ins Leben gerufen hatte. Er wollte, daß in der CDU nicht mehr, wie im früheren Zentrum, nur noch Katholiken politisch tätig seien. Die CDU sollte eine Volkspartei sein, in der katholische und evangelische Christen am Wiederaufbau Deutschlands arbeiteten. Der Wiederaufbau war außerordentlich hart. Ich meine nicht nur den Wiederaufbau im Inneren. Das Vertrauen des Auslands, das total zerstört war, mußte erst wieder gewonnen werden. Deutschland mußte wieder mit behutsamen Schritten zurückgeführt werden in die Völkerfamilie. Es war als der »böse Staat« isoliert von allen anderen Staaten.

Auf der anderen Seite stand Dr. Kurt Schumacher, der Führer der Sozialdemokratie, ein Mann, der im Ersten Weltkrieg schwer verwundet wurde, der es abgelehnt hatte, nach dem Zweiten Weltkrieg mit den Kommunisten gemeinsame Sache zu machen. Kurt Schumacher rechnete fest damit, daß die Bundesrepublik Deutschland sozialdemokratisch geführt werden würde. Die ersten Bundestagswahlen verliefen anders. Dr. Konrad Adenauer wurde mit der knappsten Mehrheit von einer Stimme zum Bundeskanzler gewählt. Ich persönlich halte das für ein Geschenk, daß am Anfang der Bundesrepublik Männer standen, die einen großen Weitblick hatten und mit großer Zähigkeit den Wiederaufbau vorantrieben. Es ist hier nicht der Ort, nachzuspüren, wie viele politische Rückschläge es damals gegeben hat – das muß in politischen Biographien geschehen. Hier ist auch nicht der Ort, zu schildern, wie schwer sich die führenden Männer Deutschlands damals z. B. mit den Engländern und den Franzosen getan haben. Aber es war doch, wie ich schon andeutete, ein Geschenk, daß Konrad Adenauer Bundeskanzler war, daß Theodor Heuss zum ersten Bundespräsidenten gewählt wurde und Kurt Schumacher die große Opposition der Sozialdemokratie führte. Ich entsinne mich an die heißen Redeschlachten im ersten Bundestag; auf allen Seiten standen verantwortliche Männer und Frauen, die zum Wohle des neuen Staates, der neuen Demokratie, arbeiteten. »Weimar« sollte sich auf keinen Fall wiederholen. Ich habe in jenen Jahren, als ich junger Pfarrer war, versucht, wo ich es konnte, für diese Demokratie einzutreten. Ich habe das in der Jugendarbeit getan, auch in meinen Berufsschulklassen immer wieder betont, daß die schlechteste Demokratie besser wäre als die beste Diktatur. Eben waren wir ja der Diktatur entronnen. Die Demokratie wird nie eine vollkommene Staatsform sein können, denn sie wird von unvollkommenen Menschen gestaltet.

So hatten wir große Erwartungen an die Demokratie. Es wurden in jenen Jahren auch große Reformen in der Bundesrepublik durchgeführt. Ich erinnere nur daran, welch ein imponierendes Werk es war, Millionen von Flüchtlingen aus dem deutschen Osten in der Bundesrepublik als vollwertige Staatsbürger aufzunehmen und einzugliedern. Ich erinnere an das große Werk des Lastenausgleiches, durch den die vom Krieg besonders Betroffenen vom Staat einen finanziellen Ausgleich für ihren Verlust erhielten.

Und dann der nächste Abschnitt von 1970 bis heute: Ende der sechziger Jahre begannen die großen Studentenunruhen in unserem Volk. Es gärte. Krisen kamen, z.B. die »Ölkrise«; damit verbunden manche wirtschaftlichen Krisen. Die Arbeitslosigkeit begann sich auszubreiten. Immer mehr Menschen aus anderen Ländern waren als Gastarbeiter in unser Land gekommen oder strömten nun als Asylanten in unser Land. Die Bundesrepublik wurde ein unruhiges Land. Die außerparlamentarische Opposition formierte sich. Es kam zu Straßenschlachten. Vor allem die Universitäten waren Mittelpunkte dieses gefährlichen Gärungsprozesses. Mancher Politiker, der in den Hörsälen zu Studenten sprechen wollte, mußte seine Rede abbrechen oder konnte sie gar nicht beginnen, weil er eben am Reden gehindert wurde. Inzwischen hat sich manches beruhigt, aber seit den 70er Jahren lebe ich in unserem Staat mit gemischten Gefühlen.

Ich bin einerseits dankbar, daß wir in einem demokratischen Staat leben. Wir haben viele Freiheiten, von denen Menschen in anderen Teilen der Welt nur träumen können. Noch nie war der Lebensstandard für den größten Teil der Bevölkerung so hoch wie heute. Wir haben eines der besten Sozialsysteme der Welt. In unserer pluralistischen Gesellschaft kann sich ein breites Spektrum an Meinungen und Interessengemeinschaften bilden. Das und noch viel mehr muß dankbar vermerkt werden.

Andererseits aber beschleichen einen denkenden Menschen doch auch unheimliche Gefühle. Sind wir nicht in der Gefahr, in einer »Überdemokratisierung« das Erreichte aufs Spiel zu setzen? Kann das gut gehen, wenn in unserem Staat von bestimmten Gruppen und Personen Recht und Ordnung madig gemacht und unterhöhlt werden? Ist es möglich, in einer Demokratie rechtsfreie Räume zu gewähren? Wird die Gleichheit der Person vor dem Gesetz damit noch durchgehalten? Und wie ist unser Umgang mit dem Leben? Kann das auf die Dauer gut gehen, wenn in einem Volk jährlich Tausenden von gezeugten Kindern das Recht auf Leben verweigert wird? Stimmt es nicht bedenklich, wenn im Bereich der Politik die Sitten zunehmend verfallen? Ist der oft schreckliche Egoismus bestimmter Interessengruppen in unserem Staat für diesen nicht gefährlich? Ist nicht die Diskriminierung der Frauen, die als Hausfrauen und Mütter zur Stabilisierung von Ehe und Familie einen entscheiden Dienst tun, eine schlimme Sache?

Ich will die Fragen nicht weiter fortsetzen. Aber so kann das wohl nicht mehr lange gut weitergehen, wenn man in unserem Volk fast nur noch von den Rechten, aber kaum mehr von den Pflichten spricht.

Die beinahe grenzenlose Freiheit in unserem Lande führt zu nichts Gutem. Freiheit wird bei uns oft verwechselt mit Bindungs- und Hemmungslosigkeit. »Ich will tun, was ich will«, so lautet oft die Parole. Das aber zerstört das Leben, auch die Gemeinschaft unter den Menschen, denn Freiheit kann es ohne Verantwortung und ohne Bindung nicht geben. Alle diese Einsichten und Enttäuschungen haben mich dazu veranlaßt, das Bundesverdienstkreuz, mit dem ich am 22. Dezember 1987 ausgezeichnet werden sollte, abzulehnen. Ich möchte die Sache mit dem Bundesverdienstkreuz noch ein wenig näher erläutern.

Irgendwann und irgendwo habe ich einmal im Kreis von Freunden scherzhaft geäußert, daß ich eigentlich nur auf einen Orden Wert legen würde: den Bayerischen Verdienstorden. Einer meiner Freunde hat diese Bemerkung ernstgenommen und sich mit der bayerischen Staatsregierung in Verbindung gesetzt, um mich für diesen Orden vorzuschlagen. Er erhielt aus dem Innenministerium die Auskunft, daß die Voraussetzung für die Verleihung des Bayerischen Verdienstordens die Verleihung des Bundesverdienstkreuzes wäre. Übrigens gibt es im Höchstfall nur 2000 Ordensträger für den Bayerischen Verdienstorden, und diese Zahl ist fast erreicht.

Nun wurden meine Freunde aktiv, um das Bundesverdienstkreuz für mich beim Bundespräsidenten zu beantragen. Sie erhielten dabei mancherlei Unterstützung von politischen Freunden. So erhielt ich unter dem 1. Dezember 1987 einen Brief aus dem bayerischen Kultusministerium, daß mir auf Vorschlag des bayerischen Ministerpräsidenten das Verdienstkreuz am Bande des Verdienstordens der Bundesrepublik Deutschland vom Bundespräsidenten verliehen wurde. Ich wurde eingeladen, am 22. Dezember 1987 in das Bayerische Staatsministerim für Unterricht und Kultus nach München zu kommen, um den Orden aus der Hand des Kultusministers entgegenzunehmen.

Über diesen Brief war ich natürlich außerordentlich überrascht, denn ich dachte nicht, daß meine scherzhafte Bemerkung im Blick auf den Orden ernstgenommen worden war. Nun befand ich mich in einer gewissen Klemme: Sollte ich den Orden annehmen oder sollte ich ihn ablehnen? So begeistert ich nach dem Kriege und bis in die 60er Jahre hinein diesen Staat mitgetragen und an seinem Auf- und Ausbau mit meinen bescheidenen Kräften mitgearbeitet habe, so fremd ist mir unser Staat seit den 70er Jahren geworden. Gerade in den letzten Jahren hat diese »Entfremdung« zugenommen. So entschloß ich mich, unter dem 10. Dezember 1987 dem Herrn Bundespräsidenten einen längeren Brief zu schreiben, in dem ich meine Ablehnung des Ordens begründete. Der Brief hatte folgenden Wortlaut:

Kurt Heimbucher
Pfarrer
Präses des Gnadauer Verbandes

6340 Dillenburg 1   10. Dezember 1987
Bismarckstraße 12   H/di
Telefon 02771/3 40 86

Herrn

Bundespräsidenten

Dr. Richard von Weizsäcker
Villa Hammerschmidt

5300 Bonn

Sehr verehrter Herr Bundespräsident,

Herr Regierungsdirektor Mocker vom Bayerischen Staatsministerium
für Unterricht und Kultus hat mich davon unterrichtet, daß Sie
mir auf Vorschlag des Bayerischen Ministerpräsidenten das Verdienstkreuz am Bande des Verdienstordens der Bundesrepublik
Deutschland verliehen haben.

Ich möchte mich zunächst sehr herzlich dafür bedanken, daß Sie
mir diese Auszeichnung zugedacht haben.

Ich möchte Ihnen aber mitteilen, daß ich diesen Orden aus verschiedenen Gründen nicht annehmen kann und will.

Zunächst möchte ich betonen, daß ich in meinem Leben nichts
Außergewöhnliches getan habe. Ich habe versucht, mit den be-
grenzten Gaben und Kräften, die ich habe, meine Pflicht zu tun.
Das ist für mich eine Selbstverständlichkeit und rechtfertigt
keine besondere Auszeichnung. Unzählige Bürgerinnen und Bürger
in der Bundesrepublik Deutschland tun ebenso ihre Pflicht ohne
dafür einen Orden zu empfangen.

Der entscheidende Grund aber, warum ich den Orden nicht annehmen kann, liegt darin, daß mir der Staat "Bundesrepublik Deutschland" seit einiger Zeit sehr fremd geworden ist. Es klingt pathetisch, es entspricht aber meiner Überzeugung wenn ich sage: Ich liebe mein Vaterland. Für mich gehört z.B. dazu auch Königsberg und Breslau, Weimar und Dresden. Aber dieser Staat, in dem ich lebe, wird mir unheimlich. Ich will Sie nicht lange aufhalten mit einer eingehenden Begründung.

Ich möchte nur darauf hinweisen, daß unser Staat es seit Jahren zuläßt, daß ungeborenes Leben getötet werden darf. Wenn ich mir die Zahlen der letzten Jahre vergegenwärtige, dann müssen es wohl schon Millionen ungeborener Kinder sein, denen das Recht auf Leben verwehrt worden ist.

Ich kann es nicht verstehen, daß unser Staat gewissen Gruppen rechtsfreie Räume gewährt und den anständigen Bürger wegen jeder Kleinigkeit zur Kasse holt. Wo bleibt da die Gleichheit vor dem Gesetz, wie sie das Grundgesetz vorgesehen hat?

Ich weiß nicht, was ich von einem Staat halten soll, der es nicht fertigbringt, seine Bürger zu schützen. Ich kenne z.B. viele Frauen, die sich abends in unseren Großstädten nicht mehr auf die Straße getrauen, weil sie den Raub ihrer Handtasche oder schlimmere Übeltaten befürchten.

Wenn die Polizei bei chaotischen Umtrieben energisch durchgreift, so wie es viele Bürger erwarten, wird sie von manchen Gruppen leider oft auch von manchen Journalisten, zu Prügelknaben der Nation gestempelt.

Die Preisgabe des deutschen Ostens durch die Herren Brandt, Bahr und Scheel in den siebziger Jahren, hat mich sehr betroffen ge- macht. Ich habe mir immer wieder die Rede des Baron zu Guttenberg, die er als seine letzte im Bundestag gehalten hat, angehört. Wie hat er, mit letzter physischer Kraft, vor diesen Verträgen ge- warnt!

Ich könnte noch vieles, vieles nennen, was mich beschwert.

Dieser Staat ist mir fremd geworden. Dabei habe ich ver- sucht, als ich als 17-jähriger, unverdienterweise der Hölle des Krieges entronnen, in das Trümmerfeld meiner Heimatstadt Nürnberg zurückkam, mit innerer Leidenschaft diesen Staat mitaufzubauen.

Ich bin kein Agitator gegen unseren Staat, verehrter Herr Bundes- präsident. Aber mein Gewissen läßt es nicht zu, von einem Staat einen Orden anzunehmen, mit dem ich mich nicht mehr voll und ganz identifizieren kann.

Ich leide an unserem Staat, aber ich werde nicht nachlassen, in der Fürbitte für die Verantwortungsträger dieses Staates vor Gott einzutreten.

Mit vorzüglicher Hochachtung
Ihr

Kurt Heimbucher, Pfarrer

Der Bundespräsident hat mir am 21. Dezember 1987 geantwortet.

Der Bundespräsident

Bonn, den 21. Dezember 1987

An den
Präses des Gnadauer Verbandes
Pfarrer Kurt Heimbucher
Bismarckstraße 12

6340 Dillenburg 1

Sehr geehrter Präses Heimbucher,

mit Ihrem Brief vom 10. Dezember 1987, für den ich
Ihnen danke, haben Sie mich wissen lassen, warum Sie
die Auszeichnung mit dem Verdienstkreuz des Verdienstordens der Bundesrepublik Deutschland nicht annehmen
möchten. Ich bedauere, daß Sie empfinden wie Sie
schreiben, habe jedoch vor dieser persönlichen Entscheidung Respekt. Da Ihre Sorge tiefer sitzt als
die Probleme, die Sie ja nur beispielhaft nennen,
möchte ich Ihnen als meinen Beitrag zu Ihren Fragen
den Text der Ansprache schicken, die ich aus Anlaß
der Verleihung des Romano Guardini Preises 1987 am
6. November in München gehalten habe.

Mit meinen guten Wünschen für eine gesegnete Weihnachts-
zeit und ein gutes Jahr 1988

R. Weizsäcker

Natürlich war die ganze Angelegenheit nun ein wenig peinlich. Viele, die von der Ordensverleihung erfahren hatten, gratulierten mir, so z.B. der mir von der Synodalarbeit her gut bekannte stellvertretende bayerische Ministerpräsident, Arbeits- und Sozialminister Dr. Karl Hillermeier. Es kam ein Schreiben des Regierungspräsidenten von Mittelfranken. Mein Freund Dr. Fritz Pirkl schrieb mir und freute sich über die Ehrung. Die Stadt Nürnberg wollte gratulieren.

Ich mußte nun nach vielen Seiten hin meine Ablehnung begründen. Als idea (Informationsdienst der Evangelischen Allianz) von meiner Ablehnung berichtete, kamen unerwartete Echos. Die Presse hat sich auf diese Mitteilung gestürzt. In einer Reihe von Zeitungen erschien die Nachricht.

Es kam eine Flut von Briefen. Die einen würdigten mich als einen Patrioten, weil ich in meinem Brief an den Bundespräsidenten auf die deutschen Ostgebiete hingewiesen habe. Die anderen gratulierten mir, weil ich als Christ mich nicht vom Staat hatte ehren lassen. Die meisten Zuschriften begrüßten es, daß ich für meine Ablehnung die Abtreibungspraxis in unserem Volk als schwerwiegendes Argument angeführt habe. Es war aber interessant festzustellen, daß heute viele Bürger offenbar in einer distanzierten Haltung zu unserm Staat stehen; eine Staatsverdrossenheit hat sich entwickelt, die zu Sorgen Anlaß gibt.

Im finsteren Tal

Erkenntnisse und Erfahrungen aus Krisen- und Krankheitszeiten

Gott hat mich im Laufe meines Lebens von Krankheiten und anderen bitteren Erfahrungen nicht verschont. Ich will jetzt nicht in meine Kindheit und Jugend zurückblicken. Schon als Kind wurde ich einmal so krank, daß die Ärzte mich aufgegeben haben. Gott hat mich am Leben erhalten, er hatte wohl noch eine Aufgabe für mich. Aber dann kam der Juni 1959. Ich war seit sieben Jahren in der Großstadtarbeit tätig, in der ich überfordert war, oder ich muß sagen: in der ich mich oft selber überfordert habe. Ich dachte damals, als junger Mensch hätte ich keine Grenzen zu beachten und verfügte über unerschöpfliche Kraftreserven. Das kam z.B. dadurch zum Ausdruck, daß ich in den ersten sieben Jahren meines Dienstes nie Urlaub genommen, sondern diesen immer für die Durchführung großer Jugendfreizeiten verwendet habe. Diese Freizeiten waren anstrengend: da waren die Bibelarbeiten zu halten, es gab organisatorische Fragen zu erledigen. Es war für die rechte Verpflegung zu sorgen, die jungen Menschen sollten gesund wieder nach Hause kommen. Ich bin Gott dankbar, daß auf diesen vielen Freizeiten, die ich im Laufe der Jahre mit jungen Menschen gehalten habe, nie etwas Ernsthaftes passiert ist und daß kein junger Mensch ums Leben gekommen ist. Es waren Bergfreizeiten mit zum Teil waghalsigen Bergtouren dabei.

Im Juni 1959 streikten meine Kräfte. Das lag wohl auch daran, daß die Situation in der Lichtenhofer Gemeinde in Nürnberg stark an meiner Psyche zerrte. Die beiden streitenden Pfarrer – und ich mittendrin! Immer die Frage: »Wie verhältst du dich recht, daß du dich nicht auf diese oder jene Seite schlägst?« Immer wieder versuchten die beiden Pfarrer, mich auf die eine oder auf die andere Seite zu ziehen. Das waren aufregende und kräftezehrende Ereignisse. Ich ging den Pfarrern aus dem Weg so gut es ging, aber wir begegneten uns zwangsläufig oft genug bei Sitzungen, in der Schule, bei der wöchentlichen Pfarrerbesprechung. Dem Pfarramtsvorstand war daran gelegen, daß ich in der Woche einige Male bei ihm erschien.

Sah mich dabei der zweite Pfarrer, dann wartete er auf mich und sagte: »Da gehen Sie hin, zu mir kommen Sie nicht«, zog mich in seine Wohnung und sprach mit mir über den ersten Pfarrer. Es waren erregende Dinge. Ich hatte mir alles in der Gemeindearbeit so ideal vorgestellt! Wenn Christen zusammenleben, dann muß doch alles gut gehen. Und nun kam die ganz große Enttäuschung, daß alles ganz anders war. Die Arbeitsüberlastung und das Stehen zwischen den Fronten haben meine Kräfte aufgerieben, so daß ich von heute auf morgen einen völligen Zusammenbruch hatte, bei dem zunächst ein Herzinfarkt diagnostiziert wurde. Ich erschrak fürchterlich. 31 Jahre alt und schon ein Herzinfarkt?! Glücklicherweise stellte sich nachher heraus, daß diese Diagnose nicht stimmte. Es war ein totaler, seelisch-körperlicher Zusammenbruch, verbunden mit schweren Depressionen und Angstzuständen und schlimmen Herzsensationen. Ich ging in das Kurheim auf die Hensoltshöhe, um mich dort vier Wochen zu erholen. Heute noch bin ich mit dem Kurarzt, Dr. Ernst Spengler, herzlich verbunden.

Als ich zu Hause war, war der alte Zustand wieder da. Man brachte mich nach Neuendettelsau in die Klinik zu Dr. Schick, den ich ebenfalls sehr schätzen lernte. Weitere Kurkliniken folgten. Als nichts half, ging ich endlich im Mai 1960 nach Bad Wörishofen und gewann dort bei der Kneippkur neue Kräfte. Diese lange Krankheitszeit, die noch monatelang nachwirkte, hat mir einen ersten Schock in meinem Leben versetzt. Ich hatte keine Ahnung von psychischen Erkrankungen und hielt mich für einen seelischen Riesen. Und nun diese Depressionen und Angstzustände! Später erklärte mir ein gläubiger Facharzt, daß ich als junger Mensch bei den Partisaneneinsätzen in Kärnten 1945 die Angsterlebnisse, die ich damals hatte, nicht verarbeiten konnte, und daß sie jetzt im Zustand der psychischen Labilität hochkämen und sich an neuen Gegenständen festsetzen würden. Zuerst war die Frage: Wie kannst du deinen Dienst vernünftiger einteilen? Ich beschäftigte mich nun auch mit psychischen Erkrankungen, hatte Gespräche mit vertrauenswürdigen Ärzten und bekam mancherlei Einblicke. Anhand der einschlägigen Literatur beschäftigte ich mich mit den Fragestellungen, die uns ja auch heute in der Seelsorgekunde bewegen.

Mitte 1960 nahm ich meinen Dienst wieder auf. Seitdem lebe ich mit meiner Zuckerkrankheit, die im Laufe der Jahre zu schweren Gefäßerkrankungen führte. Das hatte seinen Grund freilich auch darin, daß ich viele Jahre sehr leichtsinnig mit dieser Krankheit umgegangen bin und nicht wahrhaben wollte, welche Folgeschäden der Diabetes mit sich bringen kann.

Es gab dann immer wieder gesundheitliche Schwankungen. Aber die eigentliche Lebenskrise begann im Jahre 1980, als ich in Tuttlingen zu einer Bibelwoche bei der altpietistischen Gemeinde war. Gerne war ich der Einladung gefolgt, denn zum einen bin ich gerne bei den altpietistischen Geschwistern, zum andern schätze ich die leitenden Brüder in Tuttlingen sehr. Ich hatte zwei gut besuchte Bibelabende hinter mir. Am Morgen des dritten Tages hatte es geschneit und alles war vereist. Ich ging in Hausschuhen aus der Türe, rutschte auf der letzten Treppe aus, stürzte rückwärts auf die Treppe und brach mir kompliziert den linken Arm. Nach dem Sturz war mir sofort klar, daß etwas Schlimmes passiert war. Ich lag mit unheimlichen Schmerzen im Schnee, konnte mich nicht mehr rühren, nur noch um Hilfe schreien. Vater Martin und seine Frau eilten aus dem Haus und sahen mich hilflos liegen. Sie wollten mich aufheben, aber das war wegen der Schmerzen nicht möglich. Sie riefen die Sanitäter, die aber an diesem Morgen so viel zu tun hatten, daß ich fast eine dreiviertel Stunde im Schnee gelegen bin, durchnäßt war, obwohl sie Decken unter mich geschoben hatten, und dann unterkühlt ins Krankenhaus kam. Wie ich auf einem Bett vor dem Röntgensaal wartete, kam ein Krankenpfleger vorbei, schaute mich an und sagte: »Ja, Herr Pfarrer, was ist denn passiert?« Er war am Vorabend in der Bibelstunde gewesen. Ich erzählte ihm mein Unglück. Er sagte: »Ich will sofort versuchen, den Oberarzt zu finden, der muß Sie operieren!« Mein Arm wurde dann geröntgt, und dann schob man mich in den Operationssaal. Der Oberarzt, ein Knochenspezialist, hätte eigentlich frei gehabt. Als er von meinem komplizierten Bruch hörte, übernahm er die Operation, die fast vier Stunden dauerte. Der Knochen wurde mit Schrauben und einer Platte fixiert. Als nach einem Jahr die Platte mit den Schrauben entfernt wurde, sagte der Chirurg in Nürnberg: »Da hat ein Spezialist operiert!«

Nach drei Wochen im Tuttlinger Krankenhaus wurde ich nach Nürnberg in die Klinik Hallerwiese überwiesen und habe dort den Armbruch und einige andere Dinge, z.B. eine Herzerkrankung, auskuriert und meine schon im Jahre 1959 festgestellte Zuckererkrankung behandeln lassen.

Es kam aber dann noch eine andere Sache dazu. Ich fuhr im Sommer zur Heiligungskonferenz nach St. Chrischona, um dort Bibelarbeiten zu halten. Nach einer Woche kam ich zurück. Als ich die Wohnzimmertür öffnete, saß meine Mutter auf dem Sofa und machte merkwürdige Bewegungen. Ich sagte: »Mutter, was ist los mit dir?« Sie sagte: »Es stimmt etwas nicht.« Ich vermutete, daß Mutter einen leichten Schlaganfall hatte. Das bestätigte sich am nächsten Morgen, als sie ihre Arme nicht mehr so bewegen konnte, um sich zu kämmen. Sie wollte ein Mittagessen kochen, konnte aber den Kochlöffel nicht halten. Schließlich mußte ich den Arzt rufen. Er wies sie ins Krankenhaus ein, in die Klinik Hallerwiese. Dort waren wir »zu Hause«, hatten Kontakt zu den Diakonissen, denn die Klinik Hallerwiese gehörte, solange ich Pfarrer in St. Johannis war, zu meinem Pfarrsprengel, und ich habe regelmäßig die Diakonissen und die Kranken besucht. In der Klinik erholte sich Mutter etwas.

Nun sollte ich für zwei Wochen nach Friedrichshafen fahren, um dort die Bibelarbeiten während einer Freizeit zu halten, wollte meine Mutter aber nicht alleine lassen. Doch sie sagte: »Mir geht es wesentlich besser, fahre hin, die warten auf dich, wer sollte jetzt für dich so schnell einspringen, und in vierzehn Tagen sind wir ja wieder beisammen.« So fuhr ich nach Friedrichshafen. Jeden Morgen um sieben Uhr rief ich in der Klinik an, um zu hören, wie es Mutter erginge. Am vierten Tag erfuhr ich von der Stationsschwester, daß es Mutter ganz schlecht ging: sie hatte in der Nacht einen schweren Gehirnschlag erlitten, war nicht mehr ansprechbar, und man mußte ständig mit ihrem Tode rechnen. Ich habe sofort meinen Koffer gepackt, mich bei der Freizeitleitung abgemeldet und bin wie im Trancezustand mit meinem Auto von Friedrichshafen nach Nürnberg zurückgefahren. Es war Samstagmittag, als ich in der Klinik ankam und in ihr Krankenzimmer eilte. Mutter lag da, nicht ansprechbar, wie tot. Aber sie lebte noch. Die Schwestern schlugen mir dann vor, mich in der Klinik einzuquartieren. Ich bekam ein Bett, um ständig in der Nähe der Mutter zu sein, aber es ereignete sich nichts, weder kam Mutter zu Bewußtsein noch wurde sie von Gott heimgerufen. Das dauerte wochenlang. Nach etwa fünf oder sechs

Wochen wachte Mutter plötzlich aus ihrer tiefen Bewußtlosigkeit auf, schaute mich mit großen Augen an, konnte aber kein Wort sprechen. Ihre linke Seite war vollständig gelähmt, sie lag hilflos wie ein Säugling in ihrem Bett. Mutter blieb noch einige Zeit in der Klinik, dann habe ich sie in Absprache mit meinem Bruder nach Hause geholt. Eine Pflegerin hat Mutter rührend versorgt, so daß ich einigermaßen meinen dienstlichen Verpflichtungen nachkommen konnte. Viele haben Mutter in dieser Zeit besucht; nicht nur Verwandte oder unsere Nachbarn sahen sich nach ihr um, auch Paul Deitenbeck besuchte sie, Lienhard Pflaum und Johannes Berewinkel waren bei ihr. Und wie hat sie sich auf Weihnachten gefreut! Wenn Frau Meier, die Pflegerin, ihr erzählte, daß wir den Weihnachtsbaum in ihr Zimmer stellen werden, dann leuchteten Mutters Augen, sprechen konnte sie ja nicht mehr.

Am 2. Advent, am 6. Dezember 1981, ist Mutter dann heimgegangen. Auch das war eine tragische Sache, die zu den Ereignissen in meinem Leben gehört, die ich auf dieser Welt nie richtig verstehen kann. Es gibt Stunden, in denen Gott uns dunkel wird. Wir haben unsere Fragen an Gott, und es gibt Geheimnisse Gottes in unserem Leben, die uns in dieser Welt nicht gelüftet werden. Es war folgendes geschehen: Ich war zu der Adventskonferenz ins Diakonissenmutterhaus Bleibergquelle bei Velbert eingeladen. Die Konferenz beginnt am Freitagabend vor dem zweiten Advent und dauert bis zum Sonntagnachmittag. Ich überlegte, ob ich fahren sollte. In Essen wollte ich mich mit Ulrich Parzany treffen, um mit ihm einiges zu besprechen, und dann zur Bleibergquelle weiterreisen. Am Donnerstag hatte der behandelnde Arzt Mutter untersucht. Ich ging mit ihm zur Haustür und fragte ihn, wie lange sie nach seiner Meinung noch zu leben habe. Er antwortete: »Vor Weihnachten passiert sicher nichts mehr.« Ich fragte ihn, ob ich es verantworten könne, morgen zu einer Konferenz zu fahren. Er bejahte es. Aufgrund dieser Aussage fuhr ich am Freitagvormittag nach Essen, rief von Parzanys Wohnung aus in Nürnberg an, und unsere Pflegerin sagte: »Es ist alles in Ordnung.« Am Samstagvormittag telefonierte ich von der Bleibergquelle aus, die Auskunft war die gleiche. Am Samstagabend war ich mit der Witwe meines Freundes Petrus Huigens, der Jahre zuvor gestorben war, unterwegs zu einem Abendessen. Wir unterhielten uns über meine Mutter und ich sprach auch davon, was wohl werden solle, wenn meine Mutter nicht mehr leben würde. Dann fuhr ich zurück zur Bleibergquelle. In der Nacht, etwa gegen vier Uhr, wachte ich auf und war in einer großen inneren Unruhe. Ich hatte ein Telefon im Zimmer und in mir war eine Stimme: »Rufe zu Hause an!« Ich habe die Stimme unterdrückt, denn warum sollte ich um vier Uhr früh in Nürnberg anrufen, wenn doch alles schläft? Am Vortag hatte ich ja noch den Bescheid bekommen, daß alles in Ordnung war. Gegen sechs Uhr wurde die Stimme in mir so mächtig, daß ich zum Telefon griff und anrief. Die Pflegerin sagte: »Ihrer Mutter geht es ganz schlecht, ich habe eben Ihren Bruder verständigt. Der Notarzt ist ebenfalls verständigt, er wird sofort eintreffen.« Ich sagte: »Ich rufe in einer Stunde wieder an.« Am Vormittag hatte ich den Gottesdienst vor einer großen Gemeinde zu halten, nachmittgas eine Ansprache zum Abschluß der Konferenz. Ich saß beim Frühstück mit Brüdern und Schwestern zusammen und konnte fast nichts essen vor innerer Erregung. Nach dem Frühstück rief ich nochmals zu Hause an und erfuhr, daß Mutter in die Klinik Hallerwiese eingeliefert worden war. Die Stationsschwester Emma Mößner, mit der wir schon lange Jahre bekannt waren, sagte mir dann am Telefon: »Eben ist Ihre Mutter eingeschlafen und ich habe ihr die Augen zugedrückt unter dem Läuten der Glocken. Wir Schwestern waren an ihrem Bett versammelt und haben noch Adventslieder gesungen. So ist sie heimgegangen.«

Es war nicht einfach, dann die Predigt im Gottesdienst zu halten. Gott hat mir die Kraft dazu gegeben. Den Dienst nachmittags übernahm ein anderer Bruder. Ich ließ mich nach dem Gottesdienst nach Wuppertal fahren und kam am Abend des zweiten Advent in Nürnberg an. Mein Bruder brachte mich zur Klinik. Da lag Mutter in der Leichenhalle. Wir waren noch lange beisammen. Am 9. Dezember haben wir sie auf dem St. Leonhards-Friedhof in Nürnberg beerdigt. Mein Freund Franz Soellner hielt in der St. Leonhardskirche die Trauerfeier. Er sprach über den 23. Psalm. In der St. Leonhardskirche war Mutter getauft und konfirmiert worden. Dort hat sie Sonntag für Sonntag als Kindergottesdiensthelferin in jungen Jahren ihren Dienst getan. Dort wurde sie mit meinem Vater im Januar 1927 getraut. Diese Kirche ist ein Stück Heimat für Mutter gewesen. Da nahmen wir nun auch Abschied von ihr.

Das Jahr 1982 war angefüllt mit vielen Diensten im Gnadauer Bereich, in der Evangelischen Allianz und in einer Reihe von Kirchengemeinden. Im November, in der Woche des Bußtages, war ich eingeladen zu einer Bibelwoche in Heidenheim an der Brenz. Die altpietistischen Brüder hatten um diesen Dienst gebeten. Im Hause der Familie Saur fühlte ich mich sehr wohl. Allerdings fuhr ich schon mit Herzbeschwerden nach Heidenheim. Vor der Abfahrt hatte ich noch meinen Internisten angerufen und um Rat gefragt. Am Montagabend begann die Bibelwoche, den Dienstagabend konnte ich auch noch durchhalten, obwohl es mir deutlich schlechter ging. Am Mittwochvormittag fühlte ich mich so elend, daß ich den Gottesdienst in Heidenheim nicht besuchen konnte. Ich blieb liegen, um Kraft zu schöpfen für den Nachmittag, an dem eine Bezirkskonferenz angesetzt war, bei der ich ebenfalls das Wort auszulegen hatte. Ich sprach über das Ende des 2. Kapitels des 1. Petrusbriefes. Während der Bibelarbeit überfiel mich eine große Schwäche. Ich konnte kaum weiter sprechen, versuchte mit wenigen Sätzen die Bibelarbeit zu Ende zu führen und verließ das Rednerpult. Die Brüder merkten, daß mit mir etwas nicht in Ordnung war. Nach der Versammlung fuhr ich mit Bruder Saur nach Hause. Wir machten einen kleinen Waldspaziergang. Mein Zustand besserte sich aber nicht. Am nächsten Morgen fuhr mich Bruder Saur zu seinem Internisten, einem erfahrenen Arzt in Heidenheim. Er machte ein EKG und untersuchte mich gründlich. Das EKG war verheerend, der Blutzucker sehr hoch, und so meinte der Internist: »Es ist unmöglich, daß dieser Mann die Bibelabende weiter hält, er muß sofort ins Krankenhaus.« So kam es, daß ich von einer Stunde zur anderen ins Heidenheimer Krankenhaus eingeliefert wurde. Die weiteren Bibelabende haben Pfarrer Walter Schaal, der Vorsitzende des altpietistischen Gemeinschaftsverbandes, und Theo Schneider für mich übernommen.

Einige Wochen war ich im Krankenhaus in Heidenheim. Viele Brüder und Schwestern haben mich besucht. Viele haben mich wissen lassen, daß sie für mich beten, viele haben mir Grüße in Form von Blumen geschickt. Ich habe gespürt, daß ich nicht vergessen war, sondern umgeben von einer Mauer der Fürbitte. Das ist eines der großen Geschenke der Gemeinde Jesu: Die Gemeinschaft der Heiligen, gerade auch in der gegenseitigen Fürbitte. Nach einigen Wochen eröffnete mir der Chefarzt der Inneren Abteilung in Heidenheim, daß er vorhabe, mich nach München bringen zu lassen; dort müsse unbedingt eine Coronarangiographie gemacht werden, um zu prüfen, wie es mit meinen Herzkranzgefäßen aussähe. Ich stutzte, denn vor sechs Jahren hatte ein Nürnberger Internist zu einer Coronarangiographie geraten. Nach seiner Überzeugung waren meine Herzkranzgefäße so verengt und verkalkt, daß wohl eine Bypassoperation vorgenommen werden sollte. Ich habe damals, im Jahre 1976, meinen Dienst weiter getan, als ob nichts wäre und kann heute nur staunen, daß Gott mich ohne Herzinfarkt über diese Jahre mit all ihren Belastungen hinweggebracht hat. Die Pflege meiner Mutter, die ich ja mit übernommen hatte, und der erschütternde Anblick, daß diese willensstarke Frau nun hilflos wie ein Säugling war, waren ja nicht spurlos an mir vorübergegangen.

Ein junger, freundlicher Rot-Kreuz-Mann, mit dem ich mich prächtig verstand, brachte mich von Heidenheim in die Stiftsklinik Augustinum in München-Kleinhadern. Professor Dr. Michel nahm mich auf und untersuchte mich. Er hat sich in den nächsten Monaten sehr um mich gekümmert. Ich verdanke diesem Mann viel. Er ist eine väterliche Arztgestalt, eine anerkannte Persönlichkeit auf dem Gebiet der Kardiologie. Er sprach nicht viel, aber man konnte ihm vertrauen. Die Coronarangiographie in München wurde gemacht, nachdem ich stark abgenommen hatte. Nach der Angiographie mußte ich noch ein paar Tage im Krankenhaus bleiben. In den Adventstagen 1982 wurde ich entlassen. Einen Bescheid, ob mein Herz operiert werden konnte, sollte oder mußte, habe ich noch nicht gehabt. Professor Michel verabschiedete sich von mir mit den Worten: »Ihr Herzzustand ist schlimmer als wir gedacht haben. Wir Internisten können nicht entscheiden, ob bei dieser Situation eine Operation möglich ist. Das steht im Ermessen der Chirurgen. Wenn die Chirurgen an der Universitätsklinik in Großhadern ihre Entscheidung getroffen habe, werde ich Sie sofort benachrichtigen.« Es waren Wochen großer Ungewißheit. Ende Januar 1983 bekam ich dann von Professor Michel den Bescheid: Die Operation wird durchgeführt. Ich rief Professor Michel an und sagte: »Kann ich denn die Operation auch wirklich wagen?« Er antwortete sicher und bestimmt: »Wenn die Chirurgen sagen, es wird operiert, dann können Sie diesem Bescheid vertrauen und dann können Sie die Operation auch wagen.« Ich muß an der Stelle erwähnen, daß neben meinem behandelnden Internisten Dr. Horst Weidinger in Nürnberg zwei Ärzte verdienen, hier erwähnt zu werden. Sie haben mich besucht oder fast täglich angerufen, haben mir Verhaltensmaßnahmen gegeben, Mut zugesprochen und von positiven Erfahrungen mit Patienten berichtet, die die gleiche Operation hinter sich haben. Es waren dies Dr. Ernst Spengler, der Kurarzt der Hensoltshöhe und ein junger Internist, der früher Kindergottesdiensthelfer in meiner ersten Gemeinde war, Dr. Manfred Tzschoppe, der seine internistische Praxis in Neumarkt in der Oberpfalz hat.

Die Bypass-Operation war für Mitte April 1983 festgesetzt. Theo Schneider brachte mich nach München, zunächst nach Kleinhadern, wo Professor Michel mich internistisch auf die Operation vorbereitete. Professor Klinner hatte in Großhadern die Operation zu verantworten. Die beiden Professoren waren befreundet und stimmten sich gegenseitig ab. In Großhadern wurde die Operation durchgeführt. Ich erfuhr später, daß eine Nachoperation wegen einer Blutung nötig war. Die Operation dauerte etwa vier Stunden. An vier Stellen sollte ein Bypass gesetzt werden, an drei war es nur möglich. Aber Professor Klinner sagte mir später: »Wir haben Ihnen doch entscheidend helfen können.« Die Tage auf der Intensivstation waren nicht schön – so an Schläuchen und Apparaten angeschlossen zu sein ... Aber die Pflegerinnen und Pfleger auf der Intensivstation haben ihr Bestes gegeben. Ich denke sehr dankbar an sie. Nach etwa zehn Tagen wurde ich von Großhadern wieder nach Kleinhadern verlegt. Als ich mich von Professor Klinner verabschiedete, sagte ich zu ihm: »Wie soll ich mich jetzt verhalten, Herr Professor?« Er antwortete: »Weitermachen, wie bisher, die Operation ist doch gelungen.«

Professor Klinner gehört zu den führenden Herzchirurgen in Deutschland und genießt hohes Ansehen. Über eine Reaktion des Professors habe ich mich sehr gefreut: Als er mit seinem »Stab« in mein Zimmer kam, um mich vor meiner Entlassung aus seiner chirurgischen Abteilung noch einmal zu untersuchen, sagte ich zu ihm: »Herr Professor, ich weiß nicht, was Sie davon halten, ob Sie überhaupt etwas davon halten, aber ich möchte Ihnen sagen, daß ich aus Dankbarkeit für das, was Sie an mir getan haben, regelmäßig für Sie persönlich und für Ihre Arbeit beten will.« Er sagte: »Sehen Sie, meine Herren, solche Leute brauchen wir, die für uns und unsere Arbeit beten.« Er bedankte sich herzlich für dieses Wort, das ich ihm gegeben habe.

Auch hier wurde mir wieder deutlich, wie Menschen auf geistliche Dinge hin ansprechbar sind. Als ich in die Stiftsklinik zu Professor Michel zurückgebracht wurde, der die Nachbehandlung nun übernahm, empfing er mich lächelnd und sagte: »Sehen Sie, ich habe es Ihnen gesagt: in zehn Tagen sind Sie wieder bei mir, und nun sind Sie nur noch mein Routinepatient.« Leider war die Zeit in Kleinhadern dann doch länger, denn die Wunden an meinen Waden, aus denen das Venenmaterial für die Bypass-Operation entnommen worden war, wollten nicht verheilen. Nach sechs Wochen Nachbehandlung wurde ich schließlich entlassen. Mein Bruder brachte mich für einige Tage nach Nürnberg. Dann folgte eine Aufbaubehandlung in der Kurklinik Schwabenland in Isny im schwäbischen Allgäu. Bewegungstherapeuten haben mit uns täglich Gymnastik und Wanderungen, je nach der Belastungsfähigkeit, gemacht. Wir wurden wieder für den Alltag vorbereitet, und ich empfand den Aufenthalt dort als sehr förderlich. Daß ich in Isny auch Bekanntschaft mit der kleinen altpietistischen Gemeinschaft machen konnte und am Ende meines Aufenthaltes auch wieder einige Verkündigungsversuche unternehmen konnte, stimmte mich dankbar. Nach etwa vierzehn Tagen Aufenthalt in der Kurklinik konnte ich schon wieder kleine Fahrten mit dem Auto wagen. So fuhr ich oft nach Isny, und durchstreifte wohl fast jeden Winkel dieses reizenden, alten Städtchens.

Viele Besucher hatte ich. Edgar Schmid kam von St. Chrischona, Theo Schneider, der treue Freund, kam des öfteren auch mit seiner lieben Frau Monika. Walter Tlach besuchte mich mit seiner lieben Frau und Karl-Heinz Schabel. Johannes Berewinkel und Wilhelm Kunz besuchten mich ebenfalls mit ihren Gattinnen, der letztere auch mit brasilianischen Freunden. Diese Freundesbesuche waren mir ein Zeichen der Verbundenheit und der inneren Anteilnahme. Viele andere Freunde, die nicht persönlich kommen konnten, haben mich mit Briefen und Karten gegrüßt, vor allem auch Paul Deitenbeck, der immer per Telefon präsent gewesen ist. Ich konnte es wagen, nach sechs Wochen mit meinem Auto von

Isny nach Nürnberg zurückzufahren. Dankbar habe ich mein Haus betreten. Es war alles gut gegangen.

Freilich war dann die große Frage, wo ich weiterhin bleiben sollte. Das Haus, in dem ich zur Miete wohnte, stand zum Verkauf. Ich wollte und konnte es nicht kaufen. So beschloß ich aufgrund meiner gesundheitlichen Situation und meines Alleinseins im Herbst 1983, nach Dillenburg in unsere Gnadauer Zentrale umzuziehen. Monika und Theo Schneider haben mich wie ihren Vater betreut. Aber ich konnte im Hessischen doch nicht so recht Wurzeln schlagen, so daß ich Anfang September 1986 wieder nach Nürnberg zurückgezogen bin.

Es folgte seither in jedem Jahr ein Krankenhausaufenthalt: 1985 im Dillenburger Krankenhaus wegen einer Blutvergiftung am rechten Bein, 1986 in der Stiftsklinik Augustinum in München, wo eine verstopfte Vene im rechten Oberschenkel geweitet werden mußte, 1987 war ich schließlich im Städtischen Klinikum in Nürnberg, um meine linke Halsschlagader operieren zu lassen. Dazwischen versuchte ich, so gut es ging, Dienste wahrzunehmen.

Mein Internist, Dr. Weidinger, der mich seit vielen Jahren betreut und begleitet, bestand im Jahre 1986 darauf, daß ich mich in den Ruhestand versetzen ließ. Er sagte: »Sie werden im Ruhestand noch manches tun können, aber Sie dürfen nicht mehr arbeiten unter dem Zwang des Müssens und unter einem gewissen Leistungsdruck. Sie gehören zu den Leuten – das habe ich längst herausbekommen – die der Überzeugung sind, wenn man für eine Arbeit bezahlt wird, muß man das Doppelte oder Dreifache dafür leisten. Das können Sie aufgrund Ihres angeschlagenen Herzens und Ihres Gesundheitszustandes nicht mehr.« Auch diese Aussage meines Internisten traf mich zunächst wie ein Keulenschlag. Ich dachte doch nicht daran, vor dem 65. Lebensjahr in den Ruhestand zu gehen. Aber es war nun offenbar unumgänglich. Der Antrag auf meine Versetzung in den Ruhestand wurde sofort akzeptiert. So bin ich seit dem Dezember 1986 Rentner im tätigen Ruhestand, soweit es meine Kräfte erlauben. In diesen Jahren der Krisen und der Krankheit sind mir Erkenntnisse aufgegangen und Erfahrungen zuteil geworden, die ich nicht missen und teilweise auch weitergeben möchte.

Die eine Erkenntnis, die schmerzlich ist, besteht darin, daß ich persönlich, in meiner eigenen Existenz, erfahren habe, daß Jesus zerbrechen kann. Ich erinnere mich an eine Tersteegen-Konferenz vor vielen Jahren, die Wilhelm Busch leitete. Der damalige Oberkirchenrat Schmidt hielt eine bewegende Bibelarbeit über das Thema: »Jesus kann zerbrechen«. Er begann seine Bibelarbeit damit, daß er zum Ausdruck brachte, wie schwer er sich mit diesem Thema getan hätte. Er könne es zwar sagen und auch begreifen, daß man an Jesus zerbrechen kann, – aber daß Jesus selber uns zerbrechen kann? Und dann hat Rudi Schmidt eine tiefschürfende Bibelarbeit über dieses Thema gehalten. Damals habe ich diese Aussage in ihrer Tragweite noch nicht begriffen. Während meiner Krankheitszeiten ist mir aufgegangen: Es ist eine geistliche Wahrheit, daß Jesus uns zerbricht. Er zerbricht unseren alten Menschen, er zerbricht unsere Eigenarten, er zerbricht auch unsere frommen Wünsche und Sehnsüchte. Es ist mir in diesen Krankheitszeiten aufgegangen im persönlichen Erleben, daß Gott auf den Trümmern des Alten das Neue baut, wie das unsere Väter immer wieder zum Ausdruck gebracht haben. Auch der Christ braucht immer wieder das Zerbrochenwerden durch Jesus, damit er sich nicht auf die eigene Kraft, auf die eigene Leistung, auf das eigene Wissen verläßt.

Als weitere Erkenntnis ist mir wichtig geworden, daß Gott uns im Grunde genommen zum Bau seines Reiches auf dieser Erde nicht braucht. Er kann es sich leisten, uns auf die Seite zu setzen oder uns aus diesem Leben wegzuholen. Es ist Gnade, wenn er uns eine Zeitlang als seine Mitarbeiter gebraucht. Darin besteht der Adel und die Würde unseres Lebens, daß wir Mitarbeiter Gottes sein dürfen, aber Gott kann neue Mitarbeiter in seine Gemeinde rufen und uns auf die Seite setzen. Wir sind für unseren Herrn jederzeit entbehrlich. Er sorgt dafür, daß seine Sache nicht liegen bleibt.

Weiter ist mir deutlich geworden, daß man als Christ die von Kirchenrat Walter Hümmer einmal so bezeichneten »drei G« beachten muß. Hümmer meinte damit, ein Christ müsse acht haben auf die Grenzen die ihm gesetzt sind, auf die Gaben, die ihm gegeben sind, und auf die Gefahren, denen er ausgesetzt ist.

Wir haben unsere Grenzen. Das wußte ich als junger Pfarrer nicht. Ich lebte ständig über die Grenzen, überschritt sie andauernd. Das sah z.B. so aus, daß ich in den ersten Jahren meines Dienstes nie Urlaub machte und mir nie einen freien Tag nahm. Die Aufgaben waren einfach da und mußten erledigt werden. Das sah auch so aus, daß ich nie zu ausreichendem Schlaf gekommen bin. Ich meinte, drei, vier, höchstens fünf Stunden in der Nacht müßten genügen, um wieder fit zu sein. Aber ständige Grenzüberschreitungen unter Mißachtung unserer körperlichen und seelischen Kräfte führen eines Tages zu einer Lebenskrise, vielleicht zu einer Katastrophe.

Wir sind auch begrenzt mit unseren Gaben. Jeder von uns hat von seiner Erbanlage her bestimmte Begabungen mitbekommen. Gott hat uns in unserer Wiedergeburt ausgerüstet mit geistlichen Gaben, mit denen wir ihm in seiner Gemeinde und in der Welt dienen sollen. Aber wir sind keine Superleute. Es gibt auch keinen Superchristen. Gott hat seine Gaben verteilt, deswegen sind wir auch in unseren Aufgaben beschränkt. Gott weist jedem von uns seinen Platz an, auf dem er unsere Treue erwartet. Er will nicht, daß wir uns auf tausend Wegen kaputtmachen, oder Aufgaben anpacken, für die uns die Gaben gar nicht gegeben sind.

Schließlich hat jeder von uns auch seine ganz bestimmten Gefährdungen. Luther hat ja einmal das drastische Wort gesagt, daß wir Menschen wie ein Haus mit Fenstern und Türen seien, und daß der Teufel ständig um dieses Haus herumschleiche und aufpasse, wo er in dieses Haus einsteigen könne. Die Fenster und Türen sind unsere Gefährdungen. Wir haben unsere schwachen Seiten. In Zeiten der Krankheit hat man Gelegenheit, über sich selber nachzudenken, auch über die Gefährdungspunkte des eigenen Lebens; und dann wird einem deutlich und wichtig, daß es immer wieder notwendig ist, diese schwachen Punkte, diese Gefährdungen, besonders Jesus auszuliefern.

Weiter ist mir in Krankheitszeiten aufgegangen, daß Gott von uns erwartet, daß wir barmherzig mit Menschen umgehen. Wir leben von Gottes Barmherzigkeit jeden Tag. Adolf Schlatter hat recht, wenn er sagte: »Wer an Gottes Barmherzigkeit nicht selber barmherzig wird, der hat sie verspielt.« Wenn ich zurückdenke in mein Leben, dann habe ich oft mit Menschen sehr harte und schroffe Auseinandersetzungen geführt, gerade wenn es um die Konzepte in der Jugendarbeit oder um bestimmte theologische Entwürfe oder Standpunkte gegangen ist. Ich konnte manches Mal auch sehr verletzend, vielleicht auch beleidigend mit Menschen reden. In Krankheitszeiten ist mir aufgegangen, daß im Neuen Testament immer Wahrheit und Liebe, Liebe und Wahrheit gepaart sind. Beim Evangelisationskongreß 1974 in Lausanne hat mir ein Satz des ugandischen Bischofs Festo Kivengere Eindruck gemacht, den er bei seiner mir unvergeßlichen Abendmahlsansprache am Ende des Kongresses sagte: »Wir Evangelikalen nehmen oft die Wahrheit und werfen sie unseren theologischen Gegnern wie einen harten Stein an den Kopf. Dann ist unser Gegner verärgert. Er trägt eine Beule davon. Wir könnten doch auch den Stein Wahrheit in Watte einwickeln und ihn unserem theologischen Gegner in die Hand geben mit einem freundlichen Wort. Vielleicht öffnet er sich dann unseren Argumenten und wird innerlich freier, auf das Wort zu hören, das wir ihm weitersagen müssen, und zwar als das biblische Zeugnis, von dem wir selber überwunden sind.« Immer wieder besteht die Gefahr, daß ich in den Auseinandersetzungen, die ja, solange wir leben, nicht aufhören werden, in eine gewisse Härte zurückfalle. Und doch möchte ich diese Erfahrungen aus der Krankheitszeit nicht vergessen, daß ich mit Menschen, die anderer Überzeugung sind als ich, deren Überzeugungen ich auch für falsch halte, nicht in der Schärfe umgehe wie früher, sondern barmherzig, wie Gott mit uns umgeht.

Dazu kommt ein weiteres, was mir aufging; daß ich mich nicht so wichtig nehme. Wir stehen manchesmal in der Gefahr – und der bin ich sicher oft nicht entgangen – zu meinen, daß es ohne uns im Reich Gottes im Grunde genommen nicht ginge. Auch wenn wir ihn nicht offen zum Ausdruck bringen – wer würde so etwas schon sagen – liegt dieser Gedanke doch oft heimlich auf dem Grund unseres Herzens oder steckt in unseren Motiven. Der Teufel sorgt dafür, daß wir uns entsprechend aufbauen und wichtig nehmen. Diese Haltung kann sich auch in Form einer gespielten Demut zeigen. Paulus macht im Kolosserbrief darauf aufmerksam. In Krankheitszeiten ging mir auf, daß ich zwar meinen Platz im Reich Gottes habe, auch meinen Dienstplatz in der Gemeinde Jesu. Das aber kann nie und nimmer bedeuten, daß ich mich auf diesem Platz selber überschätzen darf. Ich muß mich auch nicht unterschätzen; als Christ muß ich nicht mit

Minderwertigkeitskomplexen herumlaufen, sondern darf ein gesundes Selbstbewußtsein haben, das der Heilige Geist in mir wirken will, aber das muß gepaart sein mit der Haltung: Wichtig ist der Herr. Wir stehen immer im hinteren Glied, wir dürfen ihn nie durch unsere fromme Person oder durch unsere frommen Aktivitäten verdecken und verdrängen. Wer sich selber nicht mehr so wichtig nimmt, der kann auch lächeln über sich selbst. Der kann sich auch selber je und dann auf den Arm nehmen, er weiß um seine eigenen Beschränkungen.

Ein weiterer Gesichtspunkt ist mir wichtig geworden: Jesus will uns in Krisen und Katastrophenzeiten ganz abhängig machen von sich selber. Als Siebzehnjähriger habe ich in der Stunde meiner Bekehrung von meinem Herrn das Wort aus dem 2. Korintherbrief, Kapitel 12, Vers 9 erhalten: »Laß dir an meiner Gnade genügen, denn meine Kraft ist in den Schwachen mächtig«! Ich war damals ein »kräftiger« junger Mann. Ich konnte mit diesem Wort eigentlich nicht viel anfangen. Es schien meine Existenz wenig zu betreffen. In den Jahren der Krankheit leuchtete dieses Wort auf. Ich fing an, es zu buchstabieren. Bis heute begleitet mich dieses Wort und ist mir immer neu Trost. Es ist der Zuspruch meines Herrn: »Du brauchst nicht mehr als meine Gnade, ich werde dir die Kraft geben, die du Tag für Tag nötig hast.« Es ist mir aufgegangen, daß wir nicht aus dem Eigenen leben müssen. Früher war das in meinem Christenleben gepaart: Ich wollte nicht aus dem Eigenem leben, sondern aus der Kraft Christi. Und doch war es eine Mischung zwischen seiner Kraft und meiner Kraft. In den Krankheitszeiten ging mir auf: unsere Kraft muß zerbrochen werden, damit in unserer Ohnmacht seine Kraft zur Vollendung kommen kann. Das macht abhängig von Jesus. Er führt mich an der kurzen Leine. Ich habe begriffen, was das heißt, wenn Jesus in der großen Weinstockrede, Johannes 15, sagt: »Ohne mich könnt ihr nichts tun.« Man lernt in Krankheits- und Krisenzeiten auch das Ja-Sagen zu den Wegen Gottes. Das ist nicht leicht, denn die Wege Gottes gehen eben oft ganz anders, als wir es gerne hätten. Solange Gottes Wege mit unseren Wünschen konform gehen, ist der Glaube nicht schwierig. Aber wenn Gottes Wege unsere Wege kreuzen und es buchstäblich zum Kreuz kommt, das wir zu tragen haben, dann wird es schwierig. Dann kommen die Tage und Zeiten tiefer Anfechtung, dann kommt das Fragen nach dem »Warum«. Dann kommen die Anfechtungen, in denen man irre werden möchte an Gottes Liebe, Tage, in denen Gedanken aufbrechen, ob Gott einen auf die Seite gesetzt, vielleicht sogar verworfen hätte? Es kommt eine tiefe Sündenerkenntnis. In dieser Sündenerkenntnis liegt der Gedanke nicht ferne, daß Gott alles Recht hat, uns zu verwerfen und auf die Seite zu setzen, denn wieviel Arbeit machen wir ihm! Wie schwer erziehbar sind wir als seine Kinder! Da ist es notwendig, immer wieder auf das Kreuz Jesu zu sehen, in dem Gottes Liebe für seine Kinder fest verankert ist. Weil Christus für uns gestorben ist, darum liebt uns Gott. Oft können wir in unseren Erfahrungen und Gefühlen, in Zeiten der Schmerzen und der Krisen die Liebe Gottes nicht mehr erkennen, aber wir dürfen sie im Glauben annehmen, weil wir auf den Gekreuzigten schauen dürfen. Da ist uns Gottes Liebe verbürgt. Auf diesem Wege finden wir schließlich auch nach mancherlei Mühen zu dem »Ja« zu Gottes Wegen. Es geht uns die Erkenntnis auf, die auch mir gekommen ist, daß im Leben eines Kindes Gottes nie etwas sinnlos ist, daß es keinen Zufall gibt, daß der vollkommene Gott in der Erziehung seiner Kinder keinen Fehler macht.

Und auch dies möchte ich noch sagen: In den Krisen- und Krankheitszeiten ging mir auf, daß wir als Christen viel mehr aus der Stille wirken müssen. Wir sind immer aktiv – das war einer der großen Fehler meines Lebens –, wir sehen immer eine Fülle von Aufgaben und möchten ihnen gerecht werden und können es doch nicht. Das bringt unser Leben unter einen schweren Druck. Dieser Druck wird dann eines Tages so unerträglich, daß wir unter ihm zerbrechen. Es ging mir auf: Du kannst nur aus der Konzentration in die Aktion gehen, aus der Stille vor Gott in die Begegnung mit den Menschen. Bedenken wir einmal: Haben wir oft nicht viel, viel mehr Zeit, im Gespräch mit Menschen zu sein als im Gespräch mit Gott? Unser Leben wird geistlich einflußlos im Blick auf die Menschen, denen wir begegnen, wenn wir uns nicht immer neu in das Heiligtum unseres Gottes begeben, um uns von dort seine Weisungen und seine Segnungen zu erbitten und schenken zu lassen. Was ich mit dem Wirken aus der Stille meine, soll ein kleines Beispiel deutlich machen. Während einer längeren Krankheitszeit habe ich ein Bildbändchen geschrieben unter dem Thema: »Weil Du bei mir bist«. Ein Büchlein für Zeiten der Krankheit. Dieses

Bändchen hat bis heute eine Wirkung entfaltet, die ich mir nie hätte träumen lassen. In vielen Auflagen erschienen, in verschiedene Sprachen übersetzt, ist es unzähligen Kranken weitergegeben worden. Ich habe z.B. von chronisch kranken Menschen Briefe erhalten, weil sie dieser oder jener Satz des Büchleins getroffen und getröstet hat, beides zugleich. Man könnte eine kleine Geschichte dieses Büchleins schreiben mit den Segenspuren, die es hinterlassen hat. Ich bin darüber tief beschämt, aber ich führe die geistliche Wirkung dieses Büchleins darauf zurück, daß ich es aus der Stille heraus schreiben konnte, aus dem betenden Nachdenken über meinen eigenen Weg, den Gott mich geführt hat.

Das sind einige Erkenntnisse und Erfahrungen aus Krisen und Krankheiten. Ich möchte sie nicht missen. Gott hat mich in diesen Krisenzeiten in eine Schule der praktischen Theologie genommen. Ich habe dort so viel an geistlichen Erkenntnissen gewonnen und an geistlichen Erfahrungen gesammelt, wie ich es wohl nie in einem theologischen Seminar, auch nicht bei dem begnadetsten Lehrer hätte finden können.

Ein Wort ging mit mir, es begleitet mich bis heute. Der gläubige Arzt Dr. Herr, der in seinen jungen Jahren als Missionsarzt in China war, und dem ich bis zu seinem Tode freundschaftlich verbunden war, sagte mir einmal: »Geh tapfer weiter, Gott tut Wunder.« Dieses Wort hat mich oft getröstet. Ich habe die Wahrheit dieses Wortes auch immer wieder ganz persönlich erfahren.

Ein lutherischer Pietist

Ich bezeichne mich gerne als einen lutherischen Pietisten, bin im Luthertum und im Pietismus daheim, und halte es mit dem Hallenser Theologen Martin Kähler, der meinte, daß es zwischen Reformation und Pietismus keinen Gegensatz gibt. Wenn ich im folgenden einige Sätze zu meiner theologischen Position sage, dann geschieht das sehr bruchstückhaft, denn dieses Thema könnte ein eigenes Buch füllen.

Je älter ich werde, desto größer wird mir die Theologie Martin Luthers. Sie ist für mich in ihrem Kern nicht einfach zeitbedingte Theologie. Sie ist für mich biblische Theologie. Die Theologie Luthers hat ihre Bedeutung bis zum Tag der Wiederkunft Jesu, denn sie stellt die Mitte der Heiligen Schrift neu auf den Leuchter. Wie alle Theologie ist auch Luthers Theologie, aufs Ganze gesehen, begrenzte Theologie. Luther ist kein Engel gewesen, sondern ein Mensch, und auch seine Erkenntnis ist Stückwerk und damit begrenzt gewesen. Martin Luther hatte in der Kirche seiner Zeit in besonderer Weise das Gegenüber der Werkgerechtigkeit. So war seine Hauptfrage, die ihn auch existenziell, wie wir aus seiner Lebensgeschichte wissen, zutiefst getroffen hat: Wie kriege ich einen gnädigen Gott? Es ist eine Hauptfrage im Neuen Testament, ausgedrückt in den Worten des Kerkermeisters in Philippi (Apg. 16): »Was muß ich tun, daß ich gerettet werde?« Man könnte es auch anders ausdrücken, so, wie es Julius Schniewind gesagt hat: »Was muß ich tun, daß ich im Gericht Gottes bestehen kann?« Für den Theologieprofessor Julius Schniewind war das die entscheidende Lebensfrage des Menschen überhaupt, gleichgültig, ob der Mensch das weiß, ob er es will oder nicht. Die Theologie Martin Luthers ist »theologia crucis«: Theologie des Kreuzes. In der Mitte seiner Theologie steht der gekreuzigte Herr. Daß Luther darüber den Auferstandenen, den Lebendigen, den Wiederkommenden nicht vergessen hat, ist selbstverständlich. Aber am Kreuz hat Christus im Gehorsam gegen den Vater uns das Heil erworben. Aus Liebe zu uns, den Gottlosen, den Verlorenen, den Verschuldeten, ist er ins Leiden und Sterben gegangen. Er hat nicht nach unserer Würdigkeit gefragt, sondern hat aus dem Gehorsam gegenüber dem Vater gehandelt und aus Liebe zu uns. Wer an Christus, den für uns Gekreuzigten, glaubt, der ist vor Gott gerecht, der ist errettet – um es kindlich zu sagen: der kommt in den Himmel. Er kann im Gericht Gottes, durch das jeder Mensch hindurchgehen muß, bestehen. Ich habe als Student in Erlangen mit großem inneren Gewinn die Vorlesungsreihe meines verehrten Lehrers Paul Althaus über Luthers Theologie gehört und ich nehme auch immer wieder das Buch zur Hand, das er über dieses Thema geschrieben hat. Althaus sagt dort: »Die Theologie des Kreuzes ist Theologie des Glaubens und die Theologie des Glaubens ist Theologie der Anfechtung.« Kreuz, Glaube und Anfechtung gehören zusammen. Das »Für mich« des Kreuzesgeschehens ist der Grund meines Lebens. Es ist auch der Grund meiner Verkündigung und meines ganzen Dienstes. Ich lebe aus der Rechtfertigung, die für mich und für alle Welt geschehen ist. »Christus ist die Versöhnung für unsere Sünden und für die der ganzen Welt«, kann der Apostel Johannes in seinem Brief schreiben. Diese Rechtfertigungsbotschaft bedeutet für mich eine ungeheure Befreiung. Ich muß mir das Heil nicht selber schaffen. Ich muß mich vor Gott nicht selbst rechtfertigen. Ich muß mir nicht andauernd den frommen Puls fühlen, ob ich denn nun auch so geheiligt bin, daß ich zu Gott passe. Christus hat mir die Kindschaft erworben. Ich darf mich in das »pro me«, in das »Für mich« des Kreuzesgeschehens flüchten. Das ist auch der einzige Weg, mit den tausenderlei Anfechtungen, die immer neu über mich und über jeden Christenmenschen kommen, fertigzuwerden.

Weiter hat mich an Luthers Theologie fasziniert, in welcher Kürze er die Hauptsachen unseres Glaubens darstellt. Er spricht von dem vierfachen »Solus«.

Da ist das »sola scriptura« – allein die Schrift. Ein lutherischer Pietist, wie ich es sein möchte, ist ein schriftgebundener Mann. Für mich gelten keine Sonderoffenbarungen. Für mich steht auch nicht die Tradition oder das Bekenntnis neben der Schrift. Bekenntnis und Tradition stehen immer unter der Schrift. Sie sind nie neue Offenbarungsquellen. Die Schrift ist für mich ausreichend im Blick auf das, was ich für mein Heil und den Weg Gottes mit seiner Gemeinde und der Welt wissen muß. Es werden sicher viele Fragen, die ich manches Mal aus Neugier oder auch aus schmerzlicher

Betroffenheit heraus habe, in der Bibel nicht beantwortet. Und doch ist die Schrift allgenugsam, wie die reformatorischen Väter sagten. Sie haben das vom Apostel Paulus gelernt, der einmal den Christen in Korinth gegenüber ausruft: »Nicht über die Schrift hinaus!« So ist ein lutherischer Pietist ein schriftgebundener Mann. Hier ist die Autorität. Hier begegne ich Christus. Da spricht Gott. Das Wort der Heiligen Schrift, in Gesetz und Evangelium, wird für mich immer wieder zur »viva vox evangelii«, zur lebendigen Stimme des Evangeliums.

Dann steht daneben das »sola gratia« – allein die Gnade. Nicht meine Werke machen mich selig und heilig. Ich darf allein aus der Gnade leben. Das Wort Hermann von Bezzels, den ich verehre, hängt in meinem Wohnzimmer: »Was an uns gefunden wird, die Gnade hat es getan, was an uns vermißt wird, die Gnade wird es erstatten.« In einem Liedvers heiß es: »Ich hatte nichts als Zorn verdienet und soll bei Gott in Gnaden sein ...« Gott wendet sich mir zu, nicht um mich zu töten, wie ich es tausendfach verdient hätte. Er wendet sich in Christus zu mir, um mir seine Liebe zu schenken. »Ohn all mein Verdienst und Würdigkeit ...« ruft Gott mich aus den Irrwegen und Sackgassen meines Lebens nach Hause. Das ist Gnade: Ich darf um Christi willen, in dem die Liebe Gottes für mich Person geworden ist, wieder Kind Gottes werden.

Dann kommt das »solus Christus« – allein Christus. Ich brauche keinen anderen Heilsbringer. Ob sie mir vom Marxismus oder von der New-Age-Bewegung, von anderen Religionen oder Ideologien angeboten werden, es »ist in keinem anderen Heil« als in Christus allein. Christus ist für mich nie ergänzungsbedürftig. Er kann durch niemanden sonst ersetzt werden. Er ist mein einziger Herr, der mich errettet hat von meinen Sünden, der mich wiedergeboren hat unter seinem Kreuz, der mir seinen Heiligen Geist gegeben hat und der mir versprochen hat, daß er als der Hirte mich begleiten wird auf den Wegen des Lebens, auch auf dem letzten Weg durch das Todesdunkel in seine Herrlichkeit hinein.

Und dann steht daneben noch das »sola fide« – allein aus Glauben. Aber der Glaube ist wiederum nicht mein Werk, sondern er ist gewirkt durch den Heiligen Geist. Der Glaube ist Gottes Geschenk und Gottes Werk in mir. Ich kann als lutherischer Pietist nie sagen: Ich muß glauben. Wenn es um den Glauben geht, hat dieses Wörtlein »muß« zu verschwinden. Wir können auch an den Menschen keine Glaubensforderungen im Sinne eines »Muß« stellen. Ich kann immer nur dankbar und demütig sagen: Ich darf glauben. Ich bete darum, daß dieses Geschenk vielen Menschen zuteil wird, daß ihnen die Ohren geöffnet werden für das Wort der Schrift, daß ihnen der Blick geöffnet wird für die Größe und Herrlichkeit Jesu.

Von daher beschäftigt mich natürlich auch ganz persönlich und auch im Blick auf die Brüder und Schwestern, mit denen ich in der Gemeinschaftsbewegung zu tun habe, die Frage nach der Nachfolge Christi. Wie sieht Nachfolge Christi bei einem Christen, der aus der Rechtfertigung lebt, heute aus, und zwar in den praktischen Lebenvollzügen, in denen wir stehen? Ich könnte auch sagen: Wie wirkt sich die Rechtfertigung in der Heiligung aus? – um ein biblisches Wort aufzunehmen. Heiligung bedeutet ja nichts anderes als aus der Rechtfertigung im Kraftfeld des Heiligen Geistes zu leben. Hier spielen heute auch viele ethische Fragen eine bedeutsame Rolle. Wie lebe ich als Christ in der Ehe? Wie lebe ich als Sohn oder Tochter mit meinen Eltern zusammen? Wie gehe ich als Vater oder Mutter mit meinen Kindern um? Wie verhalte ich mich in meinem Beruf? Was sind meine Pflichten als Bürger eines Staates? Was kann ich beruflich verantworten, wo sind mir Grenzen gezogen? Ich denke gerade an Christen, die in Berufen tätig sind, die sie immer wieder in die Lage bringen, Grenzen zu überschreiten, etwa auf dem Gebiet der Gentechnologie, im Umgang mit der Schöpfung und in anderen Bereichen. Also: Nachfolge Christi im Gewande eines ausgehenden modernen, technisierten 20. Jahrhunderts. Mit großem Gewinn lese ich immer wieder in Dietrich Bonhoeffers Buch zum gleichen Thema. Ich wüßte kaum einen, der konkreter, biblischer, tiefer über die Frage der Nachfolge nachgedacht und geschrieben hat als er. Es kommt nun darauf an, das, was er uns in seinem großen Entwurf geschenkt hat, in die kleinen Münzen des Alltags umzusetzen. Ich glaube, daß sich heute viel daran entscheidet, daß eine säkularisierte, neuheidnische Umwelt, aber auch eine neu aufbrechende religiöse Umwelt, in der wir stehen, etwas davon sehen kann, wie Christen in der Gemeinschaft mit Christus leben und Nachfolge praktizieren.

Als lutherischen und pietistischen Theologen beschäftigt mich auch die

Frage, wie wir heute, ohne in alten, abgestandenen, orthodoxen Formeln uns zu wiederholen, die rechte biblische Lehre in der Gemeinde weitergeben können. Sind unsere Gemeinden und Gemeinschaften heute nicht oft sehr oberflächlich geworden? Werden sie manches Mal nur bewegt von einer fragwürdigen Erfahrungstheologie? Biblische Theologie, reformatorische und pietistische Theologie ist auch Erfahrungstheologie gewesen. Aber die Erfahrung wurde doch immer am Wort der Schrift geprüft, denn Erfahrungen können uns auch Streiche spielen. Sie können uns auch in Konflikte mit der Schrift bringen und uns in die Irre führen. Darum steht unsere Glaubenserfahrung nie an erster Stelle, sondern immer das ewige, lebendige Wort unseres Gottes. Alle Erfahrung muß sich an diesem Wort messen lassen und sich diesem Wort unterordnen. Es gibt heute eine gewisse Abneigung in der Gemeinde gegen die Lehre, mit einem Fremdwort ausgedrückt: gegen das »Dogma«. In der Kirchengeschichte hat die Frage immer eine Rolle gespielt: Was soll eigentlich das Dogma? Wir brauchen doch Aktivitäten und Taten. Nein! Es geht um die biblische Lehre, denn wir leben in einer Zeit der Verführung und der Schwärmerei. Beides geht in der Gemeinde Jesu in einer geradezu unheimlichen Weise um. Darum sage ich es zugespitzt: Wir brauchen ein »dogmatisches« Christsein. Da, wo nämlich die Lehre nicht in Ordnung ist, kommt auch das Leben in Unordnung. Um es theologisch auszudrücken: Die Ethik ruht auf der Dogmatik, sie wird von der Dogmatik gehalten. Beide gehören unlöslich zusammen. Das machen uns die apostolischen Briefe in einer großartigen Weise deutlich. Wenn man so will, sind die meisten paulinischen Briefe in der ersten Hälfte »Dogmatik« und in der zweiten »Ethik«. Das rechte christliche Leben erwächst aus der rechtverstandenen Lehre des Evangeliums heraus. Deswegen meine ich, daß heute gerade für Gemeinden und Gemeinschaften Lehrevangelisationen nötig sind. Wo in unseren Gemeinden und Gemeinschaften eine Abneigung gegen die biblische Lehre ist, da ist geistlich etwas krank geworden. Es gibt heute manche Christen, die wollen in der Verkündigung immer nur Geschichten hören. Wenn sie keine Geschichten hören, dann schlafen sie ein, dann schalten sie ab, dann kommen sie nicht mehr. Das aber ist eine Krankheitserscheinung, die nicht ernst genug eingeschätzt werden kann.

Für mich gehören zur Frage der Lehre auch die eschatologischen Fragestellungen, d.h. die Fragen um die Zukunft. Die Bibel ist auch und gerade ein Buch der Hoffnung. Sie schaut nach vorne. Sie berichtet und bezeugt uns nicht nur, was Gott getan hat. Sie sagt uns nicht nur, was Gott heute von uns will. Sie lenkt unseren Blick in das Morgen und zeigt uns auf, was Gott tun wird. Im Blick auf die eschatologischen Fragestellungen war Luthers Blick begrenzt. Er hat nicht die ganze Weite und Breite der Zukunftsschau der Bibel gehabt. Da hat der Pietismus die reformatorische Theologie weitgehend ergänzt, und das ist auch nötig gewesen. Ich denke dabei an den Dienst der schwäbischen Väter, den sie uns in diesen Zukunftsfragestellungen der Schrift getan haben. Daß wir uns mit den eschatologischen Fragen ernsthaft beschäftigen müssen, hat auch seinen Grund darin, daß gerade in diesen Fragen viel Unklarheit, Gesetzlichkeit und Schwärmerei in der Gemeinde umgehen. Gerade die Deutung geschichtlicher Ereignisse im Lichte des prophetischen Wortes der Bibel ist oft sehr notvoll. Es geht also darum, daß wir an der Stelle nicht mehr sagen als die Schrift sagt, aber natürlich auch nicht weniger sagen, als die Heilige Schrift uns an die Hand gibt. Deswegen müssen wir im Blick auf die zukünftigen Fragen mancherlei bedenken, etwa die Frage nach der Entrückung der Gemeinde, oder die Frage nach dem Tausendjährigen Reich, nach dem Gericht, nach der Vollendung des Reiches Gottes. Hierhin gehören auch Fragen wie die nach der Allversöhnung oder der Zukunft Israels. Das sind schwierige Fragen. Aber wir dürfen uns hier nicht den Schriftaussagen entziehen, sondern müssen in brüderlichen Gesprächen miteinander zu echten, klaren, biblischen Linien kommen. Gerade auf dem Weg zum Jahr 2000 werden mancherlei eschatologische Fieberschauer über die Gemeinde Jesu kommen. Es werden fromme Verführer und Schwärmer auftreten, die im Blick auf die Jahrtausendwende die Gemeinde beunruhigen. Hier kann nur in ganz großer Gelassenheit das biblische Zeugnis befragt werden und immer neu festgehalten werden: Wenn Jesus, unser Herr, uns auch Zeichen seines Kommens an die Hand gegeben hat, so sagt die Heilige Schrift uns wiederholt, daß uns Tag und Stunde des Kommens unseres Herren verborgen sind.

Ein weiteres Thema, das mich in der Theologie heute beschäftigt, ist der ganze Fragenkomplex um den Heiligen Geist. Durch die sogenannte charismatische Bewegung – heute heißt sie im Raum der evangelischen Kirche in der Bundesrepublik Deutschland Geistliche Gemeinde-Erneuerung – sind diese Fragen neu aufgebrochen. Ich halte es für eine Schwärmerei, zu meinen, daß die Reformation und der Pietismus und die Erweckungsbewegungen, also die Zeit bis etwa 1950 oder 1960, das Zeitalter des zweiten Glaubensartikels, also der Christologie, gewesen sei, und wir jetzt, durch die sogenannten charismatischen Aufbrüche, in das Zeitalter des dritten Artikels, also das des Heiligen Geistes eingetreten seien. Dieses Nacheinander von Christologie und Pneumatologie ist eine böse Schwärmerei, denn hier wird der Geist von Christus gelöst! Dabei ist Christus doch der Herr, der alle Zeiten umfaßt und immer an der ersten Stelle stehen muß. Es ist doch das Hauptwerk des Heiligen Geistes nach dem Schriftzeugnis, Jesus zu verherrlichen und zu verklären, sein Wort uns zu lehren und zu verdeutlichen. Der Heilige Geist steht nie für sich selbst, sondern er ist immer verbunden mit dem Wort der Schrift. Er ist immer verbunden mit Christus selbst und dem Zeugnis von ihm. Ich erinnere nur an ein Wort, das gleichsam die Überschrift über die ganze Apostelgeschichte ist. Der Auferstandene sagt: »Ihr werdet die Kraft des Heiligen Geistes empfangen und werdet meine Zeugen sein von Jerusalem bis an die Enden der Erde« (Apg. 1,8). Die Konsequenz des Empfangs des Heiligen Geistes ist nicht das Reden über den Geist, sondern ist das Zeugnis von Christus. Die ganze Apostelgeschichte legt davon Zeugnis ab, wie die Apostel und uns unbekannte, schlichte Christen in der Kraft des Heiligen Geistes das Zeugnis von Christus weitergegeben haben. Die Reformation ist nicht überholt, wie manche meinen. In der Reformation ist eine theologische Grundsatzentscheidung auf Grund der Heiligen Schrift gefallen, die bis an den jüngsten Tag ihre Gültigkeit behält. Es ist eine schlimme Verführung, wenn wir uns von dieser Grundsatzentscheidung wegreißen lassen. Ich habe weiter oben davon gesprochen. Aber natürlich haben wir uns auf Grund des Schriftzeugnisses auch den Fragen nach dem Heiligen Geist zu stellen. Wie wirkt der Heilige Geist? Wo wirkt er? Was ist es um sein Wesen? Wer ist der Heilige Geist? Was ist es um die Frucht und die Gaben des Heiligen Geistes? Und es sind viele andere Wahrheiten, die im Blick auf den Heiligen Geist in der Schrift uns nahegebracht, bezeugt und erklärt werden. Manchmal haben enthusiastische Menschen mir die Vorhaltung, vielleicht auch den Vorwurf gemacht, daß ich Angst hätte vor dem Heiligen Geist und deswegen z.B. auch die Gabe der Zungenrede nicht hätte. Ich habe diese verleumderischen Aussagen immer mit großer Schärfe zurückgewiesen: »Wie könnte ich Angst haben vor der größten Gabe, die Gott seinen Kindern, auch mir, nicht nur verheißen, sondern in der Bekehrung und Wiedergeburt geschenkt hat. Der Heilige Geist lebt in mir.« Paulus sagt zu denen, die durch den Geist wiedergeboren sind: »Wißt ihr nicht, daß euer Leib ein Tempel des Heiligen Geistes ist?« Ich könnte doch nicht von Herzen an Christus glauben, ich könnte doch kein Wort von ihm bezeugen, weder beten, noch mich freuen an der Gemeinschaft der Brüder und Schwestern, wenn nicht der Heilige Geist in mir wäre und durch alle Anfechtungen hindurch meinen Glauben halten, heiligen, reinigen, korrigieren, trösten, stärken, ermutigen würde. Nein, ich habe keine Angst vor dem Heiligen Geist. Aber ich gehöre nicht zu den frommen Frevlern, die meinen, sie müßten Gott zwingen, ihnen alle Gaben, die der Heilige Geist zu vergeben hat, auch zu schenken. Ich sage schlicht zu meinem Herrn: »Herr, gib mir die Gaben, die ich für meinen Dienst auf meiner Platzanweisung brauche. Was du mir nicht geben willst, das gib mir auch nicht.« Ich weiß, daß dann, wenn wir geistlich etwas erzwingen wollen, oft ganz andere Kräfte und Mächte wirksam werden, nämlich solche, die uns etwas unterschieben, was nicht von Gott ist, was aber den Gaben Gottes zum Verwechseln ähnlich ist.

Ich entsinne mich an den Kongreß von Lausanne 1974. Dort sprach einer unserer Brüder über seine geistlichen Erfahrungen. Lange hatte er um die Gabe der Zungenrede gefleht. Endlich sei ihm diese Gabe gegeben worden. Aber dann sei eine furchtbare Unruhe und Ungewißheit über ihn gekommen. Er entdeckte plötzlich, daß diese Gabe nicht von Gott sein konnte, daß er sie sich unerlaubt hatte erzwingen wollen. Daraufhin habe er schleunigst Gott gebeten, ihm diese Gabe doch wegzunehmen, damit er innerlich wieder frei würde in fröhlicher Glaubensgewißheit. Wir müssen also an der Stelle bescheiden und demütig sein und genau auf das Zeugnis achten, das Paulus uns im 1. Korintherbrief, Kapitel 12, weitergibt, wo er sagt, daß Gott durch seinen Geist einem jeden zuteilt, wie ER will. Wir dürfen hier nicht in die Freiheit und Souveränität Gottes eingreifen. Es hat nicht jeder Christ jede geistliche Gabe, sonst gäbe es Superchristen. Die aber gibt es nicht. Gott hat seine Gaben in seiner Weisheit und Barmherzigkeit auf seine Kinder verteilt, damit der Leib des Christus gesund ist, damit wir aufeinander angewiesen bleiben, damit wir uns korrigieren und ergänzen, damit keiner sich überschätze oder unterschätze. Manchmal geschieht es, daß gerade durch die sogenannten Charismatiker der Leib des Christus in einer furchtbaren Weise zerrissen und gespalten wird, weil sie von ihren geistlichen Erfahrungen her, die sie absolut setzen, die Glieder der Gemeinde einteilen in Glieder erster und zweiter Klasse. Die einen stehen nur auf dem Boden der Bekehrung und Wiedergeburt, weil sie das besondere Heilserlebnis der Geistestaufe, der charismatischen Erfahrung, verbunden mit der Zungenrede, noch nicht gemacht haben. Weg mit diesen Schwärmereien und unbiblischen Aussagen! Ich will Gott darum bitten, daß er mich in der Nüchternheit der Apostel erhalte. Ich will Gott darum bitten, daß er mir die biblischen Linien immer neu aufzeige. Die ganz große Gefahr, die heute, gerade in der Geistfrage besteht, ist die, daß wir aus der biblisch-reformatorischen »theologia crucis« hineingeraten in eine neue »theologia gloriae«, eine Theologie der Herrlichkeit; wir geraten dabei auf einen furchtbaren Irrweg, der nicht im Himmel endet. Es gibt heute manche Leute in der Christenheit, die in besonderer Weise die Gaben der Zungenrede, der Prophetie und der Krankenheilung in den Vordergrund stellen. Ich weiß aus der Schrift, daß Gott diese Gaben auch heute gibt. Aber ich wehre mich dagegen, daß wir diese Gaben so in den Vordergrund rücken, daß darüber andere Gaben des Heiligen Geistes, wie sie gerade auch im 12. Kapitel des Römerbriefes aufgezählt sind, vergessen werden. Im übrigen bin ich der Überzeugung, daß der Gabenkatalog des Neuen Testamentes nach vorne offen ist. Gott kann Gaben schenken, die im Neuen Testament noch gar nicht genannt sind. Es ist heute in besonderer Weise nötig, daß wir Gott bitten, uns die Gabe der Unterscheidung der Geister zu schenken. Auf der einen Seite möchte ich unter keinen Umständen dem Wirken des Heiligen Geistes im Wege stehen und ich weiß auch, daß der Heilige Geist wirken kann in einer Art und Weise, wie ich es bisher vielleicht nicht gewohnt war. Ich möchte auf der anderen Seite aber auch keinem falschen Geist erliegen, wohl wissend, daß nach dem Zeugnis des Paulus »der Teufel sich in einen Engel des Lichtes verstellen« kann. Das ist die Spannung, in der ich lebe im Blick auf die Geistfrage. Darum ist es dringend nötig, hier immer wieder auf das Schriftzeugnis zu hören, auch die Stimmen der Väter nicht zu verachten und im brüderlichen Gespräch miteinander zu bleiben.

In der Heiligen Schrift begegnet uns Gottes Wort als Gesetz und Evangelium. Bei Paulus und den Reformatoren sollten wir gelernt haben, welchen Dienst das Gesetz Gottes uns tun will: Es will uns von der Sünde überführen und das Zusammenleben der Menschen ordnen. Die Reformatoren sprachen von dem »usus legis elenchticus« und dem »usus legis politicus«. Nachdem ich gläubig geworden war, habe ich viele Jahre Gesetz und Gesetzlichkeit verwechselt. Das war eine schlimme Sache. Das hat mich in ein verkrampftes und verbissenes, in ein hartes und im Grunde unfrohes Christsein hineingeführt. Das ganze Leben wurde gesetzlich geregelt. Die Hauptfrage war: »Was darf ein Christ?« Es wurden Normen aufgestellt. Wer die Norm nicht genau erfüllte, mußte sich heimlich oder offen die Frage gefallen lassen: »Bist du wirklich ein Christ?« Gerade im Pietismus sind wir immer neu in der Gefahr, fromme menschliche Satzungen aufzustellen und sie für alle Christen für verbindlich zu erklären. Das aber gibt geistliche Engführungen, die die Freiheit ersticken, die wir als Kinder Gottes haben dürfen. Ich bin dankbar, daß ich durch den Dienst gesegneter Väter aus dieser Haltung herausfinden durfte. Es ist mir klar geworden: Wenn der Pietismus kein offenes, freies, dankbares Verhältnis zu all den Fragen hat, die mit dem ersten Glaubensartikel zusammengehören, dann lebt er verengt, verkrampft und kleinbürgerlich. Er wirkt auf Menschen, die gerne zu Christus kommen möchten, abstoßend. Dann bringt er Menschen dazu, zu sagen: »Wenn das Christsein bedeutet, dann ohne mich.« Ein Pietist, der in der Gesetzlichkeit gefangen ist, ist für die Evangelisation, die er mit heißem Herzen tun will, das größte Hindernis. Die Menschen lassen sich das nicht gefallen, wenn wir vor dem Ärgernis des Kreuzes, das wir nie aufheben können und dürfen, menschliche Ärgernisse aufrichten. Und unsere Gesetzlichkeiten, vielleicht sogar noch als Vorbedingung für das Heil verkündigt, sind solche menschlichen Ärgernisse.

Ich bin von gesetzlichen Christen schwer angegriffen worden, als ich vor einiger Zeit in Anlehnung an den Apostel Paulus von einem »charmanten Pietismus« sprach. Wie kann ein Christ, der gar noch Pietist sein will, das Wort »Charme« oder »charmant« in den Mund nehmen? Da haben wir das ganze Dilemma: Unsere Sprache verrät uns oft schon. Wer an der Menschenfreundlichkeit Gottes – das sagt der Apostel Paulus – nicht selber menschenfreundlich wird, der hat seinen Beruf als Christ verfehlt.

Wenn man nicht um das Kreuz Christi wüßte und aus der Vergebung ein Leben lang leben dürfte, könnte einem angst und bange werden, wenn man an seine frommen Sünden denkt. Aber es gibt offenbar gesetzliche Dickhäuter in der Gemeinde Jesu, die ihren Fahrschein für den Himmel so fest in der Tasche haben, daß sie über ihre frommen Sünden gar nicht mehr erschrecken, weil sie der Heilige Geist ihnen gar nicht mehr zeigen kann. Man kann nur herzlich darum bitten, daß der Herr uns davor bewahrt, daß wir mit uns selber zufrieden werden.

Vielleicht klingt es für manchen Leser eigenartig, wenn ich am Schluß dieser kurzen Standpunkte zu theologischen Fragen noch ein Wort zu meiner Taufe sage. Je älter ich werde, desto wichtiger wird für mich das Objektive im Blick auf mein Glaubensleben. Alles Erlebte und Erfahrene kann in schweren Zeiten der Anfechtung, und ich habe solche erlebt, ins Wanken geraten. War meine Bekehrung auch echt? Stehe ich auch richtig in der Heiligung? Und wie die Fragen auch alle lauten.

Ich bin dankbar, daß ich am 6. November 1928 von meinen Eltern zum Taufstein gebracht worden bin. Das habe ich erst in den letzten Jahren begriffen. Ich war früher immer in der Gefahr, geringschätzig von der Taufe zu denken und zu reden. Ich stehe auch heute noch in der Gefahr, die Frage nach der Taufe, gerade in unseren pietistischen Kreisen, zu verschweigen.

Wie viele Taufauffassungen gibt es unter den innerkirchlichen und freikirchlichen Pietisten! Wie wird da oft gestritten! Wie ist das Wort »Taufe« unter den Pietisten zu einem Reizwort geworden, so daß man sachlich und leidenschaftslos darüber gar nicht mehr sprechen kann. Ich bin darüber sehr bestürzt und traurig, denn die Taufe ist von unserem Herrn doch eingesetzt und sie ist uns geboten. Für mich war immer wichtig, wo ich den Schwerpunkt der Taufe setze. Ist die Taufe eine Konsequenz meines Glaubensbekenntnisses oder ist die Taufe ein Gnadenwerk Gottes, das meinem Glauben oder Bekennen vorausgeht? Ich begründe die Taufe aus dem Evangelium! Die Taufe als Gnadenakt Gottes am Menschen, als Zuspruch der Verheißung. So habe ich immer die Taufe verstanden. Deswegen habe ich ein Ja zu meiner Kindertaufe gefunden und habe als Gemeindepfarrer Kinder getauft. Eberhard von Rothkirch, der erste Präses des deutschen CVJM, hat einmal gesagt: »Bekehrt ist, wer Gott für seine Taufe danken kann.« Diesen Satz kann ich nur unterstreichen.

Mit diesen kurzen Bemerkungen will ich keine Taufdiskussion vom Zaune brechen, auch nicht begründen, daß ich die Kindertaufe schon im Neuen Testament finde, auch wenn sie ausdrücklich dort nicht mit Namen genannt ist. Ich will nur sagen, daß mir meine Taufe wichtiger geworden ist als meine Bekehrung. In der Taufe ist etwas an mir geschehen. Ich verstehe jetzt Luther besser, wenn er in schweren Stunden der Anfechtung mit Kreide auf den Tisch geschrieben hat: »bapticatus sum« d.h. »ich bin getauft«. Ich kann, wenn ich mich an meine Taufe erinnere, sagen: Da hat Gott nach meinem Leben gegriffen. Da hat er an mir gehandelt. Ich bin auf den Namen des dreieinigen Gottes getauft, oder besser ausgedrückt: Ich bin in seinen Namen hineingetauft, ich bin unter seine Verheißung gestellt. Er sagt zu mir: »Fürchte dich nicht, denn ich habe dich erlöst, ich habe dich bei deinem Namen gerufen, du bist mein.« Das ist geschehen, und auf diesen Grund kann ich mich stellen. Dazu habe ich nichts getan, weder durch gute Werke, noch durch ein Glaubensbekenntnis. Das ist Gottes gnädige Zuwendung zu meinem Leben gewesen. Deswegen meine ich, wir sollten gerade auch in unseren pietistischen Kreisen die Taufe höher schätzen als wir es tun. Wir sollten leidenschaftsloser und biblisch von ihr reden. Wenn ich manchmal mit Christen im Gespräch über die Taufe bin, dann fällt mir eines erschreckend auf: Sie können eigentlich fast nur negativ von der Taufe sprechen. Sie sagen, was die Taufe nicht ist, aber eine fröhliche Begründung, was sie an ihrer Taufe haben, habe ich selten gehört. Im übrigen, wenn immer wieder die Großtaufe besonders proklamiert wird, dann möchte ich an der Stelle nur darauf hinweisen, daß auch die Groß- oder Erwachsenen- oder Glaubenstaufe keine Garantie dafür ist, daß ein Mensch bis zu seinem Lebensende in der treuen, verbindlichen Nachfolge Jesu bleibt.

Das sind also einige theologische Positionslichter oder Gedankenkreise, die mich immer wieder beschäftigen. Diese könnten natürlich um ein Vielfaches erweitert werden. Ich habe hier versucht, nur einige Schwerpunkt anzudeuten und aufzuzeigen.

Begegnungen

Im Laufe meines Lebens hatte ich viele, viele Begegnungen mit den verschiedensten Menschen. Es waren flüchtige Begegnungen darunter, die aber doch einen bleibenden Eindruck hinterließen. Mit manchen Menschen verband mich eine Weggenossenschaft über eine längere Strecke. Mit anderen werde ich wohl bis an das Ende meines Lebens verbunden sein.

Freilich gab es auch Begegnungen, an die ich mich nicht gerne erinnere. Ich denke an Menschen, die mir nicht zur Hilfe und Korrektur geworden sind, sondern zu einer oft nicht leichten Belastung. Ich denke an Menschen, die es nicht gut mit mir meinten, die böse über mich redeten und urteilten. Ich denke an Menschen, die sich auch nicht scheuten, Gerüchte und Verleumdungen über mich zu verbreiten. In solchen Zeiten bitterer Enttäuschung habe ich mich oft mit den Worten des Apostels Paulus getröstet, die er im 6. Kapitel des 2. Korintherbriefes schreibt: »In allen Dingen erweisen wir uns als Diener Gottes: ... durch Ehre und Schande, durch böse Gerüchte und gute Gerüchte ...« Dabei will ich nicht verschweigen, daß ich es sicher oft Menschen auch nicht leicht machte und nicht immer vermochte, mit »geistlichen Waffen« zu reagieren.

Aber wenn ich an Menschen denke, mit denen ich ein Stück meines Lebens teilte, dann überwiegen doch bei weitem die Begegnungen, an die ich mich in großer Dankbarkeit erinnere. Ich weiß mich umgeben von einer großen Schar von Menschen, mit denen ich herzlich verbunden bin. Das macht das Leben reich. Ich will hier nur einige erwähnen, die schon zur oberen Schar gehören. Viele andere, Frauen und Männer, müßten genannt werden, die zu meinen geistlichen Vätern und Müttern, meinen Brüdern und Schwestern im Glauben an den Herrn Jesus gehören. Ich denke zuerst an einige Gnadauer Väter.

Hermann Haarbeck war mein Vorgänger als Präses des Gnadauer Verbandes. Er war Pfarrer und Direktor der Evangelistenschule Johanneum. Mit geistlichem Gewinn habe ich Bibelauslegungen von Hermann Haarbeck auf Konferenzen und Tagungen gehört. Das war biblisches Evangelium, geschöpft aus dem Reichtum und den Tiefen der Heiligen Schrift. Unvergessen sind die Jahresberichte, die Haarbeck auf den Gnadauer Mitgliederversammlungen gab. Da schlug er einen weiten Bogen und beleuchtete und beurteilte die Vorgänge im eigenen Land, in der Völkerwelt, in Kirche und Ökumene, in der Gemeinschaftsbewegung und in der Evangelischen Allianz. Hermann Haarbeck ist mir als ein stiller und ernster Mann begegnet. Das hat die Gemeinschaft mit ihm nicht immer leicht gemacht. Und doch, wenn er das Wort nahm, war es geistlich gefüllt und wegweisend. Ich erinnere mich an eine Sitzung im Hauptvorstand der Evangelischen Allianz. Es ging um die Euro '70-Evangelisation mit Billy Graham. Das Gespräch wogte hin und her. Bedenken wurden ausgesprochen. Können wir den großen Aufwand bezahlen? Ist es richtig, mit audiovisuellen Medien zu arbeiten? Da meldete sich Hermann Haarbeck. Er sagte nicht viel, aber er sagte das entscheidende Wort, das uns dazu aufrief, das Wagnis des Glaubens einzugehen und nicht zurückzuweichen. Die Stunde der Evangelisation in diesem großen Rahmen müsse genützt werden. Seine Worte hatten überzeugende Kraft. Der Hauptvorstand beschloß, die Euro '70 durchzuführen.

Hermann Haarbeck hat mir manche Ratschläge für das Amt als Präses mitgegeben. Einer davon lautete: »Man darf in Gnadau nicht regieren und nichts erzwingen wollen.« Er machte mir deutlich, daß es in Gnadau nie einen Zentralismus geben könne. Die Verbände ließen sich das nicht gefallen. Sie wachten über ihre Eigenständigkeit. Ich habe mir diese Sätze gut gemerkt und hoffe, auch meist danach gehandelt zu haben. Freilich versuchte ich ab und zu, mit »sanfter Gewalt« das durchzubringen, was ich für richtig erkannt hatte.

Heinrich Uloth, der Gnadauer Generalsekretär, steht vor meinem inneren Auge – eine väterliche Gestalt. So haben ihn viele erlebt. Bei seiner Beerdigung im Januar 1976 hielt ich die Traueransprache. Unser Bruder, der seine Ausbildung auf St. Chrischona empfangen hatte, war ein bescheidener und demütiger Mann. Er lebte in Prisdorf, in der Nähe von Hamburg, und hatte während seiner aktiven Zeit die Großstadtmission in Hamburg geleitet. Bald nach meiner Wahl zum Präses lud er mich zu Diensten nach Hamburg ein. Ich wohnte in Prisdorf und hatte Gelegenheit, mit Heinrich Uloth spazierenzugehen. Mir war der Gnadauer Verband noch etwas fremd und so fragte ich Heinrich Uloth nach der Geschichte Gnadaus, nach den Vätern, nach den Brüdern, die jetzt in der Leitung der Verbände und Werke standen, nach dem Kurs, den die einzelnen Verbände steuerten. Mit Uloth konnte man offen reden. Er war eine Vertrauensperson. Bereitwillig gab er mir Auskunft. Er hatte klare, aber nie verletzende Urteile und Durchblicke. Den Gesprächen mit ihm verdanke ich es entscheidend, daß ich so schnell in Gnadau heimisch wurde. Viele Jahre hat Uloth das Gnadauer Gemeinschaftsblatt redigiert. Gerne und oft hat er Luther zitiert. Ein Wort ist mir in Erinnerung, das Heinrich Uloth vom alten Luther einmal sagte: »Ich kann euch nichts hinterlassen als meine Armseligkeit, aber einen reichen Gott.«

Ich denke an Fritz Hubmer. Er war führend im Württembergischen Brüderbund tätig. Wie die anderen Gnadauer Väter war auch er ein Mann der Schrift. Besonders beschäftigte er sich mit der Heilsgeschichte. Seine Bücher legen davon Zeugnis ab. Hubmer, der klein von Gestalt war, konnte einen hochroten Kopf bekommen, wenn etwa auf Gnadauer Sitzungen etwas nach seiner Meinung Unbiblisches gesagt wurde. Man merkte ihm seine innere Erregung an. Er meldete sich dann zu Wort, um von der Schrift her die Dinge zurechtzurücken. Obwohl Fritz Hubmer die Auseinandersetzungen mit der Pfingstbewegung um die Jahrhundertwende nicht selber miterlebte, hat er sich doch mit diesen Fragen sein Leben lang beschäftigt. Er war allergisch gegen alle Schwärmerei. Das Wächteramt stand bei ihm hoch im Kurs. Wenn ich ihm auch in manchen Gedanken in seinem Buch »Zungenreden – Weissagen – umkämpfte Geistesgaben« nicht zu folgen vermochte, so hat er mich durch seine biblisch-theologischen Gedankenführungen doch immer zum Nachdenken genötigt.

Und dann denke ich dankbar an Georg Müller, den Inspektor der Süddeutschen Vereinigung. Er war wieder aus ganz anderem Holz geschnitzt. Ein schwäbisches Original – ein Mann der Praxis. Schmiedemeister war er gewesen, ehe ihn der Herr von seinem Beruf weggerufen und ganz in seinen Dienst geholt hat. Bei den Begegnungen mit ihm wurde ich oft an das Wort des Humoristen Wilhelm Busch, erinnert: »... fest im Gedränge steht das Gedrungene.« Georg Müller konnte so schnell nichts umwerfen. Er war fest in der Gnade Jesu verankert. Ich habe mit Georg Müller oft über geistliche Strömungen gesprochen. Dabei fiel mir auf, wie wägend und vorsichtig seine Gedankenführungen waren. Unvergeßlich ist eine Szene anläßlich einer Mitgliederversammlung Gnadaus im Erholungsheim Saron in Wildberg im Schwarzwald. Am letzten Abend berichtete die Süddeutsche Vereinigung von ihrer Arbeit. Auch Georg Müller sprach, wie immer originell, das Hochdeutsche mit unverwechselbarem schwäbischem Akzent vermischt. Ein Strahlen lag auf seinem Gesicht, als er sagte: »Hier halten wir jedes Jahr den Brüderkurs.« Das war aber so ausgesprochen, daß es die Norddeutschen falsch verstanden. So rief Helmut Wauschkuhn aus Braunschweig, ein gebürtiger Ostpreuße, dazwischen: »Was haltet ihr hier – den Brüderkuß?« Schallendes Lachen wegen dieser Verwechslung von Brüderkurs und Brüderkuß! Noch im hohen Alter war Georg Müller unermüdlich unterwegs zu Diensten in den Gemeinschaften. In seiner Verkündigung reichte er den Hörern gesundes Schwarzbrot. Als ich in Dillenburg wohnte, hat Georg Müller ab und zu bei mir angerufen. Er wußte, daß es mir gesundheitlich nicht gut ging. »Wie geht's?« Diese Frage kam durchs Telefon. Ich wußte: Da ist ein Vater in Christus, der für dich betet.

Ich denke dankbar an einige Siegerländer Väter. Schon als Student habe ich vom Siegerland, seinen Erweckungen und seinen geistlichen Gestalten gehört. Wilhelm Busch hat in »Licht und Leben« immer wieder vom Siegerland erzählt. Er hat dort oft Dienst getan und war mit den Brüdern eng verbunden. Meine Liebe zum Siegerland ist geblieben. Mir gefällt schon das Land mit seinen waldigen Hügeln, seinen stillen Tälern, Dörfern und Kleinstädten. In Siegen selber, der Rubens-Stadt, in der das größte evangelische Vereinshaus der Bundesrepublik steht, die Hammerhütte, halte ich mich gerne auf. Wie oft habe ich in der Hammerhütte Dienst getan! Im Siegerland haben der Evangelische Gemeinschaftsverband, die Süd-Ost-Europa-Mission und die Deutsche Zeltmission – alle diese Werke gehören zu Gnadau – ihre Zentralen. Ich habe viele Freunde in diesem gesegneten Landstrich. Freilich wird heute auch im Siegerland die alte geistliche Wahrheit deutlich, daß der Vätersegen sich nicht einfach vererben läßt. Erweckungen können nicht konserviert werden. Jede Zeit ist unmittelbar zu Gott.

Vier Siegerländer Väter sind mir besonders zum Segen geworden.

Jakob Schmitt, der langjährige Vorsitzende des Gemeinschaftsverbandes, steht in lebendiger Erinnerung vor mir. Er war kein Theologe, sondern Pädagoge. Als junger Rektor von Weidenau hatte er eine schulische Karriere vor sich und sollte nach den Plänen des Kultusministeriums höhere Ämter in der Schulverwaltung bekleiden. Jakob Schmitt aber wollte Rektor bei seinen Kindern bleiben. Er war ein »wahrer Schriftgelehrter im Reiche Gottes«. Wie lebte der Mann in der Bibel! Oft habe ich ihn, manches Mal zusammen mit Paul Deitenbeck, in der Austraße in Weidenau besucht. Ich fragte ihn dabei immer nach Schriftstellen, die mir unklar waren. Was waren das für gesegnete Gespräche! Einmal fragte er mich: »Mein Junge, wo endet die Schrift?« Ich antwortete: »Natürlich Offenbarung 22.« »Nein«, sagte er »die Schrift endet 1. Korinther 15,28.« Ich schaute ein wenig verduzt, dann sagte er mit seiner gütigen Stimme: »Dort steht das abschließende Wort: ›Wenn aber alles ihm untertan sein wird, dann wird auch der Sohn untertan sein dem, der ihm alles untergetan hat, auf daß Gott sei alles in allem.‹« Solche Belehrungen der Väter vergißt man nicht mehr. Ich erinnere mich noch lebhaft daran, wie wir anläßlich einer Allianzkonferenz in Siegen in einer Gaststätte gemeinsam zu Mittag aßen. Dabei bedrängte ich den väterlichen Freund, doch ein Buch zu schreiben, in dem er aus seinem Leben erzählen sollte. Schmitt war damals schon über 80 Jahre alt. Er hat uns das großartige Buch »Die Gnade bricht durch« geschenkt, eine Geschichte der Erweckungs- und Gemeinschaftsbewegung im Siegerland. Eines Tages lag auf meinem Tisch dann das Buch: »In Jesu Dienst gestellt.« Jakob Schmitt hat dieses mir zugedachte Buch mit der Widmung versehen: »Meinem verehrten und treuen Bruder in Jesus Christus, Kurt Heimbucher, in Dankbarkeit und Liebe überreicht. ›Daß Jesus siegt!‹ sei Dir Freude, Kraft und Hoffnung. In brüderlicher Liebe Dein Jakob Schmitt.« Dann waren wir bei der Deutschen Allianzkonferenz in Siegen. Jakob Schmitt war, über 90jährig, noch einmal unter uns. Da sagte Paul Deitenbeck, der die Versammlung leitete: »Vater Jakob, sag uns noch einen Satz!« Der alte Gottesknecht erhob sich und rief in die Hammerhütte nur den einen Bibelvers: »Von Gottes Gnade bin ich, was ich bin, und seine Gnade an mir ist nicht vergeblich gewesen.« Dann setzte er sich wieder. Wir alle waren ergriffen. Wie Heinrich Uloth so habe ich auch Jakob

Schmitt den letzten Dienst an seinem Grabe getan. Viele Pfarrer standen mit einer großen Trauergemeinde um den Sarg von Jakob Schmitt. Sie ehrten und achteten ihn.

Wie oft kehrte ich mit Adolf Kühn im Hause von Pastor Dr. Hermann Müller in Hilchenbach ein. Schmitt, Müller und Jung waren die drei über 1,90 m großen Väter im Siegerland – ehrfurchtgebietende, große Gestalten mit geprägten Gesichtern. Zu dem Ort Hilchenbach gehört das Dörflein Grund, in dem Jung-Stilling geboren und aufgewachsen ist. Heinrich Jung-Stilling ist der berühmteste Sohn des Siegerlandes. Wenn man Hermann Müllers Haus betrat, dann grüßte einen das Wort Jung-Stillings: »Von Gott überwunden zu werden ist der größte Triumph.« Hermann Müller war ein hochgebildeter Mann. In dem Buch »Aufbruch im Siegerland« habe ich zusammen mit Adolf Kühn versucht, das Leben Müllers in kurzen Zügen einzufangen. Die Gespräche in seinem Wohnzimmer waren für mich immer seelsorgerliche Lehrstunden. Er war aller Schwärmerei abhold. Einmal sagte er zu mir: »Ich werde skeptisch gegenüber all der Euphorie, der man begegnet. Ich bete: Herr schenke mir die Gewißheit neu, daß ich dein eigen bin. Ich bin ein Feind der übersteigerten Dinge. Ich bin täglich an den Glauben gewiesen.« So war einer seiner Leitsprüche: »Ich liebe die nüchternen Leute und die kleinen Brüder.« Schade, daß Hermann Müller kein größeres Werk über Jung-Stilling geschrieben hat! Er lebte in den Gedanken dieses großen Siegerländers. Ich hörte einmal in der Hammerhütte einen Vortrag von ihm über Jung-Stilling, der fast zwei Stunden dauerte. Hermann Müller sprach völlig frei, ohne jedes Konzept. Ständig zitierte er Jung-Stilling aus dem Gedächtnis. In der dicht besetzten Hammerhütte hätte man eine Stecknadel fallen hören können, während Müller sprach. »Es gibt keine Niedrigkeit des Standes, wenn die Seele geadelt ist« – unter diesem Jung-Stilling-Wort hat er Briefe des demütigen Gelehrten, der mit allen Großen seiner Zeit verkehrte, herausgebracht.

Und dann denke ich an Dr. h.c. Wilhelm Jung. Wie schön war es in seinem Hause in der Tillmann-Siebel-Straße in Siegen! Von seinem Wohnzimmer aus hatte man einen herrlichen Blick über die Stadt. Das Haus war umgeben von einem großen, gepflegten Garten. Wilhelm Jung war ein führender Mann des Siegerländer Wirtschaftslebens. Er war dort ebenso zuhause wie in Kirche, Gemeinschaft und CVJM. In seinem Privatbüro, in dem er viele Leute der verschiedensten Bereiche empfing, hing das Wort Jung-Stillings: »Selig sind, die da Heimweh haben, denn sie sollen nach Hause kommen!« Jeder, der das Büro betrat, mußte dieses Wort zur Kenntnis nehmen. Auch Wilhelm Jung war ein Liebhaber Jung-Stillings. In den 60er Jahren hat mich Wilhelm Jung zum ersten Mal zu einem CVJM-Kreisfest nach Siegen geholt. Von da an verband uns eine herzliche Freundschaft. Jedes Jahr zu Weihnachten kam zu mir ein Gruß verleiblichter Liebe in Form einiger guter Flaschen Wein. Und den letzten Liebesdienst erwies er mir, als er nicht lange vor seinem Tode mir ins Münchener Krankenhaus einen wundervollen Blumenstrauß bringen ließ. Wenn Allianzkonferenz oder Gnadauer Pfingstkonferenz in Siegen war, dann hat Wilhelm Jung an einem Abend etliche Brüder zu sich eingeladen. Nach der Abendversammlung saßen wir in gemütlicher Runde beisammen. Höhepunkt des Abends war, wenn Wilhelm Jung von den Siegerländer Vätern erzählte, von ihrem nüchternen Glauben und ihrem herzlichen Gottvertrauen. Da hörten alle gespannt zu – ob es Hermann Dietzfelbinger war oder Helmut Thielicke und wir anderen, kleineren Marschierer im Reiche Gottes.

Nur eine kleine Geschichte: Es war ein großes Siegerländer Kreisposaunenfest angesetzt. Tagelang regnete es in Strömen. Wilhelm Jung als Kreispräses des CVJM wollte das Fest absagen. Es mußte ja im Freien stattfinden, und das war bei diesem Wetter nicht möglich. Er rief den »Posaunengeneral« des Siegerlandes, Hauptlehrer Klein, an, um ihn von seinem Beschluß zu unterrichten. Dieser aber war nicht geneigt, sich den Unbilden des Wetters zu beugen. Er sagte zu Wilhelm Jung: »Warte mit der Absage bis zum nächsten Morgen.« Und in der Tat: am Morgen des Festes hörte der Regen auf. Das Fest konnte, auch wenn die Wege aufgeweicht waren, im Trockenen stattfinden. Als das Fest zu Ende war, öffnete der Himmel wieder seine Schleusen und es goß in Strömen. So rechneten diese Väter mit dem lebendigen Gott, wobei sie in Ehrerbietung vor der Heiligkeit Gottes wußten, daß wir Gott nichts abzwingen dürfen, daß wir ihn aber vertrauensvoll um alles bitten dürfen.

Nicht vergessen kann ich Adolf Kühn, den Werkmeister aus Dreis-Tiefenbach. Er war nach Jakob Schmitt und Ernst Münker Vorsitzender des

Von links: Dr. h. c. Wilhelm Jung und Landesbischof D. Theo Sorg

Gemeinschaftsverbandes, ein Mann des Ausgleiches und des Brückenbauens – ein brüderlicher Mann. Und doch war er voller Klarheit und Entschiedenheit. Er hatte eine hohe schriftstellerische und musikalische Begabung. Manche wertvollen Bücher und Schriften haben wir aus seiner Hand. Auch im Hause von Adolf Kühn bin ich oft und gerne eingekehrt. Da umwehte einen Heimatluft. Ich denke an manche Dienste in Dreis-Tiefenbach: eine Evangelisation in einer weltlichen Halle, eine Bibelwoche, ein Jahresfest. Immer hatte ich mit Adolf Kühn ungetrübte und herzliche Gemeinschaft. Ihm war es sehr darum zu tun, daß im Siegerland Gemeinschaft und CVJM beisammenblieben. Die Jugendarbeit im Siegerland wird ja vom CVJM getan. Es ging Kühn auch darum, daß Gemeinschaft und Kirche sich nicht voneinander entfremdeten. Dabei war er allen faulen Kompromissen abhold. Er sagte sein klares Wort. Aber das war mir bei allen Siegerländer Vätern, die ich kannte und die ich hier kurz genannt habe, das Große: Sie waren Männer heiliger Entschiedenheit, aber sie waren keine frommen Fanatiker. Sie lebten in der Weite des Evangeliums und doch in der Zucht des Heiligen Geistes. Sie gingen barmherzig mit anderen Menschen um, gerade auch mit jungen Menschen, und waren fern aller unbiblischen Gesetzlichkeit. Sie verkündigten das Wort Gottes in Gesetz und Evangelium und taten es in erwecklich-seelsorgerlicher Weise.

Wie schön war es, wenn nach manchem Dienst Adolf Kühn, seine liebe Frau und ich durch das Siegerland fuhren, zur Lahn- und Siegquelle, zu Jung-Stillings Geburtshaus in Grund oder die wunderschönen alten Fachwerkhäuser im Stadtkern von Freudenberg bestaunten. Es waren unvergeßliche Stunden! Adolf Kühn ist, menschlich gesprochen, zu früh von uns genommen worden. Er wäre für die Leitung des Gemeinschaftsverbandes noch nötig gewesen. Es tut mir heute noch weh, daß ich den Wunsch der Angehörigen nicht erfüllen konnte, seine Beerdigung zu halten. Aber ich saß in jenen Tagen am Sterbebett meiner Mutter.

Auch einige Evangelisten, denen ich begegnete, will ich kurz erwähnen.

Einen starken Einfluß auf mich hatte Pastor Wilhelm Busch, der Jugendpfarrer in Essen war und daneben eine weitgreifende Evangelisationstätigkeit entfaltete. Nach dem Tode von Wilhelm Busch im Jahre 1966 schrieb mir seine Frau einen Brief, in dem u.a. stand: »Sie wissen nicht, wie nahe Sie dem Herzen meines Mannes standen.« Bei Buschs Evangelisationen packte mich immer neu zweierlei. Einmal: Er kam immer zur Sache. Da war kein Herumreden um den heißen Brei. Das Kreuz Christi stand in der Mitte der Verkündigung. Da konnte das Thema lauten, wie es wollte. »Es gilt, Römer 3 erwecklich zu predigen«, war ein Hauptsatz von Busch. Und dort geht es um die Frage, wie der Mensch gerettet werden kann, damit er im Gericht Gottes bestehen kann. Es geht um die Botschaft von der Rechtfertigung des Sünders allein aus Gnaden um Christi willen, der für uns sein Leben gab. Und das andere: Busch konnte illustrieren. Er hatte immer passende Geschichten bereit, meist aus eigenem Erleben, um die Botschaft anschaulich zu machen. Diese Beispielgeschichten waren nicht gekünstelt. Sie waren aus dem Leben gegriffen, darum trafen sie auch immer ins Schwarze. Die Bildhaftigkeit der Sprache brachte es mit sich, daß Menschen auch in Massenversammlungen atemlos zuhörten. Ich habe das bei einer Jugendwoche in den 50er Jahren in Nürnberg erlebt, als die Messehalle von jungem Volk überfüllt war. Sechs- bis siebentausend junge

Menschen hörten Busch zu. Obwohl »gefährliche« Typen in der Messehalle saßen, gab es keinerlei Störungen.

Wenn ich von Evangelisten rede, dann denke ich natürlich auch an Pfarrer Dr. Gerhard Bergmann, mit dem ich viele Begegnungen hatte. Wir trafen uns bei den Sitzungen des Hauptvorstandes der Deutschen Evangelischen Allianz, bei Glaubenskonferenzen, bei Sitzungen der Bekenntnisbewegung. Zweimal hat Bergmann auch in Nürnberg evangelisiert, einmal in meiner ersten Gemeinde und dann anläßlich einer Allianzevangelisation in einer Nürnberger Messehalle. Bei Bergmanns Verkündigung fiel mir auf, daß sie einen stark argumentativen Charakter hatte. Bergmann hatte seine Ausbildung auf St. Chrischona empfangen, wofür er sein Leben lang dankbar war. Dann hatte er aber noch Theologie und Philosophie studiert und auch eine philosophische Doktorarbeit geschrieben. Von daher versuchte er auch in der Evangelisation, seinen Hörern den Christusglauben »einleuchtend« zu machen. Man würde seiner Verkündigung sicher nicht gerecht, wenn man sagte, daß er den Weg zum Glauben über den Verstand suchte. Dazu war er viel zu sehr Lutheraner, als daß er gemeint hätte, der Glaube könne »vernünftig« einsichtig gemacht werden. Und doch war er wohl der Meinung, den Eindruck hatte ich jedenfalls, daß der Verstand nicht ausgeschaltet werden dürfe, weil der Mensch eben eine Einheit sei und in seiner Ganzheit angesprochen werden müsse. Freilich fehlte bei Bergmann auch das andere nie: der Anruf an den Menschen, auf die Seite Jesu zu treten und das Leben ihm anzuvertrauen. Bergmann wollte als Evangelist bewußt Theologe sein. Darum hat er auch immer wieder durch Schriften und Bücher, durch Vorträge vor den verschiedensten Gremien, bei Pfarrkonferenzen, in Diskussionen, auch in den Medien, in die theologische Diskussion eingegriffen. Sein Buch »Alarm um die Bibel«, das in vielen Auflagen erschien, wurde auch von Rudolf Bultmann, der sein theologischer Hauptgegner war, gewürdigt, was durch einen veröffentlichten Briefwechsel belegt ist.

In meiner Jugendzeit, unmittelbar nach dem Krieg, hat mich ein Mann besonders geistlich angesprochen, der vornehmlich unter der Jugend evangelisierte. Es war der bayerische Landesjugendwart Karl Schmid, ein Johanneumsbruder, der aus dem Schwabenland stammte. Er war Junggeselle.

1946 war ich gerade im CVJM-Haus am Sterntor in Nürnberg, das im Krieg auch beschädigt worden war, als ein Mann, abgemagert und in zerschlissener Soldatenkleidung in das Haus kam. Wir kannten uns nicht. Er stellte sich vor: »Schmid.« Ich hatte keine Ahnung, wer er war. Er kam eben aus der Gefangenschaft – er war einer der beiden Landesjugendwarte in Bayern, Karl Huber war der andere. Karl Schmid war ein Feuergeist. Er sprühte vor Leben. Seine Leidenschaft war es, junge Menschen zu Jesus zu rufen. Seine großen Freizeiten – an vielen habe ich teilgenommen –, die er etwa auf der Burg Wernfels oder im Schloß Kranzbach hielt, waren Evangelisationen für junge Leute. Er war nicht der Mann, der im Glauben vertiefen und weiterführen konnte, obwohl er selber ein in Jesus und im Wort Gottes verankertes Leben führte. Er war der, der aus dem Tod ins Leben, aus der Nacht ins Licht rief. »Jesus ist der einzige, der dir ein neues, erfülltes Leben schenken kann. Dafür hat er sein Leben für dich gegeben. Sei ganz sein oder laß es ganz sein! Für einen ewigen Kranz dies arme Leben ganz!« Das waren Sätze und Gedanken, die er uns entgegenrief. Schmid hatte die Gabe, besonders junge Menschen im Alter von vierzehn bis achtzehn Jahren anzusprechen. Auf seinen Konfirmandenfreizeiten kamen viele junge Menschen zum Glauben. Auf den Freizeiten ergab sich eine reiche Seelsorge, die ihn oft weit in die Nacht hinein in Anspruch nahm. Daß manche junge Leute nicht bei Jesus geblieben sind, darf man nicht Karl Schmid anlasten. Oft fehlte es an der Nacharbeit, an der seelsorgerlichen Begleitung. Freilich mag das evangelistische Wort von Karl Schmid manchmal etwas drängerisch gewesen sein. Er aber hatte lautere Motive. »Junge Menschen für Jesus« – das war seine Losung.

Wenn ich hier von Begegnungen schreibe, dann denke ich auch an die Brüder, mit denen ich seit 1971 im Gnadauer Vorstand zusammengearbeitet habe. Der Vorstand Gnadaus tagt sechs- bis achtmal im Jahr. Daneben gibt es mit den Vorstandsbrüdern mancherlei andere Tage der Begegnung, sei es bei Konferenzen, bei Klausuren, bei Mitgliederversammlungen, bei Arbeitskreisen oder anderen Sitzungen.

Seit 1971 waren es vierzehn Brüder, mit denen ich im Vorstand, der früher aus sieben Mitgliedern bestand und jetzt aus acht Mitgliedern besteht, zusammengearbeitet habe. Von den Brüdern Haarbeck und Uloth, die in meiner Anfangszeit noch dabei waren, habe ich schon geschrieben. Mit den Brüdern Bender, Berewinkel, Pflaum arbeitete ich die ganze Zeit zusammen, mit Bruder Scholz sechzehn Jahre, er schied 1987 aus Altersgründen aus dem Vorstand aus. Um es vorweg zu sagen: Wir hatten in all den Jahren der Zusammenarbeit nie eine ernstliche Kontroverse. Wir hatten oft schwierige Fragen zu verhandeln, in denen die Meinungen auch auseinandergingen. Aber wir haben uns nie auseinandergeredet. Wir sind nie im Streit auseinandergegangen. Wir haben jede Sitzung mit Gottes Wort und einer Gebetsgemeinschaft begonnen und sie mit Gebet beschlossen. Manchesmal haben wir in Beratungen, wenn wir an einem schwierigen Punkt angekommen waren, unterbrochen und den Herrn um seine Hilfe und Weisung gebeten. Wir versuchten auch nie, durch Mehrheitsbeschlüsse die Minderheit zu überstimmen. War eine Sache nicht entscheidungsreif und konnten wir uns nicht einigen, dann wurde sie vertagt. Meist konnte dann in der nächsten Sitzung eine Entscheidung getroffen werden. So war die Arbeit im Vorstand getragen von einem großen Vertrauen und einer großen Offenheit. Ich bin in all den Jahren nie zu einer Vorstandssitzung gefahren mit unguten oder gemischten Gefühlen, sondern habe mich immer auf die Begegnung mit den Brüdern herzlich gefreut.

Im Vorstand versuchten wir, die verschiedenen Bereiche Gnadaus vertreten zu haben. Da war einmal die Jugend, vertreten durch die Brüder Böker, Woyke, Liedholz und heute durch Bruder Pfeiffer. Da war die Diakonie, vertreten durch Bruder Scholz. Die Predigerschaft und die Gemeinschaftsverbände waren vertreten durch die Inspektoren Bender und Schabel. Die Ausbildungsstätten vertrat vornehmlich Bruder Berewinkel, die Äußere Mission Bruder Pflaum. Ich war im Vorstand immer der einzige, der keine »Hausmacht« hinter sich hatte. Das war meine Stärke. Die Schatzmeister waren Bruder Selzer als Fabrikant und nach ihm Bankdirektor Rauch.

Es reizt mich, ganz kleine Porträts dieser Brüder zu zeichnen, mit denen ich ein Stück Wegs in der Verantwortung für einen kleinen Frontabschnitt des Reiches Gottes gegangen bin. Missionsdirektor Pfarrer Lienhard Pflaum aus Bad Liebenzell ist in all den Jahren mein Stellvertreter gewesen. Das Werk in Liebenzell hat eine große Missionsarbeit in der weiten Welt.

Außerdem gehört dazu das theologische Seminar, eine Schwesternschaft, ein Verlag, ein großer Gemeinschaftsverband, dann auch das Rüstzentrum im Monbachtal. Da hat ein Direktor alle Hände voll zu tun, zumal Bruder Pflaum auch noch der Leiter des theologischen Seminars ist und die Leitung des Gesamtwerkes in den Händen hat. Lienhard Pflaum hat sich immer einem Flügel in Gnadau besonders verpflichtet gewußt, den man als den neupietistischen bezeichnen kann. Der Neupietismus hat seinen besonderen Akzent in der Betonung der Heiligung, wie sie besonders auch im anglo-amerikanischen Raum verstanden wird. Oft schwingt dabei ein gewisser gesetzlicher Zug mit. In den Vorstandsberatungen war es wichtig, daß Pflaum bei manchen Fragen und Entwicklungen im eigenen Gnadauer Bereich oder in anderen, etwa im kirchlichen oder freikirchlichen, mahnend seine Stimme erhob. Er rief zur Vorsicht auf und gab Einblicke in Geschehnisse, die zur Zurückhaltung Anlaß gaben. Als Missionsmann hat er einen weiten Blick. Manche Entwicklungen und Erscheinungen unserer Zeit beurteilte ich vorurteilsfreier als er. Manchesmal schien mir die Vorsicht zu weit zu gehen. Und doch hörte ich gerne auf das Urteil Pflaums. Dahinter steckten Erfahrungen und Erkenntnisse, auch wenn sie sich mit den meinen nicht immer deckten. Lienhard Pflaum hat aber beileibe im Vorstand nicht nur mahnend seine Stimme erhoben. Er hat manche Anstöße für die Arbeit gegeben.

Direktor Pfarrer Johannes Berewinkel war viele Jahre Gemeindepfarrer reformierter Prägung. Er war dann Vorsitzender des Vorstandes des Johanneums, schließlich viele Jahre der Direktor jener theologischen Ausbildungsstätte, die ja eine genuin Gnadauer Ausbildungsstätte ist. Sie wurde von den Gnadauer Vätern Theodor Christlieb und Elias Schrenk 1886 gegründet. Berewinkel ist Theologe durch und durch. Darum haben wir ihm auch die Leitung des Theologischen Beirates übertragen. Von seiner Gemeindepraxis her, die Johannes Berewinkel immer wieder dankbar betont, hat er Wert darauf gelegt, daß Gnadau und die Kirche nicht auseinanderfallen. Er repräsentiert im Vorstand mehr den altpietistischen Flügel. Seine Zugehörigkeit zur reformierten Kirche hat er nie verleugnet und mir gegenüber öfter darauf hingewiesen, mit einem nicht ganz ernst gemeinten Unterton, daß es neben Luther auch noch Calvin gäbe. Im theologischen

Bereich kam es zwischen uns manchmal zum »Fingerhakeln«, wenn er als Reformierter »Evangelium und Gesetz« und ich als Lutheraner »Gesetz und Evangelium« betonte.

Inspektor Karl-Heinrich Bender war früher im Diakonissenwerk von St. Chrischona tätig. Jetzt ist er Inspektor des Westfälischen Gemeinschaftsverbandes. In der Nachfolge von Heinrich Uloth ist er der Vorsitzende der Reichgottesarbeitervereinigung, einer Gruppierung, in der hauptamtliche Mitarbeiter der Gemeinschaftsbewegung und darüber hinaus zusammengeschlossen sind. Karl-Heinrich Bender vertritt neben den Hauptamtlichen vornehmlich die Basis der Gemeinschaftsarbeit, darum ist seine Mitarbeit sehr praxisbezogen. Gerade auch in wirtschaftlichen und finanziellen Fragen ist seine Meinung im Vorstand geschätzt. Bender ist ein Mann mit vorsichtigem Urteil. Viel liegt ihm daran, gerade auch auf Fehlentwicklungen im eigenen Bereich aufmerksam zu machen.

Mit Dankbarkeit denke ich an die lange Mitarbeit von Direktor Pfarrer Emanuel Scholz. Er war viele Jahre der Leiter des großen Deutschen Gemeinschafts-Diakonieverbandes mit Sitz in Marburg. Das »Marburger« Werk hat eine große Vielfalt: Diakonissen-Mutterhäuser, Schulen und Seminare, Gemeinschaftsverbände, Verlag, Äußere Mission, Krankenhäuser, Freizeitheime, Alten- und Pflegeheime . . . Wie viele Mitarbeiter und Mitarbeiterinnen sind in einem solchen Werk zu betreuen! Emanuel Scholz, so darf ich es wohl sagen, war die väterliche Gestalt in unserem Kreis – liebenswert und verstehend, mutmachend und mahnend, wegweisend und korrigierend. Er hatte auch seine Besonderheiten. Warum er z.B. den Inspektoren in der Mitgliederversammlung das volle Stimmrecht nicht zuerkennen wollte, habe ich nie verstanden. Aber ich habe seine Gründe geachtet. Obwohl auch Bruder Scholz mehr dem neupietistischen Flügel zuzurechnen war, waren er und Lienhard Pflaum nicht unbedingt immer einer Meinung. Jeder im Vorstand war und ist ein Original. Jeder hat seine Akzente und seine Prägung. Das hat auch damit zu tun, daß wir uns von unserer Biographie nicht lösen können. Jeder hat seine Lebensführungen und seine Lebenserfahrungen. Jeder von uns hat seinen Lebenskreis in Ehe, Familie und Freundschaft, der ihn auch geistlich mitprägt.

Langjähriger Schatzmeister in Gnadau war der Fabrikant Erich Selzer. Er war freundschaftlich verbunden mit dem Baumeister aus Braunschweig, Helmut Wauschkuhn, einem Ostpreußen, der nach dem Krieg in den Westen gekommen war. Die beiden waren unzertrennlich. Helmut Wauschkuhn war im Jahr 1965 in den Vorstand Gnadaus gewählt worden und war immer bei den Sitzungen dabei, so lange Selzer Schatzmeister war. Er war sozusagen der Assistent, man könnte auch sagen, der Berater Selzers. Als die Zentrale Gnadaus noch nicht in Dillenburg war, tagte der Vorstand immer in Frankfurt/Main. Selzer und Wauschkuhn waren mit ihren nicht gerade kleinen Autos nach Frankfurt gekommen und fuhren hintereinander durch die belebten Straßen der Stadt. Plötzlich mußte Wauschkuhn bremsen, eine kleine Unaufmerksamkeit Selzers – und schon fuhr er dem Freund ins blecherne Hinterteil. Neugierige blieben stehen. Der Verkehr geriet ins Stocken. Selzer und Wauschkuhn stiegen aus ihren Autos, um sich den Schaden zu besehen. Jeder dachte, es gäbe nun ein großes Streitgespräch. Die beiden Brüder aber fielen sich um den Hals. Die Umstehenden schüttelten die Köpfe. Waren da zwei Verrückte am Steuer? Mitnichten – so können Brüder auch schwierige Situationen meistern! Erich Selzer hat das große Verdienst, einen namhaften Betrag für die Gnadauer Zentrale gesammelt zu haben, bevor die Zentrale erworben wurde. Wir haben später Erich Selzer manchmal scherzhaft den schönsten Rentner Deutschlands genannt, weil er auch Wert auf sein äußeres Erscheinen legte. Und das stand ihm gut!

Nach Erich Selzer hat Gerhard Rauch das Amt des Schatzmeisters versehen. Als Bankdirektor bringt er fundiertes Wissen für dieses Amt mit. Wir lassen uns gerne von ihm beraten.

Acht Jahre arbeitete ich mit Rolf Woyke im Vorstand zusammen. Das war eine schöne Zeit, denn mit Rolf Woyke verbinden mich mancherlei Erlebnisse, wenn ich etwa an unseren achttägigen evangelistischen Einsatz in Berlin im Jahre 1977 denke, und manches andere. Auch in den Fragen der Jugendarbeit waren wir eng verbunden. Woyke war Bundespfarrer des Deutschen EC-Verbandes. Er ist jetzt Gemeindepfarrer im Siegerland, Vorsitzender der Deutschen Zeltmission und Vorsitzender der Deutschen Evangelistenkonferenz, daneben ist er noch in anderen Gremien tätig und ein vielbeschäftigter Mann. Woyke hat sich in der Vorstandsarbeit sehr engagiert und ich habe bedauert, daß er sich aus verschiedenen Gründen nicht mehr der Wiederwahl stellte. Der Hauptgrund für diese Entscheidung war, daß er nicht mehr EC-Bundespfarrer war und nun wollte, daß ein anderer, der in der Jugendarbeit tätig war, die Jugend im Vorstand vertrat. Christoffer Pfeiffer, der jetzige Bundespfarrer des EC, rückte an seine Stelle. Woyke hatte Ideen. Er konnte querdenken, war aber niemals ein Querulant. Querdenken, damit meine ich: Er betrachtete eine Sache noch einmal von einer ganz anderen Seite. Woykes große Schwäche war, daß er Protokolle nicht las, sondern sie im Papierkorb verschwinden ließ. Da konnte es schon einmal vorkommen, daß ein Termin übersehen wurde, der im Protokoll angegeben war. Bis heute verbindet mich mit der ganzen Familie Woyke eine herzliche Freundschaft.

Martin Liedholz, jetzt theologischer Lehrer auf St. Chrischona, und Friedhelm Böker, Inspektor der Süddeutschen Vereinigung, waren nur je eine Periode im Vorstand. Auch an sie erinnere ich mich gerne. Die Zusammenarbeit mit ihnen war ebenfalls ungetrübt.

1987 wurde Inspektor Karl-Heinz Schabel vom Altpietistischen Gemeinschaftsverband in den Vorstand gewählt. Das war eine Bereicherung, denn Schabel kommt von der Basis. Er kennt die Freuden und Probleme des Gemeinschaftslebens vor Ort. Er ist ein Mann der Jugendarbeit. Unter seiner Leitung hat vor Jahren der Altpietistische Verband mit einer eigenen Jugendarbeit begonnen. Ein Jugendbibelhaus auf dem Schönblick bei Schwäbisch-Gmünd wurde errichtet. Im Altpietismus begann eine biblisch ausgerichtete Jugendarbeit. Besonders gut finde ich die Bibelkurse für junge Menschen, die dazu beitragen, junge Menschen im Glauben zu gründen. Solche Arbeit ist der beste Schutz gegen Schwärmerei und alles einseitig Emotionale in religiösen Dingen. Ich habe die große Sorge, daß heute auch in der erwecklichen Jugendarbeit viel zu wenig auf diese lehrhaft-vertiefende Arbeit Wert gelegt wird. Von frommen Emotionen und Stimmungen, die oftmals bei besonderen Veranstaltungen, besonders bei musikalischen, erzeugt werden, kann der Glaube nicht leben. Karl-Heinz Schabel hat einen »nüchternen Hausverstand«, der schwäbische Gründlichkeit mit geistlichen Durchblicken verbindet. Er ist kein bequemer

Mann, weil er auch querdenken kann. Aber ich wollte um mich nie »bequeme Leute«, die nur mit den Köpfen nicken. Ich wollte immer Persönlichkeiten in der Mitarbeit, die eigene Gedanken und Überzeugungen haben. Ich wollte Mitarbeiter, die herausfordern und herausgefordert werden wollen, mit denen zu diskutieren eine Lust ist. Solche Gespräche im brüderlichen Geist sind fruchtbar. Da fallen keine verletzenden Worte. Das Ringen um den rechten Weg geschieht in der Sache oft hart, aber es bleibt spürbar, daß wir in der Liebe Jesu verbunden sind.

Es darf nicht unerwähnt bleiben, daß ich in den Häusern der Brüder immer gerne eingekehrt bin. Sie haben großartige Frauen und prächtige Kinder. Wie haben mich die werten Frauen der Brüder oft verwöhnt! Und mit vielen Kindern verbindet mich eine herzliche Freundschaft!

Wenn ich von Begegnungen schreibe, dann will ich auch an die Mitarbeiter und Mitarbeiterinnen denken, die ich in den Gemeinden und in Gnadau hatte.

Mir wurde je und dann vorgeworfen, daß ich gegenüber Mitarbeitern und Mitarbeiterinnen zu weich sei und ihnen zu viel Freiheit lasse. Es wurde mir manchmal als Schwäche ausgelegt, daß ich nicht stärker kontrollierte und nicht ab und zu »mit der Faust auf den Tisch schlug«. Man zweifelte an meinen Führungsqualitäten. Ich will nicht bestreiten, daß meine Kritiker richtig beobachtet haben. Ich wollte Menschen, mit denen ich zusammenarbeitete, aber immer ernst nehmen. Jeder ist eine eigene Persönlichkeit. Jeder hat seinen eigenen Arbeits- und Lebensstil. Warum sollte ich eigentlich den Versuch unternehmen, sie in mein Schema zu pressen? Sicher hätte ich manches anders gemacht als sie. Aber warum sollte ich mich absolut setzen? Was für mich richtig ist, muß es noch lange nicht für den andern sein. Ich wollte meinen Mitarbeitern und Mitarbeiterinnen einen Vertrauensvorschuß geben. Mir fällt dazu eine Szene aus einem ganz anderen Bereich ein. Als junger Pfarrer hatte ich eine schwierige und sehr große Schulklasse zu übernehmen. Vor der ersten Stunde paßte mich der Klassenlehrer an der Türe ab und sagte zu mir: »Passen Sie auf, denen da drinnen können Sie nicht trauen, das sind lauter . . .« Ich dachte nicht daran, mir von dem Klassenlehrer ein Vorurteil gegenüber den Jungen aufdrängen zu lassen. Vielleicht lagen die Schwierigkeiten gar nicht allein bei den Kindern? So ging ich in die Klasse. Nach einigen Sätzen der Vorstellung sagte ich: »Ihr habt mein volles Vertrauen. Ich hoffe, daß ihr es nicht enttäuscht.« Und sie haben mich nicht enttäuscht. Wir wurden gute Freunde. Den Satz Lenins, der mir manchmal vorgehalten wurde: »Handle danach: Vertrauen ist gut, Kontrolle ist besser!«, habe ich nicht akzeptiert.

Ich habe zwar auch die bittere Erfahrung gemacht, daß mein Vertrauen enttäuscht worden ist. Aber das waren Einzelfälle. Bei den meisten erlebte ich, daß sie das Vertrauen honorierten durch treue, fleißige und gewissenhafte Arbeit. Es ist meine Überzeugung, daß ein Mensch sich nur entfalten kann, wenn ihm Vertrauen entgegengebracht wird. Das schloß nicht aus, daß ich je und dann Korrekturen anbringen mußte. Aber auch da war es mir wichtig, zu überlegen, wie das geschehen kann. Man kann einen Menschen schnell verunsichern, fertigmachen und ihm dabei alle Freude an der Arbeit nehmen. Mir war immer klar: »Sieh nicht zuerst die Arbeit, sondern den Menschen, der sie tut.« Manche Mitarbeiter und Mitarbeiterinnen hatten schwierige Familienverhältnisse oder gesundheitliche Probleme. Die konnten sie nicht einfach abschütteln, wenn sie am Arbeitsplatz saßen. Darum war es mir auch wichtig, mit diesen Menschen, wenn sie es wünschten, immer wieder in persönliche Gespräche zu kommen. Es wären jetzt viele Namen zu nennen von Männern und Frauen, an die ich in Dankbarkeit denke.

Frau Hanna Orth hat in der Luthergemeinde mit großem Engagement das Pfarramt als ehrenamtliche Kraft mit aufgebaut. Hans Hofmann war als Kirchenpfleger für die Finanzen verantwortlich – ein treuer Mann! Oder ich denke an Fritz Siegfried, den Vertrauensmann des Kirchenvorstandes, der mir mit seiner lieben Frau in seinem Hause Heimatrecht gewährte; er war ein Mann des Ausgleichs und des Brückenbauens. Wenn ich an meine Zeit als Pfarramtsführer von St. Johannis zurückdenke, dann fällt mir zunächst Fräulein Gunda Hertlein ein. Nichts war dieser Frau zu viel. Sie hatte das Pfarramt »im Griff«. Man konnte sie fragen, sie wußte Bescheid. Sie war mit ihrer Arbeit fast »verheiratet«. Oder ich denke an den Diakon Richard Dombacher – die Treue in Person. Oder an den Diakon Christian Köbler, der unermüdlich in der Gemeinde unterwegs war und als Kirchendiakon unserer beiden Kirchen mir allezeit zur Seite stand.

Und wenn ich an Gnadau denke? Von 1971 bis 1977 hatten wir keine Zentrale. Von 1971-1974 wurden die für Gnadau anfallenden Arbeiten in meinem Johanniser Pfarrhaus erledigt. Ab 1974 hatte ich ein Büro im Dachgeschoß eines Einfamilienhauses im Norden Nürnbergs. In all den Jahren hat Frau Else Günther neben ihrer beruflichen Tätigkeit in einer Steuerkanzlei ehrenamtlich Berge von Korrespondenz erledigt.

Nachdem wir die Zentrale in Dillenburg eingerichtet hatten, wurde Karin Brücher unsere erste Sekretärin. Achtzehn Jahre war sie alt, als sie bei uns anfing. Wie schnell hat sie sich eingearbeitet und schon in jungen Jahren eine hohe Verantwortung übernommen! Jetzt ist sie nach einer Ausbildung in der Bibelschule auf St. Chrischona Gemeinschaftsschwester bei den Altpietisten. Fräulein Heidrun Diehlmann ist ihre Nachfolgerin geworden. Auch sie hat immer neu ihren Fleiß und ihre Treue unter Beweis gestellt. Ich denke an Frau Krenz, die jahrelang der gute Geist des »Hauses Gnadau« in Dillenburg war. Sie bereitete die Zimmer vor, hielt das Haus »in Schuß« und kochte für die Brüder und Schwestern, die zu Sitzungen in die Zentrale kamen. Nicht vergessen werden darf Frau Emilie Giesa. Sie war während des Dritten Reiches Sekretärin von Paul Wißwede, dem Vorsitzenden des Schlesischen Gemeinschaftsverbandes und der Süd-Ost-Europa-Mission, geworden. Nach dem Kriege arbeitete sie als Sekretärin bei Hermann Schöpwinkel, dem Gnadauer Generalsekretär, zunächst in Offenbach/Main, dann in Denkendorf. Nach ihrer Pensionierung und ihrem Umzug nach Coburg hat sie bis über das siebzigste Lebensjahr hinaus uns zeitweilig in Dillenburg ihre Kraft und ihre Gaben zur Verfügung gestellt. Sie ist mit Gnadau »verheiratet« – so könnte man scherzhaft sagen – und hat bewegte Zeiten der Gnadauer Geschichte an wichtiger Stelle miterlebt.

Ich will hier abbrechen, denn ich empfinde es fast als Unrecht, die vielen anderen nicht zu nennen – Gemeindeschwestern und Diakone, Organisten, Jugendleiter und -leiterinnen, Pfarramtssekretärinnen und Kindergärtnerinnen . . . Es waren viele Menschen, mit denen ich zusammenarbeitete. Oft geschah die Arbeit unter bescheidenen Verhältnissen. In der Luthergemeinde auf dem Hasenbuck in Nürnberg war es ein Anfang, den ich zu setzen hatte. Ebenso war es in Gnadau. Mühsam mußte Aufbauarbeit geleistet werden, oft mit bescheidenen finanziellen Mitteln. Aber treue Menschen haben haupt- und ehrenamtlich mit angepackt und ihre Gaben, ihre Zeit und ihre Kraft eingebracht. Darüber kann nur mit ganz großer Dankbarkeit geschrieben werden.

Ich kann diesen Abschnitt allerdings nicht beenden, ohne zweier Menschen zu gedenken, die mir in den letzten zehn Jahren, besonders nach dem Tode meiner Mutter und in Krankheitszeiten viel geholfen haben: Monika und Theo Schneider. Im Jahre 1977 ist Theo Schneider nach Gnadau gekommen, um als Sekretär – heute bekleidet er das Amt des Generalsekretärs – die organisatorischen »Fäden« Gnadaus in die Hand zu nehmen. Der Präses und der Sekretär mußten in der Gnadauer Arbeit eng zusammenstehen. Theo Schneider war noch keine dreißig Jahre alt, als er die verantwortungsvolle Aufgabe übernahm. Es wäre ihm selber nicht recht, wenn ich viele Worte machte über seinen unermüdlichen Fleiß, seine Zuverlässigkeit und sein organisatorisches Talent; vielmehr möchte ich auf etwas anderes hinweisen: Theo Schneider, der jüngere, ist mir, dem zwanzig Jahre älteren, zum Vorbild geworden in seiner inneren Ausgeglichenheit, in seiner menschlichen Herzlichkeit und Vertrauenswürdigkeit. Er gehört zu den wenigen Menschen, vor denen ich laut denken kann. Hier ist mir ein Freund und Bruder geschenkt worden, mit dem ich alles besprechen kann. Die Zusammenarbeit mit Theo Schneider war und ist ungetrübt. Dabei habe ich ihm sicher mit meiner teils depressiven, teils impulsiven Art oft zu schaffen gemacht. Aber ich habe von ihm nie ein verletzendes Wort gehört. In den Zeiten meiner Krankheiten hat er mich stets über den Fortgang der Arbeit unterrichtet, dabei in feiner Weise Negatives von mir fern gehalten, so daß ich mich nicht erregen, sondern an positiven Ereignissen freuen konnte. Wie oft hat er mich am Krankenbett in München und Tuttlingen, in Heidenheim und Nürnberg besucht. Und wie schön war es, als er mit seiner lieben Frau ins schwäbische Allgäu nach Isny kam, um mich in der Kurklinik »Schwabenland« zu besuchen und mit mir Spaziergänge und -fahrten zu unternehmen. Bei Monika und Theo Schneider bin ich daheim. Wie viele Stunden haben wir abends nach getaner Arbeit miteinander verbracht und viele Fragen miteinander bedacht! Daß Monika Schneider mich stets vorbildlich bewirtet hat, sei nicht unerwähnt gelassen. Gerade als ich

1983 meine Heimatstadt Nürnberg verließ, habe ich bei Monika und Theo Schneider eine neue Heimat gefunden. Für dieses Miteinander-Unter-wegs-Sein in menschlicher und geistlicher Verbundenheit kann ich nur von Herzen danken. Es ist mir ein Geschenk des Himmels.

Evangelisation – das Gebot der Stunde

Seitdem ich gläubig geworden bin, ist mir klar, daß das Evangelium zu den Menschen muß. Der Missionsauftrag ist der größte Auftrag, den unser Herr uns gegeben hat. Wir dürfen und sollen seine Zeugen sein in dieser Welt, in der Kraft des Heiligen Geistes. Das Evangelium, die Heils- und Siegesbotschaft, will durch unseren Mund weitergegeben werden. Sagen wir das Evangelium nicht, dann hören es die Menschen auch nicht. Auf uns Christen liegt somit eine große Verantwortung. Evangelisieren heißt, die frohe Botschaft von Jesus Christus weiterzusagen. Ich könnte es auch so ausdrücken: Jesus Christus zu den Menschen bringen. Jesus hat bei seiner Himmelfahrt zu seinen Jüngern gesagt: »Ihr werdet die Kraft des Heiligen Geistes empfangen, der auf euch kommen wird, und werdet meine Zeugen sein in Jerusalem und in ganz Judäa und Samarien und bis an das Ende der Erde« (Apg. 1,8). Als wir gläubig wurden, hat unser Herr uns den Heiligen Geist gegeben. Nun dürfen wir in der Kraft des Heiligen Geistes mit Menschen von Jesus reden. Es ist freilich eine betrübliche Tatsache, das muß ich auch von mir bekennen, daß wir oft schlechte Zeugen sind. Ob wir manches Mal Angst haben vor den Menschen? Ob wir manches Mal dem Widerspruch und dem Widerstand der Menschen ausweichen wollen? Die Motive für unser Versagen und unser Verleugnen mögen vielfältig sein.

Mir sind immer wieder Christen ein Vorbild, die Lukas in der Apostelgeschichte schildert. Am Anfang des 8. Kapitels erzählt er davon, daß über die Gemeinde in Jerusalem eine große Verfolgung hereingebrochen ist. Viele Christen mußten Jerusalem verlassen. Sie mußten die bergende, geistliche Heimat der Gemeinde preisgeben. In kleinen Gruppen gingen sie in die Diaspora. Aber diese uns unbekannten Christen gingen nicht auf Tauchstation. Wenn sie unterwegs mit Menschen zusammenkamen, dann sprachen sie mit ihnen von Jesus. Sie riskierten alles. Aber sie konnten es nicht lassen, »zu reden von dem, was sie gesehen und gehört hatten«. Sie lebten einfach im Kraftfeld des Heiligen Geistes, und dieser schenkte ihnen den Freimut zum Zeugnis von Jesus. Oft habe ich mir überlegt, was diese uns unbekannten Christen wohl von Jesus gesagt haben mögen. Lukas berichtet ja nur, daß sie evangelisierten. Ich könnte mir denken, daß diese Brüder und Schwestern von damals den Menschen einfach erzählt haben, wer Jesus ist. Aber sie haben es sicher dabei nicht bewenden lassen. Sie haben davon geredet, was Jesus ihnen bedeutet und was er aus ihrem Leben gemacht hat. Das gehört ja wesentlich zum Zeugnis von Christus dazu, daß wir nicht einen religiösen Vortrag über ihn halten, sondern daß wir davon reden, wie er unser Leben verändert und erneuert hat. Davon spricht das Zeugnis, wie Jesus neues, echtes, erfülltes, ewiges Leben schenkt. Davon sprechen die Zeugen, wie man mit Jesus heute und jetzt leben kann, wie man mit ihm Nöte, Leiden, Probleme bewältigen kann. Davon sprechen die Zeugen, wie er dem Leben eine lebendige Hoffnung mit einer weiten Perspektive gibt.

Was Lukas in Apostelgeschichte 8,4 von den evangelisierenden Christen kurz erwähnt, findet in Kapitel 11, ab Vers 19, seine Fortsetzung. Wir erfahren dort, daß ein Häuflein der aus Jerusalem Vertriebenen bis nach Antiochia kam. Antiochia war die drittgrößte Stadt des römischen Weltreiches. Dort erzählten diese schlichten Leute von Jesus. Und Gott war mit ihnen und schenkte in jener Stadt eine gewaltige Erweckung. Das ist ungeheuer ermutigend. Gott kann aus dem schlichten Zeugnis einfacher Leute große geistliche Wirkungen hervorbrechen lassen.

Immer wieder beschäftige ich mich auch mit Paulus, dem Evangelisten, und denke darüber nach, was er im ersten Korintherbrief, im 9. Kapitel, vor allem ab Vers 19, schreibt. Ein Wort fällt mir immer neu in die Augen und auf's Herz: »Ich will gewinnen«. In seiner ganzen evangelistischen Arbeit will Paulus Menschen für Jesus, für das Reich Gottes, gewinnen. Das ist der Inhalt seines Lebens. Es ist großartig, wie Paulus die Menschen seiner Zeit dort abholt, wo sie sind. Er versucht, ihre Sprache zu sprechen, damit sie ihn verstehen. Er geht in der Liebe Christi auf die Menschen zu. Immer geht es ihm darum, daß Menschen für den Himmel gerettet werden.

Oft habe ich mir überlegt: Bist du für Menschen eine Barriere auf dem Weg zu Jesus oder bist du ein Wegweiser? Stößt du Menschen durch deine Worte und dein Leben ab oder kannst du Menschen gewinnen? Es ist klar und deutlich, daß wir nicht nur durch unser Wort evangelisieren, sondern durch unser ganzes Leben. Tersteegen, einer unserer pietistischen Väter, hat ja bekanntlich in einem seiner großen Lieder den Satz gesagt: »In Wort und Werk und allem Wesen, sei Jesus und sonst nichts zu lesen . . .« Wie oft verdunkeln wir Jesus gerade durch unser Leben und machen ihn unglaubwürdig durch unser Verhalten!

Bei Paulus habe ich die evangelistische Devise für mein Leben gefunden: »Ich will Menschen für Jesus gewinnen«. Sie sollen sein Eigentum werden. Sie sollen in seine Nachfolge und in seinen Dienst eintreten.

In den letzten Jahren sind mir für meine evangelistischen Überlegungen besonders die Grundsätze von Elias Schrenk wichtig geworden. Elias Schrenk ist einer unserer Gnadauer Väter. Er wird der »Bahnbrecher der Evangelisation« in Deutschland genannt. Von ihm kann man für das evangelistische Leben und Handeln auch heute unendlich viel lernen. Gerade wir in der Gnadauer Gemeinschaftsbewegung dürfen an dem reichen evangelistischen Erbe Schrenks nicht vorübergehen. Elias Schrenk hatte für seine evangelistische Tätigkeit drei Ziele, die er so formulierte: »1. Ich will die müde gewordenen Gläubigen zu neuem geistlichen Leben erwekken. 2. Ich will die Sünder zur Buße rufen. 3. Ich will dazu helfen, daß das lautere Evangelium in unserer evangelischen Kirche erhalten bleibt.« Schrenk erwähnt dann allerdings, daß ihm der zweite Punkt in der Evangelisation der wichtigste sei. Verlorene sollen nach Hause kommen. Für Paulus, für Schrenk und für alle bedeutenden Evangelisten ist Evangelisation nicht ein drängerisches, frommes Treiben, das auf der Klaviatur der menschlichen Seele spielt und Emotionen weckt. Für Paulus, Schrenk und die anderen ist Evangelisation Evangeliumspredigt. Es geht darum, den Heiland der Sünder den Menschen groß und lieb zu machen.

Nach meiner Bekehrung und dann auch im Pfarramt habe ich mancherlei evangelistische Erfahrungen sammeln können. Ich habe mich nie als einen Evangelisten verstanden, darum bin ich auch nie hauptamtlich in den evangelistischen Dienst gegangen. Aber mit den mir gegebenen Gaben versuchte ich, je und dann evangelistische Dienste in verschiedenen Bereichen zu tun. Freilich war mir auch immer dies eine klar, daß die evangelistische Verkündigung gerade auch im Gemeindeleben praktiziert werden soll und muß. Ich habe nicht aus jedem Bibeltext eine evangelistische Predigt machen können. Die Texte sind inhaltlich verschieden. Aber da, wo der Bibeltext eine evangelistische Zuspitzung hatte, da versuchte ich, diese auch in der Predigt deutlich werden zu lassen. Auch die sogenannten Amtshandlungen, also Taufen, Trauungen und Beerdigungen, waren für mich Gelegenheiten zu evangelistischer Verkündigung. Besonders aber die stark besuchten Gottesdienste am Heiligen Abend, am Konfirmationssonntag, am Erntedankfest oder am Buß- und Bettag waren Möglichkeiten, das Evangelium an Menschen heranzubringen, die sonst selten oder nie in der Kirche zu sehen waren. Im Laufe der Jahre lernte ich bei der Vorbereitung auf diese Verkündigungsdienste immer mehr zu fragen: Wie kannst du das ewige Wort evangelistisch so sagen, daß es Menschen nicht abstößt, sondern daß es sie zum Nachdenken bringt und im Gewissen trifft?

Meine ersten evangelistischen Gehversuche machte ich als Siebzehn- oder Achtzehnjähriger. Wir waren nach dem Zweiten Weltkrieg viel zu evangelistischen Einsätzen unterwegs und hielten Dorfmissionen ab. Da gab es, etwa am Samstagabend, in einem Wirtshaussaal einen evangelistischen Abend, und am Sonntagvormittag gestalteten wir mit dem Ortspfarrer zusammen den Gottesdienst. Um die Mittagszeit sangen wir vor den Bauernhäusern evangelistische Lieder. Bei diesen Gelegenheiten habe ich oft, sei es im Wirtshaussaal oder im Gotteshaus gewesen, Zeugnis davon gegeben, wie Jesus mein Herr geworden ist und was er aus meinem Leben gemacht hat. Das geschah aber nicht nur bei diesen Dorfmissionen. Ich erinnere mich an eine Szene, wie ich zum Zeugnis »genötigt« wurde. Es war wohl im Jahre 1947. Bis zu einem bestimmten Alter mußte jeder Nürnberger in der Stadt Aufräumungsarbeiten leisten. Es war unendlich viel Schutt wegzuräumen. Ich war eingesetzt am Königstorturm gegenüber dem Hauptbahnhof. Beim Schuttschaufeln in einer größeren Gruppe sagte plötzlich einer, der neben mir arbeitete: »Du gehörst doch auch zu den Frommen!« Dieser Ausruf erweckte bei den anderen Aufmerksamkeit. In einer Arbeitspause drängten sich die Männer, die mit mir arbeiteten, um mich und fragten meist spöttisch, manche aber auch ernsthaft, was es denn mit dem Glauben an Gott und an Christus auf sich hätte. Solchermaßen »umzingelt« mußte ich nun Rede und Antwort stehen. Ich erzählte ganz einfach den Spöttern und Zynikern, den Fragenden und Suchenden, die Geschichte meiner Bekehrung. Ausweichen konnte ich nicht, so ging ich

»in die Vollen«, sagte ihnen, wer Jesus ist und was er aus ihrem Leben machen kann. Das geschah natürlich nicht ohne Widerspruch. Zwischenrufe wurden laut. Da drängte sich plötzlich ein Mann durch die Menge und sagte: »Ich habe nun schon eine Weile zugehört, was dieser junge Mann hier sagt. Ich kann das nur bestätigen. Ich bin katholischer Christ und kenne Jesus Christus. Er hat auch mein Leben neu gemacht. Sie sollten nicht spotten über das, was der junge Mann hier sagt. Sie sollten über das nachdenken, was Sie eben gehört haben.« Damit war diese spontane Zeugnisversammlung zu Ende. Wir gingen wieder an die Arbeit. Es hat in den kommenden Tagen nie mehr eine solche Gelegenheit zum öffentlichen Zeugnis vor vielen Männern gegeben. Aber ich habe mich gefreut, daß der lebendige Herr mir in einer kritischen Situation einen Bruder zur Seite stellte, der mein Zeugnis bestätigte. Er war Katholik, ich evangelischer Christ. Beide aber waren wir uns eins in der herrlichen Tatsache, daß Jesus ein lebendiger Herr ist, der ein Leben verändern und erneuern kann.

Als junger Pfarrer wurde ich des öfteren zu Jugendevangelisationen in Kirchengemeinden und in CVJM-Gruppen eingeladen. Diese Evangelisationsdienste umfaßten oft eine Woche. Es war schwierig, sich aus der Arbeit für eine so lange Zeit zu lösen. Meist habe ich auch für solche Evangelisationsveranstaltungen meinen Urlaub genommen oder aber mir von der Kirchenleitung Dienstbefreiung erbeten. Bei diesen evangelistischen Einsätzen in den 50er und 60er Jahren ging es mir darum, junge Menschen zu Jesus zu rufen. Es war immer eine Freude, daß bei diesen Veranstaltungen gerade auch dem Evangelium fernstehende junge Menschen gewesen sind. Das Rahmenprogramm jener Jugendevangelisationen war gegenüber der heutigen Zeit kümmerlich. Wir sangen einige erweckliche Lieder, ab und zu sang ein Jugendchor. Den breitesten Raum nahm die Verkündigung ein, die wohl immer 45-50 Minuten in Anspruch nahm. Ich habe damals keine Störungen in den evangelistischen Veranstaltungen erlebt. Im Gegenteil: Ich war immer wieder überrascht, wie junge Menschen auf das Evangelium hörten. Oft haben sich Nachversammlungen in Nebenräumen von Kirchen oder Gemeindesälen angeschlossen. Dort gab es dann noch lebhafte Diskussionen. Ich erinnere mich aber auch gerne an viele persönliche, seelsorgerliche Gespräche, die ich mit jungen Menschen hatte. Oft ging es dabei um die letzten entscheidenden Fragen. Es ging um den Schritt über die Linie hin zu Jesus. Auch die vielen Jugendfreizeiten, die ich im Sommer und Winter durchgeführt habe, hatten immer eine evangelistische Ausrichtung. Gerade in diesen Freizeiten, in denen junge Menschen herausgenommen waren aus dem alltäglichen Getriebe, fielen manche Glaubensentscheidungen.

Es hat sich dann ergeben, daß diese evangelistische Arbeit ausgeweitet wurde. Ich wurde in Kirchengemeinden und Gemeinschaftskreise eingeladen und sollte auf Allianz- und regionaler Ebene evangelisieren. Diese Arbeit konnte immer nur nebenamtlich geschehen. Es war mir auch darum zu tun, möglichst mit den Verantwortlichen vor Ort die evangelistische Aktion gründlich abzusprechen und vorzubereiten. Die Evangelisation sollte in guter Weise bekanntgemacht werden. Es mußte eine gezielte Gebetsarbeit getan werden. Die Themen sollten soweit wie möglich auch den örtlichen Gegebenheiten gerecht werden.

So könnte ich nun viel erzählen von Evangelisationen in Kirchen und weltlichen Sälen, in Zelten und unter freiem Himmel.

Freilich war es mir wichtig, daß in Evangelisationen bestimmte biblisch-geistliche Grundthemen vorgekommen sind: die Gottesfrage, die Schuldfrage und das Kreuz Christi, der Ruf in die Nachfolge und die zukünftigen Dinge. Daneben gab es, je nach dem, Abende über das Gebet und die Bibel, zu Ehe und Familie, über den Aberglauben, über die Frage, was das eigentlich heißt: »Ich glaube«, und viele andere Themen. Dabei habe ich versucht, auch wenn ich an verschiedenen Orten über die gleiche Thematik sprach, sie immer wieder neu zu durchdenken und anders darzustellen. Ich wollte nicht einer evangelistischen Routine verfallen und einfach aus gewissen Schubläden die alten Vorträge herausziehen.

Obwohl ich da und dort von Gläubigen dazu aufgefordert worden bin, hatte ich nie die innere Freiheit, Menschen so zur Entscheidung aufzufordern, daß ich sie nach vorne rief. Ich kritisierte diese Methode nicht. Ich ehre Billy Graham mit seiner Weise zu evangelisieren. Er hat ja viele Nachahmer gefunden. Ich war in meiner evangelistischen Praxis mehr Schüler von Wilhelm Busch. Er war der Überzeugung, daß in einer christuszentrierten Verkündigung Entscheidungen fallen und Menschen zur inneren Klarheit kommen. Ich hatte auch immer die ganz große Sorge, in göttliche Hoheitsrechte einzugreifen, und wollte nicht mit psychologischen Mitteln geistliche Entscheidungen herbeiführen. Es ist meine tiefe Überzeugung, daß nicht ich Menschen bekehre, sondern daß Gott es selber tun muß.

Freilich hat es dann nach den Evangelisationsvorträgen, oft noch am selben Abend, mancherlei seelsorgerliche Gespräche gegeben. Dabei wurde mir, wie überhaupt in der Seelsorge bis heute, immer wieder deutlich, wie viele Probleme auch Kinder Gottes haben. Solche Erfahrungen in der Seelsorge bewahren davor, leichtfertig evangelistische Parolen unter das Volk zu schleudern. Ich denke etwa an Parolen wie diese: »Bekehre dich, dann bist du glücklich!« oder »Komm zu Jesus, dann hast du Erfolg!« oder »Glaube fest an Jesus, dann wirst du nicht mehr krank!« Diese religiösen Verbrechen an Menschen, die je und dann in der Evangelisation geschehen, führen zu »evangelisationsgeschädigten« Menschen. Kein Wunder, wenn dann Pfarrer, zu denen solche Menschen in die Seelsorge kommen, Evangelisation nur noch unter einem bestimmten Blickwinkel sehen und sie dann auch mit Recht ablehnen.

Nein – es muß in der Evangelisation deutlich werden, daß ein Leben mit Jesus ein Leben unter dem Kreuz ist. Nachfolge bedeutet Kreuzesnachfolge. Ich habe es oft so ausgedrückt, wenn ich von meinem eigenen Leben mit Jesus sprach: »Das Leben mit Jesus ist einerseits schön, einfach deswegen, weil ich geborgen sein darf in der Hand des guten Hirten. Andererseits aber ist das Leben mit Jesus auch schwer, weil in der Christusnachfolge Probleme kommen und Fragen aufbrechen, die ein Nichtchrist so nicht hat.« Das Leben des Gehorsams in der Nachfolge Jesu ist oft kein leichtes Leben. Freilich habe ich manches Mal gestaunt über Brüder, die im evangelistischen Dienst stehen, und die berichteten, daß sie oft nächte- und tagelang in der Seelsorge gefordert waren. Ich hatte nie Massen in meiner Seelsorge. Die »Erfolgsmeldungen« anderer Brüder haben mich manches Mal etwas neidisch gemacht und auch ins Fragen gebracht, ob Gott mir die Gabe der Seelsorge nicht in dem Maß anvertraut hätte wie den anderen. Ich mußte es lernen, mit meinen Gaben zu leben und die Führungen Gottes mit meinem Leben so zu akzeptieren, wie ich sie erlebte.

Eines freilich hat mich dann im nachhinein immer wieder erfreut. Öfter begegnete ich Menschen, die mir sagten: »Vor vielen Jahren, als Sie bei uns evangelisierten, bin ich zum Glauben an Jesus gekommen.« Das hat mich unendlich froh gemacht. Der Dienst war also nicht umsonst. Ich hatte während der Evangelisation keine sichtbare Frucht vor Augen gehabt, bin traurig weggefahren und konnte nur noch beten, Gott möge diesen Verkündigungsdienst nicht fruchtlos sein lassen. Und nach Jahren kam eine Bestätigung von einem Menschen, daß Gott tatsächlich sein Werk getan hat. Vielleicht hat Gott mir deswegen die augenfällige Frucht verweigert, weil ich es geistlich nicht verkraftet hätte. Der geistliche Hochmut lauert immer vor unserer Türe, vor allem vor der Türe des Evangelisten. Der Teufel ist schnell bei der Hand, uns groß und unentbehrlich zu machen. Das schmeichelt unserem alten Adam. Gott kennt uns besser als wir uns selber kennen. Er verweigert uns Augenfälliges, damit wir uns nicht selber überheben.

Besondere Erlebnisse waren für mich zwei internationale Evangelisations-Kongresse, die meinen Blick sehr geweitet haben. Der eine in Amsterdam – ein Evangelisations-Kongreß für Europa und den Vorderen Orient vom 29.8.-4.9. 1971; der andere war der Internationale Kongreß für Weltevangelisation vom 16.-25.7. 1974 in Lausanne.

Über beide Kongresse ist damals viel geschrieben worden. Das reichhaltige Konferenzmaterial liegt in den verschiedensten Veröffentlichungen vor. Ich frage mich, ob dieses Material auch in der rechten Weise unter uns ausgewertet worden ist. Ob nicht viele Impulse der Kongresse verpufft sind durch unsere Bequemlichkeit und Unachtsamkeit? Wir sind dabei, immer neue, kleinere und größere Evangelisationskongresse auf verschiedenen Ebenen zu halten. Ich bin darüber nicht immer glücklich, denn die zurückliegenden Kongresse sind meines Erachtens bis heute nicht richtig ausgewertet. Dabei wurde sowohl in Amsterdam als auch in Lausanne eine solche Fülle von Fragen und Problemen behandelt, daß ihr kaum etwas Neues hinzuzufügen ist.

Bei beiden Kongressen hat der Evangelist Billy Graham eine entscheidende Rolle gespielt. Durch seine Verkündigungsdienste hat er biblisch-theologische Akzente für die Evangelisation gesetzt. Er stellte das evangelistische Handeln immer wieder in das Licht des kommenden Königs und mahnte, die Dringlichkeit des evangelistischen Auftrages zu erkennen. Der

Schlußvortrag von Billy Graham in Lausanne stand unter dem Thema: »Der König kommt.«

Wichtig war für mich, im Rahmen der beiden Kongresse Brüdern und Schwestern aus der ganzen Welt zu begegnen. Besonders hat mich die evangelistische Leidenschaft der südamerikanischen, der afrikanischen und asiatischen Brüder und Schwestern angesprochen. Ich bin der Überzeugung, daß gerade auch der Weltkongreß von Lausanne 1974 in der Dritten Welt viel stärker aufgenommen und verarbeitet worden ist als bei uns in Europa. Die evangelistischen Schwerpunkte liegen offenbar nicht mehr im alten Kontinent, sondern in der erwachten Dritten Welt. Vor allem die Südamerikaner haben darauf hingewiesen, daß die Evangelisation ihre ganz bestimmten Konsequenzen haben muß. »Evangelisation und soziales Handeln« hieß die Devise. Dabei haben die Brüder und Schwestern aus der Dritten Welt aber nie die unheilvolle Verwechslung vollzogen, die bei uns in Europa vorkommt, nämlich den zweiten vor dem ersten Schritt tun zu wollen. An erster Stelle steht das Heil des Menschen, an der zweiten Stelle sein Wohl. Beides ist nicht zu trennen, und doch ist die Reihenfolge nicht umkehrbar.

Sowohl in Amsterdam als auch in Lausanne war eine größere Gruppe aus dem Gnadauer Bereich dabei. Wir haben in Gnadau versucht, anläßlich unserer Mitgliederversammlung 1975 auf der Hensoltshöhe in Gunzenhausen den Lausanner Kongreß wenigstens teilweise und anfangsweise aufzuarbeiten. Es war sicher auch eine Folge des Kongresses, daß der »Arbeitskreis für Evangelisation« in Gnadau stärker initiativ wurde. Wir haben dann in Gnadau zwei Fachtagungen für Großstadtevangelisation im Haus Friede in Hattingen/Ruhr und auf dem Schönblick bei Schwäbisch-Gmünd in verschiedenen Jahren durchgeführt. Bei der kleineren Tagung in Hattingen im Jahre 1983 hatten wir die Freude, Brüder und Schwestern aus der Dritten Welt unter uns zu haben. Es war für uns außerordentlich lehrreich und bereichernd, zu erfahren, wie unsere Geschwister in Großstädten wie etwa Tokio oder Singapur ihren evangelistischen Auftrag wahrnehmen.

Ein wichtiges Dokument für die weltweite evangelistische Arbeit ist die »Lausanner Verpflichtung«, die am Ende des Kongresses in Lausanne 1974 verkündet wurde. Diese »Verpflichtung« trägt die Handschrift von Dr. John Stott, einem führenden evangelikalen Theologen aus England. Seiner Feder verdanken wir mancherlei wichtige Bücher, gerade auch zu Fragen der Evangelisation. John Stott hat auf den Weltkongressen immer eine besondere theologische Rolle gespielt. In Lausanne hatte ich die Ehre, dem kleinen Ausschuß vorzustehen, der in der deutschen Gruppe die »Verpflichtung« zu überarbeiten hatte. Wir hatten einen Entwurf von der Kongreßleitung vorgelegt bekommen und hatten nun in den verschiedenen nationalen Gruppierungen die Aufgabe, diesen zu überdenken, zu korrigieren, eventuell zu ergänzen und da und dort zu verändern. Unser deutscher Ausschuß hat einige Veränderungen an der »Verpflichtung« vorgenommen, aber den Entwurf doch größtenteils so übernommen, wie er uns vorgelegt worden war. Es lohnt sich, dieses wichtige Dokument, das das Evangelisationsverständnis der Evangelikalen weltweit festlegt, immer wieder zur Hand zu nehmen und zu studieren. Man wird, wenn man es ehrlich liest, nicht mehr davon sprechen können, daß die Pietisten oder Evangelikalen ein verengtes Evangelisationsverständnis hätten. Die deutsche Gruppe hat der »Verpflichtung« folgende zwei Punkte vorangestellt: »1. Wir sind dankbar für die Begegnung mit Christen aus aller Welt und für die vielfältigen Erkenntnisse und Anregungen, die der Kongreß uns gegeben hat. Wir haben die Größe und Dringlichkeit der uns gestellten Aufgabe der Weltevangelisation aufs Neue begriffen und sehen in der Verpflichtung des Kongresses eine wichtige Grundlage für den zukünftigen evangelistischen Dienst. 2. Wir rufen die Landeskirchen, Freikirchen und Gemeinschaften auf, der Evangelisation in Zukunft erhöhte Aufmerksamkeit zu widmen. In der gegenwärtigen Stunde, in der die Menschheit an ihre Grenzen stößt und wachsende Ratlosigkeit um sich greift, suchen viele Menschen eine klare Orientierung über den Sinn ihres Lebens. Diesen Menschen mit dem Evangelium zu dienen und ihnen das Heil in Jesus Christus zu bezeugen, ist eine Herausforderung, die absolute Priorität besitzt.«

Ich habe sowohl vom Kongreß in Amsterdam als auch von dem in Lausanne der Mitgliederversammlung Gnadaus ausführlich berichtet. Es ist entscheidend wichtig, daß Vertreter der deutschen Gemeinschaftsbewegung bei diesen internationalen Kongressen präsent sind. Wir brauchen heute den weiten Blick. Wir müssen über unseren eigenen Kirchturm hinausschauen. Wir müssen aus erster Hand erfahren, wie Gott in anderen Teilen der Welt durch sein Wort und seinen Heiligen Geist wirkt. Dazu brauchen wir das Gespräch mit unseren Brüdern und Schwestern aus aller Welt. Wir dürfen nicht in einer evangelistischen Routine erstarren, sondern müssen von den anderen lernen und immer wieder neue Wege zu den Menschen finden.

Von daher ergeben sich für mich auch ganz bestimmte drängende Notwendigkeiten, die in unserer Kirche und in unserer Gemeinschaftsbewegung bedacht werden müssen:

Ich verweise zunächst auf die Wichtigkeit der persönlichen Evangelisation. Es hat mich immer wieder bewegt, aus dem Munde von Afrikanern und Asiaten den Satz zu hören: »Jeder Christ ein Zeuge« oder »jeder Christ ein Evangelist«. Es geht also darum, daß wir in der Begegnung von Mensch zu Mensch das Evangelium leben und weitersagen. Wir haben uns zu überlegen, wie wir Menschen deutlich machen können, wie man mit Jesus im Alltag leben kann. Es geht um ein glaubwürdiges Christsein. Und es geht dabei auch darum, die Gelegenheiten zu nützen, das Wort von Jesus den Menschen weiterzusagen, mit denen Gott uns zusammenführt, sei es über eine weitere Wegstrecke, sei es für einen Augenblick. Ich glaube, daß die persönliche Evangelisation die wirksamste Evangelisationsmethode ist, die es gibt.

Daneben hat mich aber auch immer wieder die Frage umgetrieben, wie wir mit dem Evangelium an ganz bestimmte Zielgruppen herankommen. Im Gnadauer Bereich haben wir mit der Pädagogenarbeit begonnen. Wer aber kommt mit dem Evangelium in die Welt des Sportes hinein? Wer erreicht Künstler, Medienleute, Wissenschaftler, Politiker? Wer erreicht den Arbeiter heute? Müssen wir uns nicht gerade in solcher Zielgruppenarbeit neue Wege von Gott zeigen lassen? Wir dürfen im evangelistischen Handeln nicht ängstlich im Gestern verharren. Was gestern richtig war, kann heute längst überholt sein. Wir wollen Bewährtes nicht über Bord werfen, aber wir wollen auch Neues wagen. Damit ich nicht mißverstanden werde: Der Inhalt des Evangeliums darf nicht verändert werden! Freilich müssen wir immer neu fragen, in welcher Sprache wir Menschen in bestimmten Bereichen begegnen. Sind wir heute als Christen nicht, wenn es um die Begegnung mit unseren Zeitgenossen geht, »sprachlos« geworden?

Daneben treibt mich die andere Frage um, wie wir unseren Zeitgenossen in den Großstädten mit dem Evangelium begegnen können. Die Welt wird immer mehr zur großen Stadt. Die Urbanisierung schreitet mit Riesenschritten voran. In unseren Großstädten lebt die vereinsamte Masse, der Einzelne ist anonym geworden. Er geht in der Masse unter und wird leicht von ihr erdrückt. In der Großstadt suchen aber auch viele Menschen die Anonymität. Sie wollen untertauchen. Wie viele verzweifelte, süchtige, kranke, haltlose, entwurzelte, fragende, suchende Menschen gibt es gerade in unseren Großstädten! Ich denke dabei an die »Betonsilos«, die Hochhäuser in den Trabantenstädten. Da leben oft mehr Menschen in einem Haus beisammen als in einem kleinen Dorf. Der Unterschied besteht darin, daß in einem Dorf einer den anderen kennt, während in einem solchen Gebäude die Menschen oft völlig beziehungslos nebeneinander her leben. Keiner weiß vom andern.

Eine weitere notwendige Frage, die dringlich der Beantwortung bedarf, ist die, wie wir die verschiedenartigen Medien in den Dienst der Evangelisation stellen. Wie kommen wir mit dem Evangelium in die Wohnungen hinein? Wie bringen wir das Evangelium den Menschen in ihren Wohnzimmern so, daß sie aufmerken und hinhören? Dabei wollen wir beileibe nicht dem Stil einer Electronic-Church verfallen, wie wir sie von Amerika her kennen. Es geht nicht darum, in Funk oder Fernsehen religiöse Shows abzuziehen. Und doch müssen Sendungen in Funk und Fernsehen gekonnt gemacht sein, damit Zeitgenossen gepackt und angesprochen werden. In allen diesen Fragen sind gerade wir Gemeinschaftsleute blutige Anfänger. Viele von uns haben an dieser Stelle auch mancherlei Bedenken, ob man die modernen Medien überhaupt in den Dienst der Evangeliumsverkündigung stellen darf. Ich weiß um die Gefahren, die von den modernen Medien ausgehen, ich kenne die Faszination, die ein Fernseher auf Menschen ausüben kann, und weiß auch, wie viel Negatives und Sündiges über den Fernsehschirm flimmert. Zudem weiß ich, daß auch Gläubige in der Gefahr sind, sich von diesem Gerät gefangennehmen zu lassen. Und doch hebt der falsche Gebrauch den rechten Gebrauch nicht auf. Wir dürfen der Zeit nicht hinterherlaufen. Wir dürfen Chancen nicht verpassen. Manchesmal kommt mir die komische Frage: Ob Paulus, wenn er heute leben würde, das Fernsehen nicht auch in den Dienst der Evangelisation stellen würde? Man unterstelle mir keine falschen Motive, wenn ich diese Frage hier erörtere. Ich bin nicht fernsehsüchtig. Mich treibt nur die eine Frage um, wie Menschen heute für Jesus gewonnen werden können. Welche Wege sind uns erlaubt? Welche Wege sind uns nicht erlaubt? Manche Begründungen, die die modernen Medien im Dienst der Evangeliumsverkündigung ablehnen, sind mir zu unbarmherzig, zu oberflächlich und auch zu unbiblisch.

Anfang der 50er Jahre hat Pfarrer Wilhelm Brauer, der vor dem Zweiten Weltkrieg in Westpreußen als Jugendpfarrer und Evangelist tätig war, hier in der Bundesrepublik Deutschland die deutsche Evangelistenkonferenz und das Elias-Schrenk-Institut ins Leben gerufen. Wilhelm Brauer fand bei Elias Schrenk sowohl ein Evangelisationsverständnis, das ihm vorbildlich war, als auch eine richtungsweisende Evangelisationspraxis. Es ging Brauer einmal um die Aufarbeitung der Geschichte der Evangelisation, zum anderen wollte er eine wissenschaftliche Durcharbeitung dessen, was Evangelisation ist, und zwar in den biblisch-reformatorischen Linien. Er wollte ursprünglich auch eine Schule ins Leben rufen, in der Menschen mit den Fragen der Evangelisation bekanntgemacht und zum evangelistischen Dienst in verschiedenen Bereichen ausgebildet werden sollten. Wilhelm Brauer wollte, als er das Institut ins Leben rief, die Unterstützung des Gnadauer Vorstandes. Dem Gnadauer Vorstand aber waren die Konzepte Brauers wohl zu weitreichend, so daß er sich nicht imstande sah, Brauer in seinem Anliegen zu unterstützen. Nachträglich bedaure ich es, daß unsere Gnadauer Väter gegenüber diesem Vorhaben so zurückhaltend gewesen sind. Das Elias-Schrenk-Institut war ein Lieblingskind von Wilhelm Brauer. Mit Schmerzen sah er, daß sein Konzept so nicht zu verwirklichen war, wie er es sich dachte. Freilich hat das Institut, das praktisch nur aus einem Mann bestand, allerlei literarische Erzeugnisse hervorgebracht. Besonders erwähnen möchte ich die wissenschaftliche Arbeit von Hermann Klemm, einem Theologen aus der DDR, der auf Veranlassung Brauers eine große Biografie über Elias Schrenk geschrieben hat. Dieses Buch ist ein Standardwerk. Es schildert nicht nur den Werdegang Schrenks und seine evangelistische Arbeit, es ist auch ein Stück Kirchengeschichte der damaligen Zeit. Andere kleinere Veröffentlichungen brachte das Institut heraus. Wilhelm Brauer suchte eine geeignete Person oder ein Werk, die das Institut übernehmen und ausbauen konnten. Ich hörte eines Tages, daß dieses Institut existierte, nahm mit Wilhelm Brauer Verbindung auf, besuchte ihn in Lübeck-Stockelsdorf und versuchte, das Institut nach Gnadau zu bringen. Es war mir klar, daß ein Elias-Schrenk-Institut zur Erforschung der Evangelisation seinen genuinen Platz in Gnadau haben müsse. Schrenk ist Gnadauer Urgestein, und die Evangelisation ist eine Hauptaufgabe für Gnadau. Nachdem wir unsere Zentrale in Dillenburg bezogen hatten, konnten wir auch das Institut in unseren Räumen aufnehmen. Prof. Dr. Gerhard Ruhbach, Kirchengeschichtler aus Bethel, hielt den Festvortrag über Schrenk. Wilhelm Brauer war anwesend und übergab mir ein Dokument, das von unschätzbarem Wert ist: ein Büchlein, in das Elias Schrenk handschriftlich eingetragen hat, wo und wann er über welche biblischen Texte evangelisierte. Hans Thimme, der ehemalige Präses der westfälischen Kirche, der an diesem Institut sein besonderes Interesse bekundete, war ebenfalls bei der Eröffnung in Dillenburg anwesend. Der Mangel des Institutes besteht bis heute darin, daß uns in Gnadau der Institutsleiter fehlt, der diese Einrichtung auf- und ausbaut. So ist das Institut bis jetzt nur kleine Schritte gegangen. Wir sammeln Literatur über Evangelisation als auch evangelistische Literatur. Selbstverständlich sammeln wir auch alle Schriften von und über Elias Schrenk. Seminare für Theologie-Studenten zu Fragen der Evangelisation wurden veranstaltet, und jährlich findet eine Tagung für Prediger und Pfarrer zu Fragen der evangelistischen Verkündigung in Verbindung mit der Deutschen Zeltmission statt. Außerdem hat das Institut bisher eine Reihe von Fachtagungen durchgeführt. Dem Institut steht ein Kuratorium vor, das jährlich tagt und von dem Gnadauer Präses geleitet wird. Anläßlich der Kuratoriumssitzung wird immer ein Vortrag gehalten, der mit den Fragen der Evangelisation zusammenhängt. Es ist mein herzlicher Wunsch, daß dieses wichtige Institut noch einmal so arbeiten kann, wie es von seiner Idee her nötig ist. Der Institutsleiter muß ein guter Theologe sein, der das Charisma der Evangelisation hat. Er sollte Evangelisationen selber durchführen, um sie dann im Gespräch mit den Teilnehmern der Tagungen nach verschiedenen Richtungen hin zu reflektieren und auszuwerten. Wenn Gnadau nicht das fünfte Rad am evangelistischen Wagen in unserem Volk werden soll, dann muß es sich mit den Fragen der Evangelisation noch ernsthafter als bisher beschäftigen.

Evangelisation ist das Gebot der Stunde. Wir dürfen uns nicht von kleinen Kreisen Gläubiger verunsichern lassen, die die Parole ausgeben, die Zeit der Evangelisation sei vorüber und es gehe nun nur noch darum, die Gläubigen auf den Tag der Entrückung zuzubereiten. Wir müssen das eine tun und dürfen das andere nicht lassen. Der Missionsauftrag Jesu gilt bis zum Tag seiner Wiederkunft.

Foto: Hans Lachmann, Düsseldorf

Fritz Grünzweig

. . . zu rühmen Seinen Ruhm
Erfahrungen und Erkenntnisse
328 Seiten, Paperback, Bestell-Nr. 24098

Diese Erinnerungen führen aus dem schwäbischen Bauernhaus in die Weite über-
gemeindlicher Arbeit, wo man Menschen braucht, die versöhnen, indem sie dienen. Schule, Studium, Notariat, Kirche, Familie, NS-Zeit, Krieg und Nachkriegs-
zeit, Evangelikale . . . Dienst im Namen Gottes.
Bei wachsendem Einfluß, in wachsender Verantwortung arbeitet er als einer, der
dient und damit versöhnt. Wie prägend der pflegliche Umgang mit Mensch und
Tier war, zeigt die Behutsamkeit im späteren Dienst mit schwierigen Menschen
und in komplizierten Situationen.
Eindrücklich die Bemühungen um einen Freund, den er im KZ besucht. Die Heim-
kehr von der Front, Ehe und theologische Ausbildung weisen auf einen neuen Le-
bensabschnitt hin: In die evangelische Brüdergemeinde in Korntal, eine 1819 ge-
gründete pietistische Gemeinde, die 1946 einen Notariatsmann suchte und zwei
Jahre später einen Pfarrer: Sie bekam beides in einer Person! Bald weitet sich der
Dienst weit über Korntal hinaus aus. Aus dem »Ruhestand« wurde ein Unruhe-
stand in verschiedenen Vorständen und übergemeindlichen Gremien – der Leser
gewinnt hier einen Einblick in die vielgestaltige Tätigkeit eines reich begabten
»Arbeiters in Gottes Weinberg«, der lernte, aus der Gnade zu leben.

P. Deitenbeck, G. Rumler

Eigentlich nichts Besonderes
Paul Deitenbeck erzählt von Begegnungen und Erfahrungen
176 Seiten, R. Brockhaus Taschenbuch, Bestell-Nr. 20363

Viele kennen ihn, wie er taschentuchschwenkend Großveranstaltungen im Mis-
sionszelt oder in der Dortmunder Westfalenhalle leitet. Doch was denkt und fühlt
solch ein Mensch, wenn er nicht auf dem Podium steht? In diesem Buch schildert
er Ereignisse, die sein Leben in bestimmte Richtungen gelenkt haben, Führungen
Gottes, die nicht nur über Höhenwege verliefen. Bei Berichten von Männern und
Frauen, die durch ihr christliches Zeugnis und Handeln sein Denken und Verhalten prägten, stehen die Namen schlichter Christen gleichberechtigt neben den
»Großen«. Evangelische Allianz und Bekenntnisbewegung, Fabrikmission und
Radioandachten, Pfarramt und Deutsche Zeltmission bilden den Rahmen für ge-
heimnisvolle Führungen und Weichenstellungen Gottes in seinem Leben.

R. BROCKHAUS VERLAG WUPPERTAL

Heinrich Kemner

Da kann ich nur staunen

Lebenslauf

288 Seiten, ABCteam-Paperback, Bestell-Nr. 12302

Heinrich Kemner, der Gründer des Geistlichen Rüstzentrums Krelingen, ist Ravensburger Bauernsohn. Als Inspektor eines pommerschen Rittergutes besinnt er sich eines Gelübdes und wechselt von der Landwirtschaft zur Theologie. Nach Studien- und Vikariatsjähren wird er Pfarrer in Ahlden. Hier baut er im Kampf gegen ein glaubensloses Namenschristentum und unter den Augen der Deutschen Christen während der NS-Zeit kleine Bibel- und Gebetsgruppen auf, aus denen sich die großen Ahldener – heute Krelinger – Jugendtage und die Ahldener Pfarrerbruderschaft entwickelt. Nach dem Kriege führt ihn eine intensive evangelische Tätigkeit weit über die deutschen Grenzen hinaus. Es kommt zur Gründung des Geistlichen Rüstzentrums Krelingen.

Eine Autobiographie schaut mit den Erfahrungen von heute auf das Werden von gestern zurück. Menschliches Werden heißt Fallen und Aufstehen, Trauer und Heiterkeit, Ruhen und Weitergehen. Ein kritisches Urteil, besonders auch der eigenen Person gegenüber, der Blick auf die erst im Nachhinein feststellbaren feinen Kurskorrekturen, die er dankbar als Führung beschreibt, und die Auseinandersetzungen des Erweckungspredigers mit der Theologie seiner Zeit machen dieses Buch zu einer wegweisenden Information.

Walter Künneth

Lebensführungen

Der Wahrheit verpflichtet

304 Seiten, ABCteam-Geschenkband, Bestell-Nr. 12620

Rückbesinnung auf Jahre des Werdens, des Kampfes für die Kirche in einem antichristlichen Staat, des Helfens und Wiederaufbaus an der Universität und neuem Einsatz für die »Fundamente des Glaubens«. Wer ist Walter Künneth? Wie sieht er sich selbst – wie sieht er die anderen – Karl Barth, Martin Niemöller, Eugen Gerstenmaier...? Sein Kampf gegen Rosenberg im Dritten Reich brachte ihm Schreib- und Redeverbot ein – die Vernichtung seiner Existenz als Hochschullehrer – wie steht ein Mann das durch? Der Kampf um biblisches Christentum wird mit gleicher Schärfe wie in der NS-Zeit in den sechziger Jahren wieder aufgenommen, als die Bultmannschule die Theologie beherrscht.

R. BROCKHAUS VERLAG WUPPERTAL